Klaus Mammach
Die deutsche antifaschistische
Widerstandsbewegung
1933 — 1939

Institut für Marxismus-Leninismus
beim ZK der SED

Klaus Mammach

Die deutsche antifaschistische Widerstands- bewegung 1933–1939

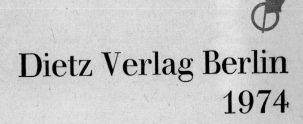

Dietz Verlag Berlin
1974

Dietz Verlag Berlin · 1. Auflage 1974
Lektor: Elisabeth Lange
Printed in the German Democratic Republic
Typographie: Uwe Niekisch
Einband und Schutzumschlag: Joachim Hermann
Alle Rechte vorbehalten · Lizenznummer 1
Gesamtherstellung: Offizin Andersen Nexö,
Graphischer Großbetrieb, Leipzig III/18/38–5
LSV 0285 · Best.-Nr.: 736 208 4
EVP 7,00

Vorbemerkung

Die Schrift gibt einen zusammenhängenden Überblick über die deutsche antifaschistische Widerstandsbewegung der Jahre 1933–1939. Eine Darstellung zum gleichen Thema für die Jahre 1939–1945 wird folgen.

Gestützt auf die Forschungsergebnisse der marxistisch-leninistischen Geschichtsschreibung und auf Materialien des Zentralen Parteiarchivs beim Institut für Marxismus-Leninismus beim ZK der SED, werden die Entwicklung und das Wirken der verschiedenen Kräfte der deutschen Widerstandsbewegung nachgezeichnet und eingeschätzt. Eine umfassende Geschichte dieser Bewegung steht noch aus. Diese Schrift soll ein Beitrag dazu sein.

Der Autor dankt Prof. Dr. Ernst Diehl und Dr. Heinz Kühnrich für Hinweise zum Manuskript, Renate Heimann und Manfred Pautz für ihre Mitarbeit bei der Materialaufbereitung.

Klaus Mammach

Die Stellung der verschiedenen Antihitlerkräfte zur Errichtung der faschistischen Diktatur

Januar/Februar 1933

Die Stellung der KPD
zur Errichtung der faschistischen Diktatur

Als am Abend des 30. Januar 1933 mit Fackeln aufmarschierende Kolonnen der faschistischen Sturmabteilungen in Berlin die Einsetzung der Regierung Hitler-Hugenberg-Papen feierten, hatte das Zentralkomitee der KPD bereits in einem Aufruf der SPD und den sozialdemokratisch geführten sowie den christlichen Gewerkschaften vorgeschlagen, gemeinsam mit der Kommunistischen Partei den Generalstreik zum Sturz dieser Regierung durchzuführen. „Dies neue Kabinett der offenen, faschistischen Diktatur ist die brutalste, unverhüllteste Kriegserklärung an die Werktätigen, an die deutsche Arbeiterklasse!"[1] hieß es in diesem Aufruf. Die Führung der KPD warnte: „Schamloser Raub der Löhne, schrankenloser Terror der braunen Mordpest, Zertrampelung der letzten spärlichen Überreste der Rechte der Arbeiterklasse, hemmungsloser Kurs auf den imperialistischen Krieg – das alles steht unmittelbar bevor."[2] Die Anschläge der Faschisten auf die KPD seien nur die Einleitung zur Zerschlagung aller Arbeiterorganisationen. „Das blutige, barbarische Terrorregime des Faschismus wird über Deutschland aufgerichtet."[3] Das ZK der KPD appellierte an alle Arbeiter, sich ungeachtet ihrer Organisationszugehörigkeit in der Einheitsfront für den Sturz der Hitlerregierung zusammenzuschließen und die anderen Werktätigen, die Bauern, den Mittelstand und die Intellektuellen, für die Unterstützung des Kampfes der Arbeiterklasse zu gewinnen.

Auf der Tagung des ZK der KPD am 7. Februar 1933 im Sporthaus Ziegenhals bei Niederlehme, die illegal stattfinden und aus Sicherheitsgründen vorzeitig beendet werden mußte, charakterisierte Ernst Thälmann das Hitlerregime als offene, faschistische Diktatur. Er bezeichnete die faschistische Herrschaft des Monopolkapitals als eine Gefahr für die Partei und die ganze Arbeiterklasse und warnte vor legalistischen Illusionen: „Jeder Zweifel darüber, daß diese Regierung vor irgendwelchen balkanischen Methoden des äußersten Terrors zurückschrecken würde, wäre sehr gefährlich.

Es ist der Bourgeoisie ernst damit, die Partei und die ganze Avantgarde der Arbeiterklasse zu zerschmettern. Sie wird deshalb kein Mittel unversucht lassen, um dieses Ziel zu erreichen. Also nicht nur Vernichtung der letzten spärlichen Rechte der Arbeiter, nicht nur Parteiverbot, nicht nur faschistische Klassenjustiz, sondern alle Formen des faschistischen Terrors; darüber hinaus: Masseninternierung von Kommunisten in Konzentrationslagern, Lynchjustiz und Meuchelmorde an unseren tapferen antifaschistischen Kämpfern, insbesondere an kommunistischen Führern – das alles gehört mit zu den Waffen, deren sich die offene faschistische Diktatur uns gegenüber bedienen wird."[4]

Ernst Thälmann enthüllte nicht nur das konterrevolutionäre Wesen der faschistischen Diktatur auf innenpolitischem Gebiet. Er machte zugleich darauf aufmerksam, daß dieses Regime den Weltfrieden bedrohte. Er charakterisierte die Hitlerregierung als eine Regierung des imperialistischen Krieges.

Um die Werktätigen für den Kampf zum Sturz der faschistischen Diktatur mobilisieren zu können, müsse die KPD – wie Ernst Thälmann auf der Tagung des Zentralkomitees hervorhob – von den nächstliegenden, den Tagesinteressen der Arbeiterklasse und der anderen Werktätigen ausgehen. Es gelte, „Teillosungen und Forderungen" aufzustellen, „die unmittelbar zu einer Verschärfung des revolutionären Klassenkampfes führen und die Massen auf eine höhere Stufe des Klassenkampfes bringen"[5]. Die Kommunisten müßten die verschiedensten Formen des Widerstandes gegen das Hitlerregime anwenden.[6]

Somit schätzte das ZK der KPD nach einer Woche des Bestehens der faschistischen Diktatur deren Klassencharakter richtig ein. Es erkannte deren nach innen und außen gleicherweise aggressives Wesen. Die Führung der KPD orientierte darauf, allgemeindemokratische Forderungen aufzustellen und zu deren Durchsetzung die Aktionseinheit der Arbeiterklasse zu schaffen sowie weitere Hitlergegner zu gewinnen. Als nächstes Ziel bezeichnete die KPD den Sturz der Hitlerregierung durch die einheitlich handelnde Arbeiterklasse und andere Werktätige. Vom ersten Tage der faschistischen Diktatur an wies die revolutionäre Partei der Arbeiterklasse dem Kampf gegen das Naziregime Ziel und Weg. Vom ersten Tage an organisierte sie den antifaschistischen Widerstand. Seit ihrer Gründung 1918 hatte die KPD konsequent gegen Imperialismus und Militarismus gekämpft. Als erste politische Kraft hatte sie zu Beginn der zwanziger Jahre die Auseinandersetzung mit dem Faschismus begonnen und seitdem entschieden geführt. Nun setzte sie dieses Ringen fort und entwickelte die im Frühjahr 1932 von Ernst Thälmann initiierte Politik der Antifaschistischen Aktion, des Zusammenschlusses aller werktätigen Hitlergegner, weiter. Nach der Tagung des Zentralkomitees informierten die Mitglieder des Politbüros und des Sekretariats des ZK sowie weitere Teilnehmer der Sitzung die Bezirksleitungen und viele Parteiorganisationen über die von Ernst Thälmann dargelegte politische Linie der KPD.

Die ersten Aktionen
von Arbeitern
gegen die faschistische Diktatur

In vielen Städten und Orten Deutschlands – sowohl in den Industriezentren wie in ländlichen Gebieten – deckten die Mitglieder der Organisationen der KPD in der mündlichen Agitation sowie in Flugblättern Charakter und Ziele des faschistischen Regimes auf und appellierten an Arbeiter und andere Werktätige, gemeinsam für den Sturz der faschistischen Diktatur zu kämpfen. Ende Januar und im Februar 1933 demonstrierten vornehmlich Arbeiter vielerorts gegen die Hitlerregierung, fanden zahlreiche antifaschistische Kundgebungen statt. Dabei standen Kommunisten, Sozialdemokraten, Gewerkschafter, aber auch andere Hitlergegner Seite an Seite.

In Düsseldorf forderten am Nachmittag des 30. Januar demonstrierende Arbeiter in Sprechchören den Sturz Hitlers. In Wuppertal fand eine der größten antifaschistischen Kundgebungen statt. Auch in anderen Städten des Rhein-Ruhr-Gebiets, wie Dortmund, Hagen, Köln, Lüdenscheid, Solingen, demonstrierten werktätige Hitlergegner gegen die Regierung. Am 31. Januar wurden im Hamburger Hafen Demonstrationen durchgeführt. 10 000 Kommunisten und andere Antifaschisten marschierten am Abend dieses Tages nach einer Kundgebung der KPD durch Stuttgart. In Kassel sprengten Kommunisten und Mitglieder des sozialdemokratisch geführten Reichsbanners einen Fackelzug der SA. Als in den ersten Februartagen einer der führenden Faschisten, Joseph Goebbels, in dieser Stadt sprach, durchschnitten Antifaschisten die Kabel, die die Versammlungsstätte mit Strom versorgten.

In vielen Städten Thüringens fanden am 31. Januar und am 1. Februar Umzüge von Arbeitern und anderen Hitlergegnern statt, so in Arnstadt, Erfurt, Greiz, Suhl, Zella-Mehlis. In Rudolstadt verhinderten am 6. Februar Kommunisten und Sozialdemokraten einen Aufmarsch der Faschisten. In mecklenburgischen Städten, wie Rostock und Stralsund, demonstrierten Kommunisten, Sozialdemokraten, Gewerkschafter und parteilose Arbeiter gemeinsam und führten Kundgebungen durch. Mehrere tausend Antifaschisten in Stettin und anderen Städten Pommerns forderten am 31. Januar und Anfang Februar den Sturz der Regierung. Am 7. Februar kamen in Harburg anläßlich der Beisetzung eines von den Faschisten ermordeten Gewerkschafters 20000 Kommunisten, Sozialdemokraten, Gewerkschafter und parteilose Hitlergegner zusammen. Am 15. Februar machten Kommunisten während einer Rede Hitlers in der Stuttgarter Stadthalle ein Kabel unbrauchbar, so daß die Übertragung im Rundfunk nicht mehr möglich war. 20000 Arbeiter und andere Werktätige vereinigten sich am 19. Februar in Leipzig zum Protest gegen die Hitlerregierung. Vor Tausenden Berliner Werktätigen rief Wilhelm Pieck am 23. Februar im Sportpalast auf der letzten Kundgebung der KPD die deutsche Arbeiterklasse auf, die antifaschistische Aktionseinheit herzustellen. Auch im Mansfelder Land, in Sachsen-Anhalt, im Vogtland und in anderen Gebieten brachten kommunistische, sozialdemokratische und gewerkschaftlich organisierte sowie parteilose Arbeiter ihre Ablehnung der Hitlerregierung zum Ausdruck.

Der Haltung aller dieser Werktätigen entsprach es, wenn Ernst Thälmann am 27. Februar in einem offenen Brief an die sozialdemokratischen und die christlichen Arbeiter, an die Mitglieder der freien Gewerkschaften und des Reichsbanners appellierte, ungeachtet unterschiedlicher Organisationszugehörigkeit gemeinsam gegen die faschistische Diktatur zu kämpfen: „Wenn wir, die Arbeiter, Arbeiterinnen und Arbeiterjugend, deren Hände alle Werte erschaffen, Schulter an Schulter zusammenstehen, wenn wir gemeinsam kämpfen, sind wir unüberwindlich. Wenn wir gemeinsam kämpfen, werden wir

13

Millionen von armen Bauern auf dem Lande, Millionen von Angestellten, Beamten, Mittelständlern in den Städten mit uns reißen in die gemeinsame Front des antifaschistischen Freiheitskampfes!"[7]

Während kommunistische Funktionäre auf den Kundgebungen für die Schaffung der Einheitsfront der Arbeiterklasse eintraten, wandten sich sozialdemokratische Funktionäre oft gegen die Aktionseinheit und forderten die Teilnehmer – beispielsweise in Dortmund und Hamburg – auf, nicht „unverantwortlichen Rufern" zu folgen – sie meinten damit die KPD. In einigen Fällen verleumdeten sie die KPD direkt. Auf der von der SPD einberufenen Kundgebung am 7. Februar im Berliner Lustgarten, an der sich 200 000 Arbeiter und andere Werktätige, unter ihnen viele Kommunisten, beteiligten, hinderten die sozialdemokratischen Leiter dieser Veranstaltung einen kommunistischen Funktionär daran, einen Aufruf der Bezirksleitung Berlin-Brandenburg der KPD zur Schaffung der Einheitsfront zu verlesen. In Dortmund befahl der sozialdemokratische Polizeipräsident, Karl Zörgiebel, der in gleicher Funktion in Berlin am 1. Mai 1929 auf Arbeiter hatte schießen lassen, Polizeieinheiten, gegen eine antifaschistische Demonstration der KPD vorzugehen und Teilnehmer zu verhaften. Er verbot alle Demonstrationen und Versammlungen der KPD unter freiem Himmel – noch vor dem generellen Verbot, das die Hitlerregierung für ganz Deutschland erließ. Auf Anordnung des sozialdemokratischen Polizeipräsidenten von Hamburg, Adolf Schönfelder, wurden im Februar mehr als 75 Funktionäre der KPD verhaftet.

Sozialdemokratische Polizeipräsidenten gingen sogar gegen Mitglieder ihrer eigenen Partei vor, wenn sie im antifaschistischen Sinne auftraten. Als am 5. Februar in Stettin 25 000 Hitlergegner verschiedener Partei- und Organisationszugehörigkeit zu einer Kundgebung zusammenkamen, die von der Eisernen Front einberufen worden war, in der sich 1931 SPD, ADGB, Reichsbanner und Arbeitersportorganisationen gegen die faschistische Gefahr zusammengeschlossen hatten, verbot der sozialdemokratische Polizeipräsident Funktionären der SPD zu reden, weil Kommunisten an der Kundgebung teilnahmen. Die Polizei versuchte sie aufzulösen. In Sprechchören forderten die Teilnehmer den gemeinsamen Kampf von SPD und KPD gegen die faschistische Diktatur. In Hamburg verboten sozialdemokratische Senatoren Anfang Februar eine Kundgebung des Reichsbanners.

Ende Januar/Anfang Februar protestierten Arbeiter auch mit Streiks gegen die Hitlerregierung. Am 31. Januar traten die Hamburger Hafenarbeiter und Seeleute fast geschlossen in den Streik. Im Februar streikten Arbeiter in Chemnitz, Düsseldorf, Hannover, Harburg, Lübeck, Staßfurt und Tangermünde.

Die Aktionen gegen die faschistische Diktatur Ende Januar und im Februar 1933 zeugten davon, daß Arbeiter als erste den Kampf aufnahmen, daß aus der Arbeiterklasse die entschiedensten Gegner des Regimes kamen. Diese Aktionen bewiesen, daß die KPD an der Spitze der kämpfenden Arbeiter stand, daß sie die konsequenteste Kraft war, die für die Schaffung der Einheitsfront wirkte. An den Aktionen beteiligten sich aber insgesamt nur ein kleiner Teil der Arbeiterklasse und wenige Angehörige der Mittelschichten. Die Streiks erfaßten lediglich einige Betriebe in wenigen Städten; es waren nur Teilstreiks. Die ersten Aktionen gegen das Hitlerregime kündeten jedoch von der Entschlossenheit Zehntausender kommunistischer, sozialdemokratischer, gewerkschaftlich organisierter und parteiloser Arbeiter und Jungarbeiter, des fortgeschrittensten Teils der Arbeiterklasse, den Kampf gegen die faschistische Diktatur zu führen.

Schon diese ersten Aktionen widerlegen verleumderische Behauptungen bürgerlicher Historiker, die deutsche Arbeiterklasse hätte sich 1933 ohne jeglichen Protest der faschistischen Diktatur unterworfen, sie hätte „über Nacht ihren Geist" aufgegeben, „ohne auch nur eine Protestsalve abzugeben"[8]. Deutsche Arbeiter kämpften nicht nur am Beginn, sondern in all den Jahren der faschistischen Diktatur unter den schwierigsten Bedingungen gegen jenes barbarische System. Und sie gaben nicht nur eine „Protestsalve" ab, sondern führten mit den verschiedensten Mitteln und Methoden entschlossen und unter großen Opfern den Klassenkampf gegen den deutschen Imperialismus.

Aus den gemeinsamen Aktionen im Januar und Februar

1933 erwuchs aber nicht die Einheitsfront der Arbeiterklasse. Die Führer und andere Funktionäre der SPD und des ADGB sabotierten sie und verhinderten so, daß sich Hitlergegner aus anderen Klassen und Schichten der einheitlich handelnden Arbeiterklasse anschlossen und daß die faschistische Diktatur in den ersten Wochen und Monaten ihres Bestehens, als sie sich noch nicht gefestigt hatte, durch Massenaktionen gestürzt werden konnte. Das Vorgehen dieser Funktionäre entsprach der politischen Linie der leitenden Gremien der SPD und des ADGB, die am 31. Januar 1933 festgelegt worden war.

Die Haltung der Führungen der SPD und des ADGB zur Errichtung der faschistischen Diktatur

Das ZK der KPD hatte seinen an alle Arbeiterorganisationen gerichteten Aufruf vom 30. Januar zum einheitlichen Vorgehen gegen die Hitlerregierung noch am gleichen Tage dem sozialdemokratischen Parteivorstand übermittelt. Dieser lehnte jedoch das Angebot zur Aktionseinheit, das mit dem Willen vieler Mitglieder und Anhänger der SPD übereinstimmte, ab. Der Parteivorstand stellte sich damit gegen die Lebensinteressen der Arbeiterklasse und der anderen Werktätigen und handelte im Widerspruch zu dem Aufruf, den er selbst am 30. Januar gemeinsam mit der Reichstagsfraktion unterzeichnete und am nächsten Tag veröffentlichte. In diesem Aufruf hieß es nach der Kennzeichnung der Hitlerregierung als „einer reaktionären großkapitalistischen und großagrarischen Konzentration" unter anderem: „Die Stunde fordert die Einigkeit des ganzen arbeitenden Volkes zum Kampf gegen die vereinigten Gegner. Sie fordert Bereitschaft zum Einsatz der letzten und äußersten Kräfte. Wir führen unseren Kampf auf dem Boden der Verfassung. Die politischen und sozialen Rechte des Volkes, die in Verfassung und Gesetz verankert sind, werden wir gegen jeden Angriff mit allen Mitteln verteidigen." Zum „entscheidenden Kampf" seien „alle Kräfte bereitzuhalten".[9] In diesen Worten sahen viele sozialdemokratische Arbeiter die Aufforderung, sich entsprechend vorzubereiten, um auf ein bald zu erwartendes Zeichen

17

des Parteivorstandes den „entscheidenden Kampf" aufzunehmen.

Während auf gemeinsamen Kundgebungen und Demonstrationen von Kommunisten und Sozialdemokraten vielerorts die Rufe „Einheitsfront", „Generalstreik" ertönten, tagten am 31. Januar der Parteivorstand, der Parteiausschuß und die Reichstagsfraktion der SPD sowie die Reichskampfleitung der Eisernen Front. Als Sprecher des Parteivorstandes stellte Rudolf Breitscheid im Hauptreferat fest, daß die Ernennung Hitlers zum Reichskanzler bei den Mitgliedern der SPD und der Gewerkschaften mit Erregung aufgenommen worden sei. Die Arbeiter wollten wissen, „ob die Partei und die Gewerkschaften darauf vorbereitet sind, etwas zu unternehmen"[10]; sie würden Massenstreiks fordern. „Ist der Augenblick zu einer großen, außerparlamentarischen Aktion gekommen?" fragte Breitscheid. Er verneinte das. Wenn Hitler auf dem Boden der Verfassung bleibe, sei das „eben eine verfassungsmäßige Rechtsregierung".[11] Man müsse alles tun, „um für den Augenblick des Verfassungsbruches gerüstet zu sein"[12]. Breitscheid lehnte Verhandlungen mit der KPD über gemeinsame Aktionen ab. „Bereit sein ist alles!" erklärte er. Bereit sein für die Entscheidungsstunde nach Hitler, in der eine „Regierung des arbeitenden Volkes" kommen werde; „für diese Entscheidungsstunde gilt es die Kräfte zu sammeln ... Wir müssen alles tun, um im einzelnen gerüstet zu sein für die Stunde, in der wir gerufen werden."[13] Otto Wels, einer der beiden Parteivorsitzenden, äußerte auf dieser Tagung: Falls die Reichstagswahl am 5. März zugunsten der Nazipartei ausfalle, aber auch für die SPD ein gutes Ergebnis bringe, müsse versucht werden, die politische Situation durch einen Generalstreik zu ändern.[14] Hans Vogel, der andere Vorsitzende der SPD, erklärte: „Es wird ein Zeichen gegeben werden."[15]

Die führenden Instanzen der SPD legten auf ihrer Tagung fest, nicht mit der KPD zu verhandeln. Zugleich erweckten sie den Eindruck, als ob es nur darum ginge, den richtigen Augenblick abzuwarten, um „loszuschlagen". Mit dieser Orientierung fuhren die leitenden Funktionäre der Eisernen Front in ihre Bezirke zurück. Auch der „Vorwärts", das sozialdemokratische Zentralorgan, unterstützte die Position des Abwartens. Am 31. Januar hieß es in einem Artikel, die Arbeiterklasse sei bereit, auf die Barrikaden zu steigen; in einem anderen Artikel hingegen wurde betont: „Generalstreik in diesem Augenblick würde nur bedeuten, die Munition der Arbeiterklasse unbedacht in die Luft zu feuern."[16]

Die rechten Führer der SPD werteten die Hitlerregierung wie jede vorhergehende Regierung als verfassungsmäßig. Sie gingen von der Vorstellung aus, jene werde bald „abwirtschaften". Sie standen auf dem Boden des bürgerlich-kapitalistischen Staates und hielten am militanten Antikommunismus fest. Deshalb setzten die rechten sozialdemokratischen Führer ihre opportunistische Politik fort, die sie während der Weimarer Republik verfolgt hatten, obwohl deren Bankrott durch die Errichtung der faschistischen Diktatur offenkundig geworden war. Sie betrieben auch jetzt keine Politik im Interesse der Arbeiterklasse und gaben sich auch noch nach der Übertragung der Regierung an die Faschisten bürgerlich-parlamentarischen und legalistischen Illusionen hin, die sie zugleich unter den Mitgliedern und Anhängern der SPD nährten. Sie kämpften nach wie vor nicht gegen den Imperialismus, wohl aber gegen die KPD. Die tiefere Ursache für ihr Verhalten lag im Zusammenhang von Imperialismus und Opportunismus. So erwiesen sich die rechten Führer der SPD auf Grund ihrer Klassenposition als unfähig, auch nur den Kampf für die Verteidigung demokratischer Rechte, geschweige denn für eine echte Alternative zum faschistischen Regime des staatsmonopolistischen Kapitalismus zu organisieren und zu führen. Sie bremsten die kampfbereiten Mitglieder und Anhänger ihrer Partei und verhinderten die Aktionseinheit der Arbeiterklasse und den Generalstreik.

Wie so oft schon vertrösteten sie die zum Kampf drängenden Sozialdemokraten, Reichsbannerleute und Gewerkschafter, die Anhänger der Eisernen Front, auf Wahlen. Statt alle Kräfte für den Sturz der faschistischen Diktatur einzusetzen, desorientierte der Parteivorstand die Mitglieder und Anhänger der SPD in seinem Aufruf am 2. Februar 1933 – nach der Reichstagsauflösung – mit den zu dieser Zeit völlig unrealistischen Losungen, den Großgrundbesitz zu enteignen und die Schwerindustrie zu sozialisieren.[17] Nach der Tagung am

19

31. Januar kehrten die Sozialdemokraten von ihren Sammelpunkten und aus den Parteihäusern, wo sie zusammengekommen waren, um die Weisungen der Führung zu weiteren Kampfmaßnahmen zu empfangen, nach Hause zurück. Sie vertrauten jedoch immer noch auf den Kampfwillen ihrer Führer.

Der Bundesausschuß des ADGB, der größten Gewerkschaftsorganisation, stellte sich auf die gleiche, für die Arbeiterklasse verhängnisvolle Position des Abwartens und der Ablehnung eines wirksamen, einheitlichen Vorgehens gegen die faschistische Diktatur wie die führenden Instanzen der SPD. „Um Angriffe gegen Verfassung und Volksrechte im Ernstfall wirksam abzuwehren, ist kühles Blut und Besonnenheit erstes Gebot. Laßt euch nicht zu voreiligen und darum schädlichen Einzelaktionen verleiten"[18], hatte die Führung des ADGB am 30. Januar in einem Flugblatt die Mitglieder aufgefordert. Auf der Tagung des Bundesausschusses am 31. Januar wurde die Kampfbereitschaft der Gewerkschafter konstatiert. Deren Drang zu einheitlichem Vorgehen sei begreiflich, aber falsch. Die Gewerkschaftsführer behaupteten, „daß die Gewerkschaften die Interessen der deutschen Arbeiterklasse schädigen würden, wenn sie diesen Impulsen nachgeben würden"[19]. So verurteilten sie eine Millionenorganisation zur Passivität, statt sie für den Sturz der Hitlerregierung zu mobilisieren.

Die Stellung
bürgerlich-demokratischer Kräfte
zur Hitlerregierung

Angehörige der Intelligenz erhoben warnend ihre Stimme angesichts der Gefahr, die sie für die Zukunft des deutschen Volkes in der faschistischen Diktatur erblickten. Einige von ihnen traten für die Einigung aller Hitlergegner ein und appellierten vor allem an die Arbeiterklasse, entschlossen und einheitlich zu handeln.

Am 19. Februar 1933 versammelten sich rund 1000 Künstler, Wissenschaftler, Schriftsteller und andere Vertreter der Intelligenz in der Kroll-Oper in Berlin. Diese Kundgebung, deren Präsidium neben anderen Käthe Kollwitz angehörte, protestierte gegen den faschistischen Terror. In einer Botschaft, die Thomas Mann an die Protestkundgebung sandte und die dort verlesen wurde, bekannte sich der humanistische Romancier „zur sozialen Republik und zu der Überzeugung, daß der geistige Mensch bürgerlicher Herkunft heute auf die Seite des Arbeiters und der sozialen Demokratie gehört"[20]. Das Treffen hatten bürgerlich-pazifistische Organisationen vorbereitet, die im Aktionsausschuß „Das freie Wort" zusammengeschlossen waren. In diesem Ausschuß wirkten unter anderen der bürgerlich-demokratische Schriftsteller Heinrich Mann, Otto Lehmann-Rußbüldt, ein führender Vertreter des Pazifismus, und der bürgerliche Rechtsanwalt und Publizist Rudolf Olden.

Der linksbürgerliche Publizist Carl von Ossietzky äußerte auf der letzten legalen Versammlung der Berliner Ortsgruppe des Schutzverbandes Deutscher Schriftsteller im Februar 1933: „Ich gehöre keiner Partei an. Ich habe nach allen Seiten gekämpft, mehr nach rechts, aber auch nach links. Heute jedoch sollten wir wissen, daß links von uns nur noch Verbündete stehn. Die Flagge, zu der ich mich bekenne, ist ... das Banner der geeinten antifaschistischen Bewegung."[21] Zur gleichen Zeit riefen Emil Julius Gumbel, Käthe Kollwitz, René Robert Kuczynski, Heinrich Mann, Paul Oestreich, August Siemsen und andere Angehörige der Intelligenz in einem „Dringenden Appell" zur Zusammenfassung aller Kräfte auf, die den Faschismus ablehnten. Es gelte, „endlich einen Schritt zu tun zum Aufbau einer einheitlichen Arbeiterfront, die nicht nur für die parlamentarische, sondern auch für die weitere Abwehr notwendig sein wird"[22]. Wer diese Überzeugung teile, solle helfen, daß „ein Zusammengehen der SPD und der KPD für diesen Wahlkampf (zu den Reichstagswahlen am 5. März – K. M.) zustande kommt"[23].

Vereinzelt wandten sich auch Vertreter bürgerlicher Parteien gegen die Hitlerregierung. So erklärte Dr. Eugen Bolz, ein führender Politiker der Zentrumspartei und Staatspräsident von Württemberg, auf einer Wahlkundgebung seiner Partei im Februar 1933 zur weiteren Entwicklung in Deutschland: „Überall werden sich Zellen des Widerstandes bilden, bis es zum Brechen kommt. Dem Volke werden eines Tages die Augen aufgehen. Dann werden wir vor es hintreten und sagen, wir haben es prophezeit."[24] War das auch kein Aufruf zum aktiven Kampf, so machten diese Worte doch deutlich, daß Bolz wie auch andere katholische Bürger das Naziregime ablehnten. Wilhelm Külz, Mitglied der Deutschen Staatspartei und Oberbürgermeister von Dresden, ließ Wahlplakate der Nazipartei von Anschlagsäulen entfernen und protestierte beim Reichspräsidenten Paul von Hindenburg gegen den faschistischen Terror.

Ein so mutiges persönliches Auftreten war jedoch nicht charakteristisch für die Mehrheit der Führer und der Mitglieder der Parteien der sogenannten bürgerlichen Mitte. Einige dieser Parteiführer, wie Prälat Ludwig Kaas, Vorsitzender des Zentrums, boten sich der Hitlerregierung zur Mitarbeit an. Einige andere wandten sich zwar gegen die Behinderung ihrer

Wahlagitation durch die Faschisten, unternahmen sonst aber nichts gegen den Terror des Regimes. Die Position, die die Führer der SPD und des ADGB gegenüber der faschistischen Diktatur einnahmen, beeinflußte auch die Haltung der übergroßen Mehrheit der bürgerlich-demokratischen Kräfte.

Die Stellung der bürgerlichen Parteien zur Hitlerregierung war vom Antikommunismus bestimmt. Die Führer dieser Parteien sahen im Faschismus nicht den Feind jeglicher Demokratie, sondern den Feind der Kommunisten, die sie gleichfalls als ihre Gegner betrachteten. So warteten auch sie ab und bereiteten damit den Untergang ihrer Parteien vor. Bei deren Selbstauflösung im Juni/Juli 1933 forderten beispielsweise die Führungen des Zentrums und der Bayrischen Volkspartei ihre Mitglieder auf, sich am Aufbau eines „neuen Deutschlands" und der von den Faschisten propagierten „Volksgemeinschaft" zu beteiligen.

Die demokratischen Kräfte aus den Mittelschichten erkannten nicht, daß sie gemeinsam mit der Arbeiterklasse und mit den Kommunisten kämpfen mußten, um soziale Sicherheit und friedliche, demokratische Verhältnisse, die auch sie erstrebten, herzustellen und zu erhalten. Nur wenige bürgerlich-demokratische Kräfte schlossen sich daher den von Arbeitern Ende Januar und im Februar durchgeführten antifaschistischen Aktionen an. Die meisten von ihnen erlagen der Nazidemagogie, schenkten den Versprechungen von sozialer Besserung und vom „Wiederaufstieg" Deutschlands Glauben.

Ein großer Teil der Mittelschichten ließ sich von der faschistischen Ideologie irreführen; er begrüßte und unterstützte das Hitlerregime. Ein Teil nahm eine abwartende Haltung ein. So blieb der Widerstand gegen die Nazidiktatur in den ersten Wochen und Monaten ihrer Herrschaft auf einen kleinen Teil des deutschen Volkes, auf die KPD, auf Sozialdemokraten und Gewerkschafter sowie einige parteilose Hitlergegner, überwiegend Arbeiter, beschränkt.

Die deutsche antifaschistische Widerstandsbewegung im Kampf gegen die Kriegsvorbereitung des deutschen Imperialismus, für den Sturz der faschistischen Diktatur

Frühjahr 1933
bis Ende 1935

Die Bedingungen
des antifaschistischen Kampfes

Mit der Einsetzung Adolf Hitlers, des Führers der Nazipartei, die sich demagogisch Nationalsozialistische Deutsche Arbeiterpartei nannte, als Reichskanzler hatte sich nicht bloß ein Regierungswechsel vollzogen. An die Stelle der parlamentarisch verhüllten Diktatur in der Weimarer Republik, mit der das Finanzkapital angesichts der Krise des kapitalistischen Systems in Deutschland seine Pläne, vor allem die Revision der Ergebnisse des ersten Weltkrieges, nicht mehr verwirklichen konnte, war die offene Diktatur der aggressivsten Kräfte des Monopolkapitals getreten.

Sie hatten seit der Niederlage im ersten imperialistischen Weltkrieg und seit der Novemberrevolution 1918 Kurs auf die Errichtung einer unverhüllten Diktatur genommen. Davon zeugten auch der Kapp-Putsch 1920 und der Putsch der Hitlerpartei und anderer extremer Reaktionäre 1923. Von Vertretern der aggressivsten Kräfte, Schwerindustriellen, Bankiers und Großgrundbesitzern, war im November 1932, als die innenpolitische Lage immer labiler wurde, Reichspräsident Paul von Hindenburg nachdrücklich aufgefordert worden, Hitler das Kanzleramt zu übertragen, weil das demagogische und chauvinistische Programm der Nazipartei den Plänen dieser Kräfte am besten entsprach und diese Partei zudem über beträchtlichen Einfluß im Kleinbürgertum verfügte.

Der von der KPD geführte Kampf von Arbeitern und anderen demokratischen Kräften gegen die faschistische Gefahr, der 1932 einen großen Aufschwung nahm, hatte die nach dem Beginn der Weltwirtschaftskrise im Herbst 1929 einsetzende und sich auf Notverordnungen stützende Faschisierungspolitik der großbürgerlichen Regierungen hemmen können. Er hatte aber infolge der antikommunistischen, spalterischen Politik der rechten sozialdemokratischen Führer nicht vermocht, die faschistische Diktatur zu verhindern.

Spenden des IG-Farben-Konzerns für die Nazipartei (in RM)		Reingewinne des IG-Farben-Konzerns (in RM)
1933	3 584 070	74 000 000
1934	4 020 207	68 000 000
1935	4 515 039	71 000 000
1936	4 960 636	140 000 000
1937	5 467 626	188 000 000
1938	8 156 315	191 000 000
1939	7 539 857	240 000 000

Die Errichtung dieser Diktatur zeugte von der Überlebtheit des Imperialismus. Sie war Ausdruck der allgemeinen Krise der kapitalistischen Ordnung und zu dem Zweck geschaffen worden, den sich entfaltenden Klassenkampf der revolutionären Kräfte im Interesse der Festigung und Entwicklung des staatsmonopolistischen Kapitalismus zu unterdrücken und niederzuhalten. Mit der faschistischen Herrschaftsform des staatsmonopolistischen Kapitalismus, durch Terror nach innen und Aggression nach außen, sollte die Krise des kapitalistischen Systems in Deutschland überwunden werden. Aufgabe dieser terroristischen Diktatur war es deshalb, die revolutionäre Arbeiterbewegung zu vernichten und auch alle anderen demokratischen Kräfte auszuschalten, die Herrschaft der Großbourgeoisie zu stabilisieren und Voraussetzungen für die gewaltsame Neuaufteilung der Welt zugunsten des deutschen Imperialismus, vor allem für einen „Kreuzzug gegen den Bolschewismus", für die Zerschlagung der sozialistischen Sowjetunion, zu schaffen.

Die Errichtung der faschistischen Diktatur in Deutschland wurde von den reaktionärsten Kräften des internationalen Imperialismus begrüßt. Sie hofften das Hitlerregime für ihre Bestrebungen ausnutzen zu können, den weltweiten Übergang vom Kapitalismus zum Sozialismus, den die Große Sozialistische Oktoberrevolution eingeleitet hatte, gewaltsam rückgängig zu machen und durch die Vernichtung der Sowjetmacht die ungeteilte Herrschaft des Weltimperialismus wiederherzustellen. So entstand mitten in Europa nicht nur ein Hort des Faschismus, den die internationale Reaktion, vor allem Kreise des Monopolkapitals in Frankreich, Großbritannien und den USA, unterstützten, sondern es bildete sich auch ein gefährlicher Kriegsherd heraus. Unter diesen Bedingungen wurde der Kampf der Sowjetunion um die Verbesserung der internationalen Beziehungen, gegen jede Aggression beträchtlich erschwert. Andererseits wuchs die internationale Rolle und Bedeutung der UdSSR: Sie war der einzige Friedensstaat in der Welt, unterstützte alle antifaschistischen, demokratischen Kräfte und förderte jeden Schritt, der der Sicherung des Weltfriedens diente.

Bis dahin hatte sich der Faschismus nur in relativ schwach entwickelten Staaten durchsetzen können. Nun jedoch war er in einem hochentwickelten Industriestaat zur Macht gelangt. Das hatte zur Folge, daß sich der Klassenkampf in Europa verschärfte. Ermuntert von der Errichtung des Hitlerregimes in Deutschland, verstärkten die faschistischen Kräfte in verschiedenen Staaten, zum Beispiel in Österreich und in Frankreich, ihre Offensive. Die Arbeiterklasse und andere progressive Kräfte hingegen vereinigten sich in machtvollen Aktionen zur Verteidigung demokratischer Rechte und Freiheiten und zur Abwehr faschistischer Vorstöße. So wurde der Kampf der deutschen Antifaschisten zu einem Bestandteil des internationalen Kampfes gegen den Faschismus, des weltweiten Ringens zwischen den Kräften des Friedens, der Demokratie und des Sozialismus und denen der imperialistischen Reaktion.

Die besondere Aggressivität des deutschen Imperialismus gab der faschistischen Diktatur in Deutschland ein besonders reaktionäres Gepräge. Das Monopolkapital sicherte und festigte seine Macht mit allen Mitteln, auch durch blutige Unterdrückung und physische Vernichtung seiner politischen Gegner im eigenen Land, ehe es sich zum Kampf um die Weltherrschaft anschickte, andere Völker überfiel und sie zu unterjochen und auszurotten versuchte. In der faschistischen Diktatur fand das antidemokratische Wesen des Imperialismus seinen krassesten Ausdruck.

Der Terror des Hitlerregimes richtete sich in erster Linie gegen die KPD, die konsequenteste antifaschistische Kraft. Am 4. Februar verfügte eine Notverordnung einschneidende Maßnahmen gegen all jene, die zur faschistischen Regierung in Opposition standen. Im gleichen Monat wurden Demonstrationen und Kundgebungen der KPD unter freiem Himmel verboten, das Karl-Liebknecht-Haus, der Sitz des Zentralkomitees, von der Polizei besetzt, durchsucht und geschlossen, die Druckerei der „Roten Fahne", des Zentralorgans der KPD, versiegelt. Etwa 50 000 Angehörige der SA, der SS und des Stahlhelms, die Hermann Göring, kommissarischer Innenminister Preußens, im Februar zu Hilfspolizisten erklärte und denen er „Schießfreiheit" gab, verfolgten mit besonderer Brutalität Kommunisten und andere Antifaschisten.

Am 21. Juni 1933 begannen in Berlin-Köpenick Einheiten der SA ihre terroristischen Exzesse gegen Kommunisten, Sozialdemokraten und parteilose Bürger. Im Verlauf der Köpenicker Blutwoche wurden über 500 Menschen verhaftet und in den „Sturmlokalen" der SA gefoltert. Die SA-Bestien ermordeten 91 von ihnen auf grausame Weise. Einige Opfer wurden – in Säcke genäht – in die Dahme geworfen; von 70 der damals Verhafteten fehlt bis heute jegliche Spur. Unter den Opfern befanden sich die Funktionäre der KPD Josef Spitzer und Franz Wilczoch, die Sozialdemokraten Johann Schmaus, Vorstandsmitglied des Landarbeiterverbandes, und Johannes Stelling, Mitglied des Parteivorstandes der SPD, der Parteilose Dr. Georg Eppenstein, Geschäftsführer einer Firma in Köpenick, und Mitglieder des Kommunistischen Jugendverbandes Deutschlands sowie der Sozialistischen Arbeiterjugend.

Immer wieder wurden im Februar/März und in den folgenden Monaten gesetzwidrige Haussuchungen vorgenommen. Mit welchem Aufwand die faschistischen Terrororgane dabei vorgingen, zeigt ein Beispiel aus Harburg-Wilhelmsburg. Hier sperrten in den frühen Morgenstunden eines Sonntags im September 1933 mehrere hundert Polizisten und 2000 bis 3000 SA-Leute ein Stadtviertel ab und durchwühlten 2000 Wohnungen.

Um den Eindruck zu erwecken, daß die Verfolgung der KPD legal und rechtens sei, und um sich gerade angesichts der bevorstehenden Reichstagswahl am 5. März als ,,Retter Deutschlands vor der kommunistischen Gefahr" aufspielen zu können, inszenierten die Faschisten am 27. Februar 1933 den Reichstagsbrand. Sie bezichtigten die Kommunisten der Brandstiftung und verbreiteten die Legende, der Brand habe das Signal für einen kommunistischen Aufstand sein sollen. Nach der Reichstagsbrandprovokation entfaltete das Naziregime eine Pogromhetze gegen die Kommunisten. Gestützt auf die von der Polizei in der Weimarer Republik angelegten Listen, erfolgten Massenverhaftungen von Mitgliedern und Funktionären der KPD sowie revolutionärer Massenorganisationen. Auch Sozialdemokraten, Gewerkschafter und andere demokratische Kräfte wurden inhaftiert. Die Faschisten kerkerten über 10 000 Hitlergegner ein. Schon bald entstanden mehr als 100 Konzentrationslager, in denen politische Häftlinge zusammengepfercht und von SA und SS drangsaliert, gefoltert und ermordet wurden. Am 28. Februar erging Haftbefehl gegen 24 Mitglieder des ZK der KPD. Am 3. März fiel Ernst Thälmann, der Vorsitzende der KPD, in die Hände der Faschisten. Am 9. März wurde Georgi Dimitroff, der Leiter des Westeuropäischen Büros des Exekutivkomitees der Kommunistischen Internationale in Berlin, verhaftet.

Die Hitlerregierung beseitigte durch die Notverordnung vom 28. Februar und das Ermächtigungsgesetz vom 23. März 1933 alle verfassungsmäßig verbürgten demokratischen Rechte und Freiheiten und setzte die Weimarer Verfassung außer Kraft. Sie verbot die gesamte Presse der KPD und ließ alle Druckereien der Partei besetzen. Auch einen Teil der sozialdemokratischen Presse unterdrückte sie. Die 81 Mandate, die die KPD bei der unter beispiellosem Terror durchgeführten Reichstagswahl am 5. März errungen hatte, annullierte die Hitlerregierung ebenso wie die kommunistischen Mandate in den Land- und Kreistagen. Viele Abgeordnete der KPD wurden verhaftet. Gegen Antifaschisten wurden Sondergerichte eingesetzt, deren Entscheidungen nicht angefochten werden konnten. 31

Ergebnisse der Reichstagswahl vom 5. März 1933	
Zahl der Stimmberechtigten	44 685 764
Abgegebene Stimmen	39 343 331
KPD	4 848 058
SPD	7 181 629
Zentrum und Bayrische Volkspartei	5 498 457
Deutsche Staatspartei	334 242
Deutsche Volkspartei	432 312
Deutschnationale Volkspartei	3 136 760
NSDAP	17 277 180
sonstige Parteien	634 693

Als spezielle Organe zur Verfolgung und Terrorisierung der KPD und anderer Hitlergegner entstanden im April 1933 die Gestapo und ein Jahr später der „Volksgerichtshof". Sie arbeiteten nach dem Grundsatz, den der preußische Ministerpräsident Hermann Göring Anfang März 1933 formuliert hatte: Es gehe nicht um Gerechtigkeit, sondern darum, „zu vernichten und auszurotten"[1]. Die Gestapo schuf ein ausgedehntes Überwachungs- und Spitzelnetz, in das auch die Ortsgruppen-, Zellen- und Blockleiter der Nazipartei einbezogen wurden und das es ermöglichen sollte, jede oppositionelle Regung gegen das Regime aufzuspüren und zu ersticken.

Vor allem war die Gestapo bestrebt, in die Parteiorganisationen der KPD, aber auch in sozialdemokratische Organisationen und Gruppen einzudringen. Sie versuchte, Spitzel einzuschleusen, Verräter zu dingen und verhaftete Widerstandskämpfer durch Folterungen zur Preisgabe von Namen, Adressen, illegalen Quartieren, Verbindungen usw. zu zwingen. Jedes Mittel war der Gestapo recht, um zu allererst diejenigen Widerstandskämpfer, die der Arbeiterklasse angehörten, „auszuschalten".

Besonders in den Betrieben erfolgte eine scharfe Überwachung der Arbeiter, die aller Rechte beraubt wurden. Die Faschisten begannen, rigoros das Führerprinzip und das Herr-im-Hause-Recht der Monopolherren in den Betrieben durchzusetzen. Juristisch fixierten sie das im Gesetz zur Ordnung der nationalen Arbeit vom 20. Januar 1934. Durch die-

ses Gesetz wurden an die Stelle der Betriebsräte Vertrauens-
männer gesetzt, die der „Betriebsführer" bestimmte und zu
denen die „Gefolgschaft" in einer Wahl Stellung nehmen
durfte. Bald erfolgten Beschränkungen der Freiheit der
Arbeitsplatzwahl. Nach der Zerschlagung der Gewerkschaften
am 2. Mai 1933 sollten die Zwangsorganisation Deutsche
Arbeitsfront und Treuhänder der Arbeit, die den „Arbeits-
frieden" zu sichern hatten, die Belegschaften vollständig den
Monopolherren unterwerfen.

Weltbekannte deutsche Gelehrte, Künstler und Schriftsteller, deren Werke die Faschisten am 10. Mai 1933 öffentlich
verbrannten, wurden verfolgt und in das Exil getrieben. Bis
Ende 1934 entfernte das Hitlerregime 14 Prozent der Lehr-
kräfte von den Universitäten und Technischen Hochschulen.
Bereits 1933 entstanden faschistische Zwangsorganisationen
auch für andere Schichten und Bevölkerungsgruppen, wie der
Reichsnährstand in der Landwirtschaft, die Reichskulturkam-
mer für alle Kulturschaffenden, die Hitlerjugend. So begannen
die Faschisten ein ganzes System zur Erfassung, Reglementierung, Beeinflussung und Überwachung der verschiedenen
Schichten des Volkes zu schaffen.

Nach den Reichstagswahlen am 5. März hatte die Terrorisierung der Juden vor allem durch SA-Verbände eingesetzt.
Am 1. April 1933 fand ein Boykott jüdischer Geschäfte und
Warenhäuser statt. Wenig später wurde gesetzlich festgelegt,
daß jüdische Beamte, Lehrer, Richter, Rechtsanwälte, Bank-
und Versicherungsangestellte zu entlassen seien.

Um das deutsche Volk politisch und ideologisch zu desorien-
tieren, damit es sich willfährig zur Verwirklichung ihrer aggressiven Pläne mißbrauchen lasse, schuf die Hitlerregierung
ein umfassendes System der Meinungsmanipulierung, das vom
Ministerium für Volksaufklärung und Propaganda unter
Joseph Goebbels geleitet und ausgerichtet wurde. In dieses
System einbezogen wurden die Einrichtungen für sogenannte
Öffentlichkeitsarbeit der Monopole und Unternehmerverbände,
in denen 1935 mehr als 50 000 Mitarbeiter beschäftigt waren.
1939 verbreiteten das faschistische Gift 3500 Tageszeitungen,
15 000 Zeitschriften und 470 Werkzeitungen mit einer Ge-
samtauflage von rund 20 Millionen (Tagespresse) beziehungs-

weise rund 90 Millionen (Zeitschriften) Exemplaren, 15 Reichssender, 34 Nebensender und 24 Kurzwellensender, über 9000 Kinos und über 3000 Verlage mit mehr als 20 000 Buchtiteln. Die gewaltige Maschinerie der faschistischen Meinungsmanipulierung, in der mehrere Hunderttausend tätig waren und die über Milliardenbeträge verfügte, übte einen in der Geschichte bis dahin nicht gekannten umfassenden ideologischen Druck auf die Bevölkerung aus.

Mitgliederstand der Nazipartei und ihrer Massenorganisationen Januar 1935

NSDAP	etwa 2 495 000
	(Januar 1933: 719 446)
SA	4 500 000 (Ende 1933)
SS	52 000 (1933)
HJ	3 577 565 (Ende 1934)
NS-Frauenschaft	2 709 027
NS-Lehrerbund	262 438
NS-Deutscher Ärztebund	15 500
Bund Nationalsozialistischer Deutscher Juristen	63 010
Reichsbund der Deutschen Beamten	1 023 066
Reichsschaft der Studierenden (später NS-Deutscher Studentenbund)	74 232
Deutsche Arbeitsfront	14 131 734
Reichsnährstand	2 922 410
NS-Volkswohlfahrt	3 836 328
NS-Kriegsopferversorgung	1 233 051

Die faschistische Ideologie griff einerseits alles Reaktionäre in der deutschen Geschichte auf. Antikommunismus, Antisowjetismus, Chauvinismus und Rassismus wurden zur Staatsdoktrin und durch Presse, Rundfunk, Film, Theater, Literatur, Schulungen in der Arbeitsfront und durch andere Mittel mit raffinierten, auf die einzelnen Volksschichten abgestimmten Methoden verbreitet. Im Sinne dieser Irrlehren und pseudowissenschaftlichen Theorien erfolgte die Ausbildung an Schulen und Universitäten. Faschistische Jugendorganisation,

Reichsarbeitsdienst und Wehrmacht setzten die politische und ideologische Beeinflussung vor allem der Jugend fort. Um eine „Führerelite" heranzubilden, wurden sogenannte Adolf-Hitler-Schulen, Nationalpolitische Erziehungsanstalten und Ordensburgen geschaffen.

Die faschistische Ideologie und Propaganda knüpfte andererseits geschickt an Hoffnungen und Stimmungen unter der Bevölkerung an und konnte immer größeren Einfluß im deutschen Volk, vor allem in den Mittelschichten, gewinnen. Statt Klassenkampf „Volksgemeinschaft", statt sozialer Unsicherheit „Lebensraum", vor allem im Osten, statt Versailles „europäische Sendung des deutschen Volkes", statt Parteienstreit „Führerstaat", statt Allmacht der Monopole „deutscher Sozialismus" mit Winterhilfswerk, Urlaub mit Kraft durch Freude und Volkswagen – diese Parolen des Hitlerregimes betrachteten immer mehr Deutsche als ihren Interessen entsprechend. Viele Werktätige, besonders aus den Mittelschichten, waren von der Weimarer Republik enttäuscht. Ihre Wünsche und Hoffnungen auf soziale Sicherheit, auf krisenfreie Entwicklung, auf ein friedliches Leben ohne Angst vor dem nächsten Tag hatten sich nicht erfüllt. Sie glaubten deshalb den alles versprechenden Losungen der Faschisten, die sich als eine „frische", „unverbrauchte" politische Kraft ausgaben. Deren Propaganda wirkte um so mehr, als sie eingewurzelte antikommunistische Vorurteile und nationalistische Gefühle, die von der Reaktion bereits in der Weimarer Republik genährt worden waren, geschickt ausnutzte und weiter schürte.

„Volksabstimmung" für den Austritt aus dem Völkerbund 12. November 1933	„Volksabstimmung" für die Vereinigung der Ämter des Reichspräsidenten und des Kanzlers 19. August 1934
Zahl der Stimmberechtigten 45 178 701	45 552 059
Abgegebene Stimmen 43 492 735	43 586 886
Ja-Stimmen 40 633 852	38 394 848
Nein-Stimmen 2 101 207	4 300 370
Ungültige Stimmen 757 676	873 668

Der Masseneinfluß des Naziregimes wurde durch die Haltung führender Vertreter der beiden christlichen Konfessionen begünstigt und sogar gestärkt. Sie setzten sich für die Unterstützung der Hitlerregierung ein und begrüßten deren Politik, einzelne kirchliche Vertreter akzeptierten sogar die faschistische Ideologie. Der protestantische Generalsuperintendent Dr. Otto Dibelius, der den Judenboykott vom 1. April guthieß, hatte zuvor den faschistischen Terror gegen Andersdenkende in seiner Predigt zur Eröffnung des Reichstags in der Potsdamer Nikolaikirche am 21. März 1933 in Anwesenheit Hitlers und der Naziführung mit den Worten gerechtfertigt: ,,Wenn der Staat seines Amtes waltet gegen die, die die Grundlagen der staatlichen Ordnung untergraben, gegen die vor allem, die ... den Tod für das Vaterland begeifern – dann walte er seines Amtes in Gottes Namen!"[2] Bischof Dr. Alois Hudal propagierte die faschistische Ideologie in katholischen Kreisen, ,,weil wir wünschen, daß der Kampf des Nationalsozialismus gegen Versailles und Moskau siegreich zu Ende geführt werde"[3]. Die oberste Behörde der katholischen Kirche, der Vatikan, schloß mit der Hitlerregierung im Juli 1933 ein Konkordat und forderte die deutschen Katholiken auf, die ,,verfassungsmäßige Regierung" zu achten.

Durch Terror, antikommunistische Hetze, nationalistische Irreführung und antikapitalistische Demagogie konnte sich die faschistische Diktatur besonders im städtischen Kleinbürgertum, auf dem Lande, in der Intelligenz sowie in der Jugend eine Massenbasis schaffen. Begünstigt wurde die Verbreiterung der Massenbasis des Regimes durch eine – verglichen mit der Zeit der

Zahl der Arbeitslosen (Jahresdurchschnitt)	Tarifliche Stundenlöhne der Fach- und angelernten Arbeiter (Jahresdurchschnitt in Rpf)	
1933	4 804 428	78,5	68,2
1934	2 718 309	78,3	68,2
1935	2 151 039	78,3	68,3
1936	1 592 655	78,3	68,3
1937	912 312	78,5	68,4
1938	429 461	78,8	68,7
1939	118 915	79,1	68,8

Weltwirtschaftskrise – gewisse Verbesserung der sozialen Lage der Werktätigen und durch den allmählichen Rückgang der Arbeitslosigkeit, bewirkt durch die beschleunigte Aufrüstung.

Für Teile der Arbeiterklasse erhöhte sich das Familieneinkommen. Das resultierte aus dem verlängerten Arbeitstag einerseits und – da die Arbeitslosigkeit zurückging – aus der Beschäftigung mehrerer Familienmitglieder andererseits. Zeitweilige wirtschaftliche Vorteile gewannen die Mittel- und auch Kleinbauern durch Maßnahmen des faschistischen Staates, von denen sich einige aber bald als nachteilig erwiesen, wie die Festpreise für landwirtschaftliche Erzeugnisse. Auch die städtischen Mittelschichten erhielten gewisse wirtschaftliche Vergünstigungen, die jedoch nach kurzer Zeit durch die steigenden Lebenshaltungskosten an Wirksamkeit verloren.

Bereits am 24. März 1933, einen Tag nach dem Ermächtigungsgesetz, hatte sich die Spitzenorganisation des deutschen Monopolkapitals, der Reichsverband der Deutschen Industrie, unter Vorsitz Gustav Krupps von Bohlen und Halbach öffentlich mit der Hitlerregierung solidarisiert. Ihrer Genugtuung über die Politik dieser Regierung gaben die Monopolherren auch bei anderen Anlässen Ausdruck.

Aus dem Telegramm von Gustav Krupp von Bohlen und Halbach an Hitler vom 15. Oktober 1933 anläßlich des Austritts Deutschlands aus dem Völkerbund

„In Dankbarkeit, Verehrung und Treue bekenne ich mich rückhaltlos im Namen der im Reichsstand geeinten deutschen Industrie zu den Entschlüssen der von Ihnen, Herr Reichskanzler, geführten Reichsregierung. In der Einheitsfront aller schaffenden Stände steht die deutsche Industrie bedingungslos hinter dem Führer des deutschen Volkes."[4]

Durch die verschiedensten Maßnahmen entwickelte sich der staatsmonopolistische Kapitalismus, die Verschmelzung der Macht des Finanzkapitals mit der des Staates. So wurden beispielsweise im Juli 1933 von Monopolherren und führenden Vertretern der Nazipartei der Generalrat der Wirtschaft gebildet und das Gesetz über Errichtung von Zwangskartellen erlassen, das ein Rahmengesetz für eine staatsmonopolistisch organisierte Rüstungswirtschaft darstellte. Im November 1934 erfolgte die Neugliederung der Wirtschaft unter der Leitung von Vertretern führender Monopole, die staatliche Vollmachten erhielten. Neben der Reichsgruppe Industrie entstanden weitere, ebenfalls in Wirtschafts-, Fach- und Fachuntergruppen gegliederte Reichsgruppen für andere Bereiche. Mit diesem staatsmonopolistischen Organisationssystem beherrschten die größten Monopole die gesamte Wirtschaft. Gestützt auf die geheimen Vorbereitungen in der Zeit der Weimarer Republik, setzte schon 1933 die beschleunigte Aufrüstung ein. Nicht nur die Umstellung der Industrie auf die Kriegsproduktion begann, das faschistische Regime ging auch daran, entsprechend den Forderungen der führenden Militärs die Reichswehr der Weimarer Republik zu einem schlagkräftigen Aggressionsinstrument auszubauen.

Mit diesen Verhältnissen sahen sich die KPD und andere aktive Antifaschisten konfrontiert. Unter den Bedingungen der Verfolgung und Terrorisierung, der Überwachung, der Einschränkung ihres Handlungsspielraums und der faschistischen Massenbeeinflussung mußten sie den Kampf gegen einen mächtigen, erfahrenen und raffinierten Gegner organisieren. Diesen Gegebenheiten, die noch dadurch erschwert wurden, daß die Antihitlerkräfte zersplittert waren und ihrer Einigung die Obstruktion vor allem der rechten sozialdemokratischen Führer entgegenwirkte, mußte das Vorgehen der Antifaschisten entsprechen.

Der Übergang
der KPD in die Illegalität

In den ersten Wochen der faschistischen Diktatur wurde die KPD jeder Möglichkeit beraubt, sich legal zu betätigen. Schon 1932 hatte die Führung Maßnahmen für den Übergang der Partei in die Illegalität vorbereitet. Sie hatte Voraussetzungen für die Arbeit des Politbüros und für die Herstellung von Zeitungen und anderen Druckerzeugnissen unter illegalen Bedingungen geschaffen. Für leitende Funktionäre waren illegale Quartiere und Anlaufstellen eingerichtet worden. Die Bezirksleitungen hatten ähnliche Vorbereitungen getroffen. Die Parteiführung hatte den zentralen Parteiapparat neu gegliedert, und zwar wurden aus 13 Abteilungen vier gebildet. Um sie besser anleiten zu können, waren die 28 Parteibezirke in acht Oberbezirke zusammengefaßt worden. Für Funktionäre hatten Schulungen über die Regeln der Konspiration, die Spitzelabwehr und den Aufbau eines illegalen Verbindungs- und Kuriersystems stattgefunden. In den Bezirken waren der Polizei unbekannte Parteimitglieder beauftragt worden, nach der Verhaftung von Funktionären deren Arbeit fortzusetzen.

Nun, beim Übergang in die Illegalität, folgten weitere Maßnahmen.[5] Mitte Mai 1933 beschloß das Politbüro, daß drei seiner Mitglieder, Franz Dahlem, Wilhelm Florin und Wilhelm Pieck, in Paris eine Auslandsleitung bilden sollten. Zu ihren Aufgaben gehörte es, das Zentralorgan, „Die Rote Fahne", herauszugeben, die emigrierten deutschen Kommunisten zusammenzufassen, die Grenzarbeit zu leiten, die Verbindung zum EKKI aufrechtzuerhalten und zusammen mit der Komintern und den Bruderparteien Solidaritätsaktionen für die deutschen Antifaschisten zu organisieren. Die anderen Politbüromitglieder, John Schehr, Hermann Schubert, Fritz Schulte und Walter Ulbricht, bildeten die Inlandsleitung, die von Berlin aus die Parteiorganisationen und den antifaschistischen Widerstandskampf anleitete. Die Mitglieder der Parteiführung in Berlin und in Paris hielten enge Verbindung miteinander. Kontakte hatte das Politbüro zum Parteivorsitzenden Ernst Thälmann, der bis August 1937 im Untersuchungsgefängnis Berlin-Moabit eingekerkert war und die leitenden Funktionäre auf illegalen Wegen mit Ratschlägen für die Entwicklung der Politik der Partei unterstützte.

Mit großer Intensität bereitete sich Ernst Thälmann auf seinen Prozeß vor. In seinen Aufzeichnungen und in Schreiben an die faschistischen Justizbehörden wies er alle Verleumdungen der KPD zurück, unter anderem die Lüge, die Partei hätte Ende Februar 1933 einen bewaffneten Putsch vorbereitet. Seine detaillierten Widerlegungen dieser Behauptung faßte Ernst Thälmann in einem Brief an den Untersuchungsrichter in den Worten zusammen: „Also, wir verneinen nicht die Revolution, wir halten sie für notwendig und für die einzige Möglichkeit der sozialen und nationalen Befreiung, wir arbeiten und kämpfen für sie. Wir verneinen aber die Verschwörung – wir gründen uns auf objektive Voraussetzungen (zu denen wir subjektiv mithelfen)."[6]

40

Im Herbst 1933 beschloß die Parteiführung, daß alle Mitglieder der Inlandsleitung aus Gründen der Sicherheit Deutschland verlassen und sich nach Paris begeben müßten, mit Ausnahme von John Schehr, der eine neue Leitung, die Landesleitung, bildete. Als Organ des Politbüros des ZK der KPD in Paris, mit dem sie in Verbindung stand, leitete sie von Oktober 1933 bis März 1935 die illegalen Parteiorganisationen an. Ihre Zusammensetzung änderte sich mehrmals, da einige Mitglieder aus konspirativen Gründen ausgewechselt und andere von den Faschisten verhaftet wurden, so John Schehr und Lambert Horn im November 1933. Die Gestapo erschoß John Schehr zusammen mit den kommunistischen Funktionären Eugen Schönhaar, Rudolf Schwarz und Erich Steinfurth am 1. Februar 1934. Lambert Horn verstarb am 2. Juni 1939 im Konzentrationslager Sachsenhausen nach mehr als fünfjähriger Haft.

Weitere Schritte des Übergangs in die Illegalität waren die Verringerung der Zahl der Mitarbeiter der Bezirksleitungen

---

Oberbezirke und Bezirke der KPD Herbst 1933 bis Ende 1934

Oberbezirk Zentrum	Bezirke Berlin, Brandenburg, Magdeburg, Anhalt-Merseburg, Hannover, Braunschweig
Oberbezirk Nord-Ost	Bezirke Ostpreußen, Westpreußen, Danzig, Pommern
Oberbezirk Nord	Bezirke Wasserkante, Nordwest, Mecklenburg
Oberbezirk West	Bezirke Ruhrgebiet, Bielefeld, Niederrhein, Sieger- und Sauerland, Mittelrhein, Wurmgebiet, Oberlahnstein-Trier
Oberbezirk Süd-West	Bezirke Hessen-Frankfurt, Hessen-Kassel, Baden-Mannheim, Pfalz-Kaiserslautern, Saargebiet
Oberbezirk Süd	Bezirke Württemberg-Nord, Württemberg-Süd, Bodensee, Baden-Süd, Augsburg, München
Oberbezirk Mitte	Bezirke Nürnberg, Thüringen, Halle-Merseburg, Bitterfeld
Oberbezirk Sachsen	Bezirke Leipzig, Dresden, Chemnitz, Vogtland
Oberbezirk Süd-Ost	Bezirke Lausitz, Schlesien, Waldenburg, Oberschlesien

im Sommer 1933 und die Gliederung der inzwischen verkleinerten Bezirke in neun statt wie bisher in acht Oberbezirke im Herbst.

Bereits im Februar 1933 hatten einzelne Bezirksleitungen begonnen, Grenzstützpunkte in der benachbarten Tschechoslowakei einzurichten. Seit Juni 1933 erfolgte auf Weisung der Inlandsleitung der Aufbau eines Systems solcher Stützpunkte an den Grenzen der ČSR, Dänemarks, der Niederlande, des Saargebiets und der Schweiz. Die Mitarbeiter der Grenzstützpunkte organisierten den Transport von Druckschriften, die in diesen Ländern hergestellt worden waren, zu den Parteiorganisationen, schleusten gefährdete Kommunisten aus Deutschland aus, halfen Kurieren, illegal die Grenze zu überschreiten, und faßten die emigrierten deutschen Kommunisten in den jeweiligen Ländern zusammen.

Grenzstützpunkte der KPD 1933–1935

Reichenberg, dann Prag, Sitz der Leitung der Stützpunkte in der ČSR für:
  Berlin, Brandenburg, Halle-Merseburg, Magdeburg, Schlesien, Sachsen, Thüringen
Basel, dann Zürich, Sitz der Leitung der Stützpunkte in der Schweiz für:
  Baden, Bayern, Württemberg
Saarbrücken, dann Saarlouis, Sitz der Leitung der Stützpunkte im Saargebiet für:
  Hessen-Frankfurt, Mittelrhein, Niederrhein
Amsterdam, Sitz der Leitung der Stützpunkte in den Niederlanden für:
  Niedersachsen, Oldenburg, Ruhrgebiet
Kopenhagen, Sitz der Leitung der Stützpunkte in Dänemark für:
  Bremen, Danzig, Hamburg, Mecklenburg, Ostpreußen, Pommern, Schleswig-Holstein

---

Der Kampf unter illegalen Bedingungen war eine große Bewährungsprobe für jedes Parteimitglied. Neue Formen der Parteiarbeit mußten gefunden und erprobt, neue Methoden der Leitungsarbeit, der Verbindung und Information angewendet werden. Mehr Initiative und Energie, Mut und Opferbereitschaft, Geduld und feste Disziplin als in der legalen Zeit wurden jedem Kommunisten abverlangt. Stärker als früher galt es, mühevolle tägliche Kleinarbeit zu leisten. Neue Anforderungen stellten die Erziehung und die marxistisch-leninistische Schulung der Kader, der Schutz der Kommunisten und die Abwehr von Gestapospitzeln und Provokateuren der faschistischen Unterdrückungsorgane. Die Regeln der Konspiration verlangten, daß Namen, Adressen usw. nicht aufgeschrieben und erforderliche schriftliche Materialien verschlüsselt wurden, daß jeder nur so viel erfuhr, wie er zur Erfüllung eines bestimmten Auftrages wissen mußte. Der Aufrechterhaltung von Verbindungen und der Übermittlung von Informationen dienten Treffs, bei denen Pünktlichkeit und Umsicht notwendig waren und oft nur kaltblütiges Verhalten eine Gefahr abwenden konnte. Eine Festlegung, die 1933 galt, sah zum Beispiel vor, daß der Organisationssekretär einer Bezirksleitung lediglich an Tagen mit geradem Datum nach Berlin fahren durfte, um persönlich Verbindung zur Parteiführung aufzunehmen. Er mußte in einer bestimmten Gaststätte zu Mittag essen und eine bestimmte Zeitung vor sich haben. Um 13 Uhr 30 hatte er das Lokal zu verlassen. Wurde er dabei angesprochen, mußte er das Kennwort nennen, um dann weitergeleitet zu werden.

Große Bedeutung für den Übergang der KPD in die Illegalität hatte die Hilfe der Kommunistischen Internationale, der KPdSU und der anderen Bruderparteien, vor allem aus den Nachbarländern Deutschlands. Die Komintern und die KPdSU vermittelten deutschen Kommunisten die umfangreichen Erfahrungen der bolschewistischen Partei in der illegalen Arbeit. Besonders auf der Internationalen Lenin-Schule der Komintern wurden Kader der KPD marxistisch-leninistisch geschult und für den Kampf unter illegalen Bedingungen ausgebildet. Hier referierten Dimitri Manuilski und andere Funktionäre der KPdSU über die Organisierung der illegalen Tätigkeit. Über diese Fragen hatte Georgi Dimitroff, der Leiter des Westeuropäischen Büros des Exekutivkomitees der Kommunistischen Internationale, mit Ernst Thälmann Mitte Februar in Berlin beraten.

Das Zentralkomitee der Französischen Kommunistischen Partei half dem Politbüro des Zentralkomitees der KPD, von Paris aus seine Aufgaben zu erfüllen. Die kommunistischen

Parteien Dänemarks, Frankreichs, der Niederlande, Schweiz und Tschechoslowakei unterstützten die KPD beim Aufbau der Grenzstützpunkte und bei der Grenzarbeit. Auch die Führung der Kommunistischen Partei Polens machte die KPD mit ihren Erfahrungen im illegalen Kampf bekannt, den sie seit 1918 führte. Diese Erfahrungen waren Gegenstand von Unterredungen Ernst Thälmanns und Julian Leńskis, des Generalsekretärs der KPP, Ende Februar und Anfang März 1933; über sie berieten wiederholt Funktionäre beider Parteien. Auf Empfehlung des EKKI wurde ein polnischer Funktionär, Stanisław Hubermann, im März 1933 in das ZK der KPD kooptiert. Bis Anfang 1934 beriet er die Parteiführung und die Sekretariate der Bezirksleitungen bei der Organisierung der illegalen Arbeit. Ein anderer polnischer Kommunist half beim Aufbau illegaler Druckereien und eines Vertriebsnetzes für antifaschistische Schriften.

Gestützt auf die brüderliche Hilfe der Komintern, der KPdSU und anderer kommunistischer Parteien, konnte die KPD den Übergang in die Illegalität vollziehen und konspirative Methoden der Leitung, der Verbindung und der Information sowie der Organisierung des antifaschistischen Kampfes erproben und entwickeln. Trotz der schweren Schläge, die der faschistische Terror ihr zufügte, vermochte sie es, die Parteiorganisationen und ihre Leitungen wieder aufzubauen beziehungsweise zu festigen.

Die KPD, deren Zentralkomitee Anfang März 1933 in dem Aufruf „Mutig vorwärts zur Antifaschistischen Aktion" die faschistische Reichstagsbrandstiftung als „Auftakt zum Pogrom gegen die Kommunistische Partei und das revolutionäre Proletariat"[7] bezeichnet hatte, setzte trotz der großen Opfer bei der Verhaftungswelle nach der Reichstagsbrandprovokation, die viele Parteiorganisationen stark geschwächt hatten, den Kampf gegen die faschistische Diktatur fort. Ernst Thälmann hatte in einem Appell, der Anfang März in den Parteiorganisationen zirkulierte, auf die große Verantwortung der Kommunisten gegenüber der Arbeiterklasse hingewiesen und jedes Mitglied der Partei aufgefordert, „seine ganze Kraft und Energie, ja, sein Leben in den Dienst unseres sozialistischen Freiheitskampfes, in den Dienst der Antifaschistischen Aktion zu stellen"[8]. Diesen Einsatz erforderte der Kampf zum Sturz der Hitlerregierung, „der Regierung des Bürgerkrieges gegen die werktätigen Massen, der Regierung der Versklavung der Arbeiterklasse, der Regierung der Vorbereitung des Revanchekrieges des deutschen Imperialismus gegen Polen und Frankreich und der Provokationen gegen die Sowjetunion"[9].

Mögen imperialistische Historiker auch das Gegenteil behaupten – die Tatsachen beweisen: Die revolutionäre Partei der deutschen Arbeiterklasse führte den antifaschistischen Kampf im Unterschied zu anderen Hitlergegnern vom ersten Tage der Hitlerdiktatur an und unterbrach ihn zu keiner Zeit. Von Anfang an ging das ZK der KPD davon aus, daß die Aktionseinheit der Arbeiterklasse für den antifaschistischen Kampf entscheidende Bedeutung besaß. Bereits am 2. Februar 1933 hatte das Sekretariat des Zentralkomitees in einer Direktive an die Bezirksleitungen erklärt, „daß wir ohne die Herstellung einer breiten, massenmäßigen, fest verankerten Einheitsfront in den Betrieben, … daß wir ohne die Gewinnung der sozialdemokratisch, freigewerkschaftlich und christlich organisierten Arbeiter, daß wir ohne die wirkliche und konkrete Herstellung einer festen unzerreißbaren Kampffront niemals zu größeren revolutionären Massenaktionen, zum politischen Massenstreik und Generalstreik kommen können"[10]. In einem Rundschreiben vom 23. Februar hatte die Parteiführung darauf hingewiesen, „daß wir die Einheitsfrontpolitik lediglich unter dem Gesichtspunkt des Kampfes gegen den Faschismus, der wirklichen Durchführung von Aktionen und Kämpfen wollen, daß wir keine anderen Bedingungen als die des gemeinsamen Kampfes stellen"[11]. Auch diese parteiinternen Anweisungen, die mit der politischen Linie in den Aufrufen der Partei übereinstimmten, bezeugen, daß die Einheitsfrontpolitik der KPD kein Manöver war, wie rechte Führer der SPD damals unterstellten und wie bürgerliche und rechtssozialdemokratische Historiker auch heute noch behaupten. In der Tat stellte die KPD keine Bedingungen für den gemeinsamen Kampf gegen das faschistische Regime.

Nach der Reichstagsbrandprovokation hatte die Führung der KPD sowohl an die Mitglieder der SPD und des ADGB appelliert, zusammen mit den Kommunisten die Einheitsfront zu schaffen, und zugleich auch den Leitungen dieser beiden Organisationen ein entsprechendes Angebot überbracht. Als unmittelbar nach der Brandstiftung ein Kurier des Politbüros des ZK der KPD, das gerade tagte, Verbindung mit beiden Gremien aufzunehmen suchte, wurde er beim Bundesvorstand des ADGB gar nicht erst vorgelassen und beim Vorstand der SPD mit dem Bemerken abgefertigt, gemeinsames Handeln sei unzweckmäßig, weil dadurch die Legalität der SPD gefährdet würde.

Am 14. März 1933 unterbreitete das ZK der KPD dem Parteivorstand der SPD erneut ein Angebot. Es schlug vor, in einem gemeinsamen Aufruf Kommunisten und Sozialdemokraten aufzufordern, die Angriffe der Faschisten auf die Arbeiterorganisationen abzuwehren, für die Freilassung der politischen Gefangenen zu kämpfen, Selbstschutzgruppen und Aktionsausschüsse zu bilden sowie Streiks gegen den Lohnraub und Protestaktionen gegen das Regime zu organisieren. Das ZK der KPD erklärte, daß es sich bei einer Vereinbarung über den gemeinsamen Kampf jedes Angriffs auf die sozialdemokratischen Führer enthalten wolle.[12] Eine solche Forderung hatten rechte Führer der SPD erhoben, als sie mit der Behauptung, daß es die Kommunisten mit ihren Einheitsfrontangeboten nicht ehrlich meinen würden, vor den Mitgliedern der SPD ihre ablehnende Haltung gegenüber der Einheitsfront zu begründen versuchten. Aber auch jetzt lehnten sie – trotz des Entgegenkommens der Führung der KPD – wiederum ab und bewiesen damit, daß sie der faschistischen Diktatur keinen wirksamen Widerstand entgegensetzen wollten. So konnten bedeutende Potenzen nicht für den Kampf gegen das Hitlerregime genutzt werden. Die 12 Millionen Wähler, die bei der Reichstagswahl Anfang März der KPD und der SPD ihre Stimme gaben, hätten zu einer realen antifaschistischen Kraft werden können, wäre von der sozialdemokratischen Führung die Stunde genutzt und das Angebot der KPD zur Aktionseinheit angenommen worden.

In einigen Städten jedoch kam es gegen den Willen der rechten Führer zu Vereinbarungen zwischen Kommunisten und Sozialdemokraten sowie zwischen unteren Leitungen beider Parteien über gemeinsame Aktionen, beispielsweise über den Schutz von Arbeitervierteln und Arbeitereigentum vor den Angriffen der Faschisten, so im März in einigen Stadtteilen Leipzigs und einigen Orten dieses Bezirks. Auf lokaler Ebene wehrten Kommunisten, Sozialdemokraten, Gewerkschafter und parteilose Arbeiter gemeinsam den faschistischen Terror bei den Betriebsrätewahlen im März 1933 ab. Die ersten Ergebnisse dieser Wahlen in einer Anzahl von Betrieben waren für die Faschisten ein Fiasko: Die Nazikandidaten hatten weit weniger als ein Viertel der Stimmen erhalten. Angesichts der sich abzeichnenden Niederlage setzte die Hitlerregierung die Betriebsrätewahlen bis Ende September aus, ohne sie dann durchzuführen, und ließ klassenbewußte Betriebsräte von ihrer Funktion entfernen.

Immer wieder demonstrierten Kommunisten, daß die vom Naziregime totgesagte KPD lebte. Sie verbreiteten antifaschistische Flugblätter und Streuzettel und brachten an Mauern und auf Straßen Losungen an. Auf Schornsteinen, Bergen und anderen schwer erreichbaren Punkten hißten sie rote Fahnen. In einigen Orten durchschnitten Kommunisten Kabel und unterbrachen Hochspannungsleitungen, um Übertragungen der Reden von Mitgliedern der Regierung zu verhindern. Am 1. Mai 1933 kamen verschiedentlich Kommunisten, Sozialdemokraten, Gewerkschafter und parteilose Arbeiter zu gemeinsamen illegalen Kundgebungen zusammen. Oft veranstalteten sie kurze Gegendemonstrationen zu den faschistischen Veranstaltungen, so in Berlin, Halle-Merseburg, Hamburg, in Städten des Rhein-Ruhr-Gebiets, Sachsens, Thüringens und Württembergs. Gruppen der Revolutionären Gewerkschaftsopposition, denen kommunistische und parteilose Arbeiter angehörten, nahmen an antifaschistischen Aktionen in den Betrieben teil. Sie gaben illegal Zeitungen heraus und verbreiteten Flugblätter.

Die Politik des Stillhaltens
der Führungen der SPD und des ADGB
gegenüber
der faschistischen Diktatur

Obwohl Ortsgruppen der SPD und Gewerkschaftsverbände im Februar Zuschriften und Resolutionen an den Parteivorstand und den Bundesvorstand gerichtet hatten, in denen sie forderten, mit der KPD Verhandlungen über die Herstellung der Einheitsfront zu beginnen[13], beharrten die Führungsgremien der SPD und des ADGB auf ihrer ablehnenden Haltung gegenüber den Aktionseinheitsbemühungen der KPD.

**Mitgliederstand der SPD und von ihr geführte
Massenorganisationen vor der Errichtung
der faschistischen Diktatur**

SPD	1 000 000 (Ende 1931)
SAJ	50 000 (1931)
ADGB	etwa 4 000 000 (1932)
AfA	etwa 450 000 (1929)

Maßgebliche rechte sozialdemokratische Führer lehnten nicht nur den Kampf gegen die faschistische Diktatur ab und bezogen nicht nur eine Position des Abwartens und des Stillhaltens ihr gegenüber, sondern waren sogar zu weitgehender Anpassung an das Hitlerregime bereit, weil sie glaubten, so die Legalität der SPD erhalten zu können. Sie schätzten die Lage völlig falsch ein und klammerten sich an bürgerlich-parlamentarische Spielregeln, die der faschistische Terror jedoch hinwegfegte. Selbst nach der Verhaftung auch vieler Sozialdemokraten im Zusammenhang mit der Reichstagsbrandprovokation und nach der Notverordnung vom 28. Februar 1933, die die Weimarer Verfassung außer Kraft setzte und den Ausnahmezustand schuf, verbreitete Friedrich Stampfer, Mitglied des Parteivorstandes der SPD und Chefredakteur des „Vorwärts", die Auffassung: Die Faschisten „können nur wie eine rechtmäßige Regierung handeln, daraus folgt natürlich, daß wir eine rechtmäßige Opposition sein werden"[14]. Nach Stampfer sollten sich die Sozialdemokraten den Faschisten gegenüber in die „Rolle fairer Kritiker" finden.

Bei der Abstimmung über das Ermächtigungsgesetz, das der Hitlerregierung gesetzgeberische Gewalt übertrug, stimmte die sozialdemokratische Fraktion in der Reichstagssitzung am 23. März 1933 mit Nein. Das entsprach den Erwartungen der Mitglieder und Anhänger der Sozialdemokratie. Otto Wels, einer der Parteivorsitzenden, drückte jedoch in seiner Rede gleichzeitig die Hoffnung aus, daß die Faschisten „streng nach dem Wortlaut und Sinn der Verfassung"[15] regieren würden — einer Verfassung, die aber bereits außer Kraft gesetzt worden war —, und stimmte im Namen der Fraktion Hitlers Forderung nach Gleichberechtigung des imperialistischen Deutschlands zu — einer Forderung, die die Aufrüstung einschloß. Wels betonte, daß die SPD die Gleichberechtigung „bereits jeher grundsätzlich verfochten"[16] habe. Damit unterstützten die rechten sozialdemokratischen Führer die Außenpolitik der faschistischen Regierung. In ihrem Bestreben, sich dem Regime anzupassen, hielten sie an nationalistischen Positionen fest.

Diesem Bestreben entsprang auch die Reise, die führende Sozialdemokraten nach Verhandlungen mit Hermann Göring Ende März nach Belgien, in die ČSR, nach Dänemark, England, Frankreich, in die Niederlande, nach Österreich und in die Schweiz unternahmen, um die sozialistischen Parteien dieser Länder zu bewegen, eine wahrheitsgetreue Berichterstattung über den faschistischen Terror in Deutschland in ihrer Presse zu unterlassen. Zur gleichen Zeit trat Otto Wels demonstrativ aus dem Büro der Sozialistischen Arbeiter-Internationale aus, da er mit den vom Exekutivkomitee der SAI gefaßten Be-

49

schlüssen nicht einverstanden war, weil sie der politischen Linie der rechten Führer der deutschen Sozialdemokratie widersprachen. Die Exekutive hatte im Februar ihre Bereitschaft erklärt, mit der Kommunistischen Internationale über gemeinsame antifaschistische Aktionen zu verhandeln.

Der sozialdemokratische Parteivorstand lehnte jedwede illegale Arbeit ab. Rigoros ging er gegen die Leitung der Berliner Organisation der Sozialistischen Arbeiterjugend vor, die die illegale Tätigkeit aufgenommen hatte. Nachdem der Vorsitzende der Reichsleitung der SAJ, Erich Ollenhauer, von der Berliner Leitung vergeblich verlangt hatte, die ,,illegalen Mätzchen''[17] aufzugeben und die legale Arbeit fortzuführen, wurde der Vorsitzende der Berliner Organisation der SAJ Anfang April 1933 abgesetzt.

Um ,,der wachsenden Isolierung'' der führenden Parteigremien ,,von der Masse der Mitglieder und Funktionäre entgegenzuwirken''[18], die durch das Stillhalten dieser Organe gegenüber der faschistischen Diktatur und die Versuche, sich ihr anzupassen, bewirkt wurde, berief die sozialdemokratische Führung eine Reichskonferenz von Funktionären ein, die am 26. April 1933 in Berlin tagte. Hier orientierte Otto Wels auf den ,,ideologischen Widerstand gegen die heute herrschende (faschistische – K. M.) Gedankenrichtung''; auf ihn könne man nicht länger verzichten, da das ,,ein Verzicht zugunsten des Kommunismus'' wäre.[19] In der Tat führte die KPD schon längst die Auseinandersetzung mit der faschistischen Ideologie. Otto Wels versuchte von der Verantwortung der rechten sozialdemokratischen Führer und ihrer Politik der Klassenzusammenarbeit abzulenken, als er behauptete, die Errichtung der faschistischen Diktatur sei möglich geworden, weil die Arbeiterklasse den ,,ungeheuren Problemen der Zeit noch nicht gewachsen'' war und ,,sich spaltete, als Einheit mehr geboten war denn je''[20]. Die Konferenz beschloß keinerlei Losungen und Maßnahmen für den antifaschistischen Kampf. In einer Resolution wies sie alle Sozialdemokraten darauf hin, die ,,gegebenen gesetzlichen Möglichkeiten''[21] auszunutzen. Eine Konzession an die mit den rechten Führern unzufriedenen Mitglieder sollte die Aufnahme einiger junger und einiger linker Sozialdemokraten in den Parteivorstand sein. So wurden unter anderen Paul Hertz und Erich Ollenhauer sowie Siegfried Aufhäuser, Karl Böchel und Franz Künstler gewählt.

Inzwischen hatte auch die Führung des ADGB ihre Stillhaltepolitik fortgesetzt und Versuche unternommen, sich dem Regime anzupassen. Der Bundesvorstand erklärte Ende März 1933, die Gewerkschaften würden mit dem Staat verwachsen. Theodor Leipart, der Vorsitzende des ADGB, erkannte wenige Tage später in einem Schreiben an Hitler das Recht des Staates an, in die Auseinandersetzungen zwischen Arbeiterschaft und Unternehmer einzugreifen. Am 9. April begrüßte der Bundesvorstand die Bestrebungen der Faschisten „zur Vereinheitlichung des deutschen Gewerkschaftswesens" und empfahl die „Einsetzung eines Reichskommissars für die Gewerkschaften"[22]. Und zehn Tage später rief er die Gewerkschafter sogar dazu auf, sich an den faschistischen Maifeiern zu beteiligen. Leitende Funktionäre des sozialdemokratisch geführten Reichsbanners, wie der Gauführer Westliches Westfalen, forderten im April in der Presse gleichfalls zur Teilnahme aller „Volksgenossen" an diesen Feiern und zur „Einigung aller Deutschen"[23] auf. Auch Führer der christlichen Gewerkschaften und der Hirsch-Dunckerschen Gewerkvereine suchten ihre Organisationen in den faschistischen Staat einzugliedern. Alle Anbiederungsversuche hielten das Hitlerregime jedoch nicht davon ab, am 2. Mai den ADGB zu zerschlagen und den Gesamtverband der Christlichen Gewerkschaften, die Hirsch-Dunckerschen Gewerkvereine sowie andere Verbände gleichzuschalten. Am 10. Mai wurde das Vermögen der SPD beschlagnahmt. Aber auch diese Maßnahmen hinderten führende Sozialdemokraten nicht, ihr Bestreben fortzusetzen, sich dem faschistischen Regime anzupassen. Das ging so weit, daß beispielsweise der Bezirksvorstand Württemberg der SPD am 10. Mai an die sozialdemokratischen Gemeinderäte appellierte, die „Neugestaltung Deutschlands im Sinne der nationalen Revolution zu unterstützen"[24], eine direkte Aufforderung also, den Faschisten bei der Durchsetzung ihrer antidemokratischen, volksfeindlichen Politik zu helfen. Am 17. Mai stimmte im Reichstag die sozialdemokratische Fraktion – von ihren 120 Mitgliedern waren 65 anwesend – der außenpolitischen Erklärung Hitlers zu, in der er dema gogisch vom Frieden gesprochen, aber auch den Austritt Deutschlands aus dem Völkerbund angekündigt hatte, wenn es keine Gleichberechtigung erhalten würde.

Trotz des Vorgehens des Hitlerregimes gegen die SPD hielt die Gruppe des sozialdemokratischen Parteivorstandes um Paul Löbe – sie war in Deutschland geblieben, während die Parteivorsitzenden Otto Wels und Hans Vogel sowie vier weitere Mitglieder des Vorstandes Anfang Mai in das Saargebiet emigriert waren, um dort eine Auslandsleitung zu bilden – an der Orientierung fest, unter allen Umständen eine legale Arbeit der SPD unter der faschistischen Diktatur zu gewährleisten. Entsprechende Anweisungen erließ die Löbe-Gruppe an die Bezirksvorstände.

Die emigrierten Parteivorstandsmitglieder, die sich gegen die Teilnahme der Fraktion an der Reichstagssitzung am 17. Mai ausgesprochen hatten, betrachteten eine Fortsetzung des Anpassungskurses jetzt nicht mehr für zweckmäßig, da sie befürchteten, jeglichen Einfluß auf die Mitglieder der Partei zu verlieren und ein weiteres Zerfallen der SPD zu fördern. Ein Teil der sozialdemokratischen Gruppen und Organisationen hatte nämlich von sich aus, gegen den Willen der rechten Führer, bereits den Übergang in die Illegalität begonnen. Andererseits aber hatten ganze Ortsvereine angesichts der destruktiven Politik der Führung und ausgehend von der Meinung, daß man nichts tun könne, die Selbstauflösung beschlossen. Beamte, Lehrer und andere Staatsangestellte hatten ihren Austritt aus der SPD erklärt. Während einige Gruppen des Reichsbanners den illegalen Kampf begonnen hatten, war von anderen versucht worden, Anschluß an den Stahlhelm zu finden, an die reaktionäre Frontsoldatenorganisation der Hugenbergschen Deutschnationalen Volkspartei. Große Teile der Mitgliedschaft der SPD hatten resigniert und lehnten jede weitere politische Tätigkeit ab.

Da die emigrierten Vorstandsmitglieder – wie sie selbst feststellten – ihre Aufgabe in der „Erhaltung der organisatorischen Reste der Partei"[25] sahen, änderten sie die Taktik, zumal die antifaschistische Politik der KPD, deren aktiver Kampf und deren Ringen um die Aktionseinheit in der Arbeiterklasse, auch bei klassenbewußten Sozialdemokraten, zunehmend Sympathie und Verständnis fand. Europa sehe bisher nur eine kommunistische Opposition, äußerte Wels.[26] So beschlossen die emigrierten Vorstandsmitglieder am 21. Mai 1933 in Anwesenheit von zwei Vorstandsmitgliedern aus Berlin, Erich Rinner und Max Westphal, den Sitz des Parteivorstandes nach Prag zu verlegen und dort den „Neuen Vorwärts" herauszugeben sowie Rinner und Westphal zu beauftragen, die illegale Arbeit in Deutschland zu organisieren. Diesen Beschluß lehnten die Vorstandsmitglieder in Berlin sowie die Vorstände der sozialdemokratischen Reichstags- und der preußischen Landtagsfraktion ab. Die Gruppe um Paul Löbe erklärte ihrerseits im Juni 1933, daß sie die Führung der Sozialdemokratie darstelle und die emigrierten Mitglieder des Vorstands kein Recht hätten, für die Partei zu sprechen. Diese Erklärung wurde der Presse mitgeteilt. Die Gruppe wandte sich gegen jede illegale Tätigkeit und wählte einen neuen Parteivorstand unter Leitung Paul Löbes. Damit war die Führung der Sozialdemokratie gespalten.

Am 18. Juni erschien die erste Nummer des „Neuen Vorwärts" mit dem Aufruf des Emigrationsvorstandes „Zerbrecht die Ketten!". In ihm wurde der Faschismus in einen Aufstand des Kleinbürgertums verfälscht, das den Staat erobert hätte. Der Emigrationsvorstand orientierte in diesem Aufruf auf solche Forderungen und Kampfziele – beispielsweise Errichtung der Herrschaft der Arbeiterklasse und Enteignung der Großkapitalisten und Großagrarier –, die zu dieser Zeit völlig unrealistisch waren. Er hoffte jedoch, auf diese Weise auf die in Deutschland kämpfenden Kommunisten, Sozialdemokraten und anderen Arbeiter Einfluß zu gewinnen. Er forderte schärfsten Kampf gegen die Feinde der Freiheit, ohne zu sagen, wie dieser Kampf geführt werden sollte. Statt dessen erging sich der Emigrationsvorstand in antikommunistischer Hetze und diffamierte die KPD, sie sei verantwortlich dafür, daß die faschistische Diktatur hatte errichtet werden können. Die emigrierten rechten sozialdemokratischen Führer zogen keinerlei Schlußfolgerungen aus der Entwicklung in Deutschland und hielten, gedeckt durch revolutionär klingende Worte, an ihrer einheitsfrontfeindlichen Politik fest.

Auch in der Schrift „Revolution gegen Hitler" vom Juli

1933 stellte der Emigrationsvorstand keine Aufgaben für den täglichen Kampf gegen Hitler. Er vertröstete die Sozialdemokraten auf die Zukunft, denn er forderte lediglich, „die Kräfte zu sammeln und zu gliedern, die in der Schicksalsstunde des Regimes aktiv für seinen Sturz wirken können"[27]. Auch diese Schrift war voll von Verleumdungen gegen die KPD: ihre Existenz erschwere den Kampf gegen Hitler, Kommunismus und Faschismus wären wesensgleich und ähnliches.

Am 22. Juli verbot das faschistische Regime die SPD und ließ den Berliner Parteivorstand sowie einige tausend Mitglieder und Funktionäre verhaften. Der Emigrationsvorstand in Prag aber änderte seine Haltung nicht: In Besprechungen wies er Funktionäre aus dem Lande an, die sozialdemokratischen Mitglieder weiterhin zu sammeln, sie aber von jeder selbständigen Aktion abzuhalten und vor allem jeden Kontakt zwischen ihnen und den Kommunisten zu verhindern, da eine solche Verbindung das Bürgertum abschrecke.[28]

**Sitz der Grenzsekretäre
des sozialdemokratischen Emigrationsvorstandes
und ihre Materialverbreitungsbereiche 1933–1936/37**

Neuern/ČSR:	Bayern, Pfalz
Karlsbad/ČSR:	Dresden und einige ostsächsische Städte
Reichenberg/ČSR:	Berlin, Brandenburg, Görlitz
Trautenau/ČSR:	Mittel- und Oberschlesien
Saargemünd, später Strasbourg/Frankreich:	Baden, Frankfurt (Main), Kassel, Württemberg
Antwerpen/Belgien:	Hannover, Mittelrhein, Westfalen
Brüssel/Belgien:	Teil des Niederrheins, Oberrhein
Kopenhagen/Dänemark:	Bremen, Hamburg, Mecklenburg, Schleswig-Holstein

---

So sollten die Sozialdemokraten in Deutschland weiter in antikommunistischen Vorurteilen gehalten werden und abwarten. Sie wurden dahingehend vertröstet, daß bestimmte Kreise der Großbourgeoisie und der Militärs Maßnahmen gegen die Hitlerregierung unternehmen würden. Eine solche Orientierung behinderte die Entfaltung des antifaschistischen

Kampfes in Deutschland, denn sie verurteilte Hunderttausende von Sozialdemokraten zur Passivität. Das trug dazu bei, daß sich die faschistische Diktatur konsolidieren konnte. Der Emigrationsvorstand trat zwar in Worten gegen das Hitlerregime auf; Maßnahmen zur Organisierung von Kampffaktionen leitete er jedoch nicht ein. Seine Aktivitäten bestanden allein darin, über Grenzsekretäre in der Tschechoslowakei und in anderen Nachbarländern Deutschlands seine Presseorgane an Sozialdemokraten im Lande zu leiten und von ihnen Berichte über die Lage und die Stimmung entgegenzunehmen.

Weil die rechten Führer der SPD nicht zum entschiedenen Widerstandskampf gegen das Naziregime aufgerufen, sondern eine Politik des Stillhaltens und der Anpassung verfolgt hatten, wurden sie von der Mehrheit der sozialistischen Parteien auf der Konferenz der SAI im August 1933 in Paris kritisiert, die in dieser Haltung der Führer der SPD eine Ursache des Untergangs der deutschen Sozialdemokratie sahen.

Der antifaschistische Kampf der KPD und der mit ihr verbündeten sozialdemokratischen, gewerkschaftlichen und kleinbürgerlichen Kräfte.

Das Ringen der KPD um die Entwicklung der Strategie und Taktik zum Sturz der Hitlerdiktatur

Schlußfolgerungen des ZK der KPD aus vier Monaten Kampf

Ende Mai 1933, nach vier Monaten faschistischer Diktatur, analysierte das ZK der KPD die Lage und legte die nächsten Aufgaben fest. Es ging davon aus, daß die Errichtung der faschistischen Diktatur der Versuch der Spitzen des Monopolkapitals und der Großagrarier war, „die organisierte Arbeiterbewegung zu zerschlagen, die umfassendsten Voraussetzungen für einen beispiellosen blutigen Bürgerkrieg und die rasche Rüstung zu unmittelbar drohenden europäischen und außereuropäischen imperialistischen Kriegen und Interventionskriegen gegen die Sowjetunion zu schaffen"[29]. Angesichts der antisowjetischen Hetze der Faschisten rief das Zentralkomitee die Kommunisten und die mit ihnen kämpfenden Arbeiter auf, auch unter den Bedingungen der Illegalität die Sowjetunion zu verteidigen und allen antisowjetischen Lügen und Verleumdungen entgegenzutreten.

Als eine Hauptaufgabe bezeichnete es die Tagung, im Kampf die Aktionseinheit der Arbeiterklasse zu schaffen. Es gelte deshalb, allen Arbeitern klarzumachen, daß die von rechten sozialdemokratischen Führern genährte, die Passivität fördernde Hoffnung, Meinungsverschiedenheiten innerhalb der herrschenden Klasse würden zum Zusammenbruch des Naziregimes führen, sinnlos sei. Die Hitlerregierung würde nicht von selbst „abwirtschaften". Das einheitliche Wirken der Arbeiterklasse – so betonte die Tagung – sei die Voraussetzung dafür, Bauern und Angehörige des Mittelstandes zur Teilnahme an antifaschistischen Aktionen zu gewinnen. In diesen Schichten sowie in der Jugend sollte die Aufklärungsarbeit verstärkt werden. Erforderlich sei es, den Kampf für ökonomische Forderungen, beispielsweise für Lohnerhöhungen, gegen die Teuerung, mit dem Kampf für politische Forderungen, zum Beispiel für die Freilassung der politischen Gefangenen und für die Streik- und Koalitionsfreiheit, zu verbinden.

Das Zentralkomitee orientierte die Parteiorganisationen darauf, die konspirativen Methoden noch besser beherrschen zu lernen und gleichzeitig die Illegalität dadurch zu durchbrechen, daß die Kommunisten in den nazistischen Massenorganisationen antifaschistische Arbeit leisteten. Es forderte von den Parteiorganisationen, gegen den Opportunismus, der sich in einer durch den brutalen Terror des Hitlerregimes bewirkten Niedergeschlagenheit zeigte, wie gegen das Sektierertum zu kämpfen, das in der Ablehnung zum Ausdruck kam, die werktätigen Anhänger der Nazipartei für gemeinsame Aktionen zu gewinnen. Die Tagung des Zentralkomitees betonte: „Gerade unter den Bedingungen der faschistischen Diktatur muß die ganze Partei sich die Theorie und Praxis Lenins und der Bolschewiki zu eigen machen und die Erfahrungen der italienischen und polnischen Brudersektionen gründlich auswerten."[30]

Die Anwendung des Leninismus auf die neuen Bedingungen des Klassenkampfes konnte jedoch nur schrittweise erfolgen. In der Entschließung der Tagung spiegelten sich Schwierigkeiten wider, die Lage und die Klassenkräfte unter den veränderten Verhältnissen realistisch einzuschätzen. Einige Fragen der Strategie und Taktik wurden noch nicht beantwortet. Auf der Tagung des Zentralkomitees am 7. Februar 1933 hatte Ernst Thälmann hervorgehoben, daß der Sturz der Hitlerregierung und der Sieg der sozialistischen Revolution nicht unbedingt ein und dasselbe sein mußten.[31] Er hatte damit einen wichtigen Hinweis gegeben, auf welche Weise das nächste strategische Ziel zu bestimmen war und daß es darauf ankam, Wege zu finden, die an die Errichtung der Macht der Arbeiterklasse heranführten. Wenig später, am 23. Februar, hatte das Sekretariat des ZK der KPD in einer Direktive an die Bezirksleitungen festgestellt: „Es ist von entscheidender Bedeutung für eine richtige Politik und Arbeit unserer Organisation, daß es uns gelingt, der Gesamtheit unserer Mitglieder und darüber hinaus den breiten Massen voll zum Bewußtsein zu bringen, daß sich mit dem 30. Januar, mit der Aufrichtung der offenen faschistischen Diktatur über Deutschland, eine grundlegende Veränderung in der Situation ergeben hat, aus der sich die Notwendigkeit zu ebenso grundlegenden Änderungen für den Klassenkampf des Proletariats und damit für die Politik und Arbeit unserer Organisation ergibt.‟[32]

Alles das ignorierten dogmatische und sektiererische Kräfte um Hermann Schubert und Fritz Schulte in der Parteiführung, die an überholten oder falschen Losungen und Einschätzungen festhielten und die Lage nach der Einsetzung der Hitlerregierung nicht richtig beurteilten. So behaupteten sie, die Arbeiterklasse habe mit der Errichtung der faschistischen Diktatur keine Niederlage erlitten, sie habe nur einen vorläufigen Rückzug angetreten und eine revolutionäre Situation stünde unmittelbar bevor. Diese Kräfte negierten die Notwendigkeit, an die Tagesinteressen der Arbeiterklasse anzuknüpfen, um Teilkämpfe auslösen zu können, und redeten von einem revolutionären Aufschwung. Sie lehnten die antifaschistische Arbeit in den Massenorganisationen der Nazis ab. Unter Schaffung der Einheitsfront verstanden sie Werbung sozialdemokratischer Arbeiter für die KPD; den Versuch, mit sozialdemokratischen Führern Kontakte zu suchen, hielten sie für opportunistisch.

Um diese Fragen begannen 1933 die Auseinandersetzungen der marxistisch-leninistischen Kräfte in der Parteiführung – Wilhelm Pieck und Walter Ulbricht, die sich auf die Erfahrungen der Parteiorganisationen stützten und aus deren Kampf Schlußfolgerungen für die Entwicklung der Politik der KPD ableiteten – mit den Verfechtern dogmatischer und sektiererischer Auffassungen, die sich auf einzelne Funktionäre der Komintern berufen konnten. Die Brutalität des faschistischen Terrors sowie die einheitsfrontfeindliche Haltung der rechten Führer der SPD und des ADGB bestärkten die sektiererischen

Kräfte in ihren Ansichten und bereiteten den Boden für die Verbreitung und Aufnahme dieser Meinungen auch in den Parteiorganisationen. Der Verlust qualifizierter Kader und die Bedingungen der Illegalität erschwerten beträchtlich die Auseinandersetzung mit diesen falschen Auffassungen. Die KPD war daher in ihren Bemühungen, ihre Politik entsprechend den neuen Kampfbedingungen in Deutschland weiterzuentwickeln, sehr beeinträchtigt.

Die Hilfe der Kommunistischen Internationale

In den Auseinandersetzungen um die Entwicklung der Strategie und Taktik, die auch in der internationalen kommunistischen Bewegung und in den Organen der Kommunistischen Internationale geführt wurden[33], unterstützten leitende Funktionäre der Komintern die marxistisch-leninistischen Kräfte in der KPD. Wiederholt berieten das EKKI, dessen Präsidium, Sekretariat und Politische Kommission Fragen des antifaschistischen Kampfes der KPD und gaben der Partei wertvolle Ratschläge. Die KPD trug als revolutionäre Partei der Arbeiterklasse in einem Land, das Hort der faschistischen Reaktion und Herd eines Krieges geworden war, eine große internationale Verantwortung. Von ihrer Politik hing es mit ab, ob es gelang, durch den Zusammenschluß und den Kampf aller Hitlergegner die Gefahr abzuwenden, daß andere Völker vom deutschen Imperialismus, der aggressivsten Kraft im kapitalistischen Weltsystem, unterjocht würden. Angesichts der die Völker und den Weltfrieden bedrohenden Aggressivität des deutschen Monopolkapitals und seines faschistischen Regimes widmete die Komintern der Unterstützung der KPD besondere Aufmerksamkeit.

Außerordentlich bedeutsam für die Entwicklung der Politik der KPD waren die Hinweise Georgi Dimitroffs bei seinem Auftreten vor dem Reichsgericht während des Reichstagsbrandprozesses vom 21. September bis 23. Dezember 1933. In seiner Tätigkeit in Leitungsorganen der Komintern, unter anderem von 1929 bis zu seiner Verhaftung Anfang März 1933 als Leiter des Westeuropäischen Büros des EKKI in Berlin, war Georgi Dimitroff zu wichtigen Erfahrungen und Einsichten vor allem hinsichtlich der Einheitsfront- und der Bündnispolitik gekommen. Die Erkenntnisse, die er aus dem Klassenkampf in Deutschland und in anderen imperialistischen Staaten Europas gewonnen hatte, befähigten ihn, im Kollektiv der Leitungsorgane der Komintern einen wesentlichen Beitrag zur Entwicklung der Strategie und Taktik der internationalen kommunistischen Bewegung zu leisten. Seine aus der Klassenauseinandersetzung in vielen Ländern resultierende Kenntnis der verschiedenen Klassenkräfte, besonders auch der faschistischen Kräfte sowie ihrer Methoden und Ziele in Deutschland, erleichterten es Georgi Dimitroff, im Reichstagsbrandprozeß die Ursachen der Errichtung der Hitlerdiktatur darzulegen, diese Diktatur als Terrorregime anzuklagen sowie vor der Weltöffentlichkeit die Lage in Deutschland und die volksfeindlichen, aggressiven Ziele des hinter der Nazipartei stehenden Monopolkapitals treffend einzuschätzen.

Das Hitlerregime hatte den Reichstagsbrandprozeß inszeniert, um die Kommunisten als Putschisten hinstellen zu können und den Terror gegen die KPD und andere demokratische Kräfte auf diese Weise zu rechtfertigen. Daher wurde anfangs der Prozeß vom Rundfunk übertragen und über die Verhandlungen von der faschistischen Presse umfangreich informiert. Georgi Dimitroff jedoch zerschlug alle verleumderischen Konstruktionen der Faschisten, überführte das Hitlerregime der Brandstiftung und verteidigte die KPD, den Kommunismus und die Sowjetunion. Er gab in seinen Ausführungen vor Gericht den Kommunisten wichtige Hinweise für den antifaschistischen Kampf. *„Massenarbeit, Massenkampf, Massenwiderstand, Einheitsfront, keine Abenteuer* – das ist das Alpha und Omega der kommunistischen Taktik"[34], erklärte Georgi Dimitroff. Er begründete die Notwendigkeit, die Kräfte der Arbeiterklasse, vor allem der Kommunisten und Sozialdemokraten, sowie der anderen Werktätigen gegen den Faschismus zu vereinen, und wies darauf hin, daß die Kommunisten solche Kampfformen anwenden mußten, die diesen Zusammenschluß förderten. Vor dem Reichsgericht entwickelte er Leitsätze für den Kampf um eine breite Front der demokratischen Kräfte gegen Faschismus und Kriegsgefahr.

Georgi Dimitroffs Auftreten übte einen tiefen Einfluß auf die Diskussion um Fragen der Strategie und Taktik in der KPD aus. Dabei ging es – wie Anton Ackermann, zu dieser Zeit Funktionär der illegalen Berliner Parteiorganisation, berichtet[35] – um den von Dimitroff betonten Unterschied zwischen dem Endziel und den Aufgaben des täglichen Kampfes, zwischen der Propagierung der Diktatur des Proletariats und der Agitation für Teilziele, deren Erreichung es ermöglichen würde, die Arbeiterklasse an das Endziel heranzuführen. Diskutiert wurde über die vor allem zwischen Kommunisten und Sozialdemokraten notwendige Einheitsfront, über die Bündnispolitik und die Ausnutzung von Gegensätzen im Lager der herrschenden Klasse, auf die Dimitroff aufmerksam gemacht hatte. Klarheit in diesen Fragen war eine wichtige Voraussetzung für die Weiterentwicklung der Politik entsprechend den neuen Kampfbedingungen.

Das heldenhafte Auftreten Georgi Dimitroffs wurde durch die Zeugenaussagen deutscher Kommunisten, unter anderen Theodor Neubauer und Willy Kerff, unterstützt, die aus Konzentrationslagern herbeigeholt worden waren. Unerschrocken verfochten sie ihre kommunistische Auffassung, verteidigten die Politik der KPD und widerlegten die faschistischen Verleumdungen, die KPD habe Putschpläne verfolgt. 50 antifaschistische deutsche Arbeiter, meist Kommunisten, aber auch Sozialdemokraten und Parteilose, traten vor dem Reichsgericht auf. Dimitroff würdigte Mitte 1934 ihre Haltung: „Ich war tief bewegt, immer wieder zu sehen und zu erleben, daß die Verhafteten nicht nur keine Spur von Entmutigung zeigten, sondern daß sie stolz waren, ihre Pflicht als Kämpfer und ehrliche Menschen erfüllt zu haben."[36] Von der Verbundenheit deutscher Werktätiger mit Georgi Dimitroff zeugen auch die Zuschriften, die er im Gefängnis erhielt. So erreichten ihn beispielsweise 10 Zigaretten mit einem Zettel, der die Aufschrift trug: „Georgi Dimitroff, ich bin mit Dir!" Die Führung der KPD stand mit Dimitroff in Verbindung und übermittelte ihm auf seinen Wunsch Beschlüsse der KPD und der Komintern, die er für seine Verteidigung benötigte.

Georgi Dimitroffs konsequente Haltung vor Gericht gab den illegal kämpfenden deutschen Kommunisten und anderen Antifaschisten neuen Mut. Anton Ackermann erinnert sich, daß Kommunisten und Sozialdemokraten vielerorts zur Diskussion über den Prozeß zusammenkamen, daß bei so manchem Sozialdemokraten der Appell Dimitroffs zur Einheitsfront nachhaltigen Eindruck hinterließ und daß das Ansehen der Kommunisten auch in solchen Kreisen wuchs, deren Denken vom Antikommunismus bestimmt war. Viele deutsche Werktätige beeindruckte Dimitroffs mutiges Auftreten, und seine Argumente überzeugten sie von der Verlogenheit der Anklage.

Auch international wuchs die antifaschistische Bewegung angesichts des entschlossenen Auftretens Georgi Dimitroffs. Seine kluge Beweisführung und die weltweite Protestbewegung von Menschen unterschiedlichster sozialer Herkunft und politischer wie weltanschaulicher Auffassungen erzwangen den Freispruch. Seine Freilassung aber bewirkte die Sowjetregierung, die ihm – der in Bulgarien zum Tode verurteilt worden war – die sowjetische Staatsbürgerschaft verlieh und damit die Pläne der Faschisten durchkreuzte, ihn in ein Konzentrationslager zu bringen.

Der Held von Leipzig hob hervor, daß der Freispruch im Prozeß „ein Resultat der Mobilisierung des Weltproletariats ist. Aber das ist nur die eine Seite der Sache."[37] Die andere sei die Tatsache, „daß in Deutschland selbst trotz dieses Terrors unsere Partei eine Entlarvungskampagne im Zusammenhang mit dem Reichstagsbrand und dem Prozeß durchgeführt hat"[38]. Die KPD hatte dazu beigetragen, unter anderem auch durch die illegale Verteilung des vom Weltkomitee zum Schutze der Opfer des Hitlerfaschismus herausgegebenen „Braunbuches über Reichstagsbrand und Hitler-Terror", zu dessen Autoren Alexander Abusch, Henri Barbusse, Egon Erwin Kisch, Wilhelm Koenen, Martin Andersen Nexö, Albert Norden und Romain Rolland gehörten, und anderer Materialien, die Wahrheit zu verbreiten, so daß große Teile des Volkes nicht an die Brandstiftung durch Kommunisten glaubten. Die Partei hatte in Berlin, Leipzig und anderen Städten im September 18 fliegende Demonstrationen gegen den Prozeß organisiert. 50 bis 60 Arbeiter kamen jeweils kurz zusammen, riefen antifaschistische Losungen und gingen dann wieder auseinander. Den bei Gericht zugelassenen Journalisten hatte die KPD einige Wochen lang ihren Pressedienst zustellen können.

Die XIII. Tagung des Exekutivkomitees der Kommunistischen Internationale vom 28. November bis 12. Dezember 1933 half auch der KPD, in der Entwicklung ihrer Politik voranzukommen. Mit der Definition des Faschismus als offener, terroristischer Diktatur der reaktionärsten Kräfte des Finanzkapitals wies die Tagung auf die objektive Möglichkeit hin, alle demokratischen Kräfte zum Kampf gegen diese Diktatur zu vereinen.[39] Bedeutsam für die Bestimmung des nächsten strategischen Ziels war der auf der Tagung geäußerte Gedanke, daß der Sturz der faschistischen Diktatur nicht unmittelbar zur Errichtung der Diktatur des Proletariats führen werde. Das EKKI orientierte darauf, alle Antikriegskräfte zusammenzufassen zum Widerstand gegen das Hitlerregime in Deutschland als den Hauptkriegstreiber in Europa. In einigen anderen wichtigen Fragen jedoch vertrat die Tagung des EKKI falsche Auffassungen. So wurde von einem beginnenden revolutionären Aufschwung in Deutschland gesprochen, die Einheitsfront „von unten" und „von oben" schematisch gegenübergestellt und die Sozialdemokratie als Hauptstütze der Bourgeoisie bezeichnet. Das erschwerte die Überwindung des Sektierertums in der KPD. Es bedurfte weiterer Erfahrungen, bis sie alle Fragen einer den Bedingungen in Deutschland entsprechenden Strategie und Taktik geklärt hatte.

Die Entwicklung der illegalen Organisationen der KPD

Diese Erfahrungen sammelten die Parteiorganisationen im täglichen Kampf gegen das Naziregime. Unter Überwindung großer Schwierigkeiten schlossen sie durch Verhaftungen entstandene Lücken in ihren Reihen und sicherten die Aufrechterhaltung von Verbindungen. Stets suchten sie neue Verbündete zu gewinnen.

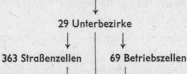

Schema des Aufbaus des Bezirks Berlin der KPD 1934

Bezirksleitung: 8 Mitglieder
Sekretariat: Robert Stamm, Polit. Leiter
Richard Gladewitz, Org.
Anton Ackermann, Agit./Prop.

↓

29 Unterbezirke

↓ ↓

363 Straßenzellen   69 Betriebszellen

↓ ↓ ↓

Zusammenarbeit mit:
illegalen Arbeitersportorganisationen (4500 Mitglieder)
illegalen Organisationen des KJVD (800 Mitglieder)

Die Berliner Parteiorganisation, zu der 1934 rund 5500
Mitglieder gehörten, organisierte den antifaschistischen Kampf
vor allem in den Betrieben, vornehmlich in solchen Großbetrieben wie AEG, Siemens und BVG. Hier leisteten die
Kommunisten eine umfangreiche Aufklärungsarbeit. In illegalen Zirkeln vertieften die Kader der Partei ihre Kenntnisse
des Marxismus-Leninismus. Die Bezirksleitung, die mit der
Inlands- und dann mit der Landesleitung in Verbindung
stand, leitete die einzelnen Unterbezirke an. In verschiedenen
Stadtteilen entwickelte sich die Zusammenarbeit mit einzelnen Sozialdemokraten und sozialdemokratischen Gruppen.

Antifaschistische Propaganda der KPD in Berlin Herbst 1934

78 Unterbezirks-, Stadtteil- und Betriebszeitungen
erscheinen illegal, unter anderen:

Friedrichshainer Rote Fahne	(1500 Exemplare)
Der Kommunist, Lichtenberg	(1000 Exemplare)
Wahrheit, Prenzlauer Berg	(500 Exemplare)
Der Ausweg, Tempelhof	(200–300 Exemplare)
Spandauer Echo	(300 Exemplare)
Neuköllner Sturmfahne	(700–800 Exemplare)

Auch die Hamburger Parteiorganisation, die im Herbst 1934
etwa 4000 Mitglieder umfaßte, konzentrierte ihre anti-
64 faschistische Tätigkeit auf die Großbetriebe einschließlich der

Werften. Sie gab illegal die „Hamburger Volkszeitung" heraus und verbreitete 1933 unter anderem Flugblätter gegen die Hinrichtung von August Lütgens und drei anderen Antifaschisten. Nachdem deren Ermordung bekannt geworden war, demonstrierten Hamburger Kommunisten und weitere Antifaschisten. Auch „Die Rote Fahne" und die „Internationale Presse-Korrespondenz", die Matrosen illegal von Antwerpen nach Hamburg brachten, wurden verbreitet. Die Bezirksleitung Wasserkante, die von März 1933 bis Herbst 1935 aus Sicherheitsgründen und wegen Verhaftungen siebenmal umgebildet werden mußte[40], stand mit der Inlands- und dann mit der Landesleitung in Berlin in Verbindung. Eine enge Zusammenarbeit entwickelte sich 1934 mit einigen Gruppen von Mitgliedern der SPD, der SAJ und des Reichsbanners sowie der SAP. Im Juni 1935 begannen Massenverhaftungen, denen bis zum Herbst etwa 1000 Mitglieder und Funktionäre der KPD in Hamburg zum Opfer fielen.

Nach der Verhaftung von Mitgliedern und Funktionären der Bezirksorganisation Niederrhein im Juli 1933 stellten Beauftragte des ZK der KPD von Amsterdam aus über die Grenzstützpunkte Verbindungen zu Parteiorganisationen her und gaben ihnen Hinweise für den Kampf. Wichtige Aufträge erfüllte dabei Otto Kropp. Es gelang, die Bezirksleitung wieder arbeitsfähig zu machen. Zur besseren Anleitung wurde der Bezirk in Instruktionsgebiete aufgeteilt. Auch hier arbeiteten die Kommunisten vor allem in den Großbetrieben, beispielsweise im Mannesmann-Konzern in Düsseldorf, wo Tilde Klose an der Spitze der Zelle der KPD stand, und in den Krupp-Werken in Essen, wo die Zelle vom Leiter der Bezirksorganisation, Karl Schabrod, direkt angeleitet wurde. Die Gestapostelle in Düsseldorf meldete Anfang März 1934 für „die Industrie-Bezirke Essen, Duisburg, Hamborn, Oberhausen, Mülheim, Wuppertal und Düsseldorf ... eine ansteigende Kurve kommunistischer Betätigung"[41].

Die Parteiorganisationen im Ruhrgebiet, die trotz mehrmaliger Verhaftungen von Bezirksfunktionären ihren Kampf fortsetzten, auch wenn sie zeitweilig keine Verbindung untereinander und zu übergeordneten Leitungen hatten, verbreiteten nicht nur antifaschistisches Material, das über die niederländischen Grenzstützpunkte in den Bezirk gebracht wurde, beispielsweise Aufrufe des Zentralkomitees, sondern sie stellten auch selbst Tarnbroschüren, Zeitungen und Flugblätter her. In Düsseldorf-Gerresheim wurde die Tarnschrift „Elektrowärme im Haushalt", die Auszüge aus Reden Georgi Dimitroffs vor dem faschistischen Reichsgericht enthielt, in 12 000 Exemplaren gedruckt. Die Matern dienten drei weiteren Druckereien zur Herstellung von je 10 000 Exemplaren. Diese Schrift wurde in allen größeren Städten des Ruhrgebiets verbreitet. In Solingen druckten Kommunisten illegal insgesamt 308 000 Exemplare der „Roten Fahne". Von hier wurde sie insgeheim in viele Städte Deutschlands transportiert. Die Parteiorganisationen im Ruhrgebiet druckten und verbreiteten – zum Teil in mehreren tausend Exemplaren – das „Ruhr-Echo" und andere Zeitungen sowie eine Vielzahl von Flugblättern, in denen sie zu aktuellen Ereignissen Stellung nahmen und die Werktätigen zum antifaschistischen Kampf aufriefen.

Von der KPD im Rhein-Ruhr-Gebiet verbreitete antifaschistische Schriften 1935
(Auswahl)

John Schehr	Das Ruhr-Echo
Aufruf des ZK der KPD zu	Die Freiheit
den Vertrauensrätewahlen	Die Junge Garde
An alle Freunde des Friedens	Pressedienst der
Steinfurth	Kommunistischen Partei
Heraus mit Thälmann!	Deutschlands
Ernst Thälmann	Rundschau über Politik,
„Laufen und gehen"	Wirtschaft und Arbeiterbewegung
(Schlußwort Wilhelm Piecks	Die Internationale
auf der Brüsseler Konferenz)	Internationale Presse-
Formiert die Volksfront	Korrespondenz
Jahrgang 1914/15	Die Kommunistische
Die Rote Fahne	Internationale

In verschiedenen Städten, unter anderem in Düsseldorf, Essen und Oberhausen, entwickelte sich die Zusammenarbeit mit einzelnen Sozialdemokraten beziehungsweise sozialdemokratischen Gruppen. Funktionäre der KPD, unter ihnen Ewald

Funke, nahmen auch Verbindung mit katholischen Kreisen und mit oppositionellen Mitgliedern der Nazipartei auf, beispielsweise im Gebiet von Düsseldorf, Krefeld, Mönchen-Gladbach, Remscheid, Solingen und Wuppertal.

Leitende Funktionäre der Bezirksorganisation der KPD, wie Max Reimann, und des KJVD, wie Berta Karg, berieten 1933/1934 mit Kaplan Josef Rossaint, Mitglied des Friedensbundes deutscher Katholiken und Leiter der katholischen Sturmscharen in Düsseldorf, in mehreren Zusammenkünften über den gemeinsamen Kampf von Kommunisten und Katholiken. Funktionäre der KPD sprachen vor Mitgliedern und Führern des katholischen Jungmännerverbandes. Mitglieder des KJVD und junge Katholiken stellten gemeinsam die „Rolandsbriefe" her und verbreiteten sie. Junge Kommunisten nahmen an Heimabenden und Diskussionen der katholischen Jugend teil. Antifaschistisches Material der Kommunisten zirkulierte im katholischen Jungmännerverband. Gemeinsam wurden Wochenendschulungen und in den Niederlanden eine Konferenz für die Gebiete Nieder- und Mittelrhein durchgeführt. Junge Katholiken vermittelten Kommunisten Anlaufstellen und unterstützten sie materiell.

Verhaftungen in den Jahren 1935 und 1936 machten diese erfolgreichen Anfänge im gemeinsamen antifaschistischen Kampf von Kommunisten und Katholiken zunichte. Unter den Verhafteten befanden sich auch der Generalpräses des katholischen Jungmännerverbandes, der Reichsführer der katholischen Sturmscharen sowie zahlreiche Bezirksführer des Jungmännerverbandes. Die Gestapo stellte fest: „Es hatten zwischen diesen Personen und kommunistischen Spitzenfunktionären seit Ende 1933 Besprechungen zwecks Bildung einer Einheitsfront stattgefunden."[42]

Urteile gegen Antifaschisten im Rhein-Ruhr-Gebiet

	an-geklagt	Todes-strafe	lebens-länglich	verhängte Haft (Jahre, Monate)
1933	1408	9	7	2022,4
1934	2141	–	4	4070,9
1935	2763	3	3	7518,11
1936	873	3	2	2427,2

Auch in Köln begann die Parteiorganisation Verbindung zu Katholiken aufzunehmen. Als im Sommer 1935 Kölner Kommunisten verhaftet wurden, half Otto Kropp, neue Verbindungen zwischen verschiedenen Parteigruppen zu knüpfen, unter anderem auch zu Zellen in den Humboldt-Deutzmotoren-Werken und den Eisenbahnhauptwerkstätten in Köln-Nippes. Otto Kropp hatte ständigen Kontakt zu Grenzstützpunkten der KPD in den Niederlanden.

In Sachsen setzten die Parteiorganisationen trotz der Verluste, die sie durch Verhaftungen leitender und mittlerer Funktionäre erlitten hatten, ebenfalls den antifaschistischen Kampf fort. Bis zum Herbst 1934 stand die neue Bezirksleitung in Leipzig mit der Parteiführung in Verbindung. Kuriere überbrachten regelmäßig Direktiven für die Bezirksorganisation. Über Grenzstützpunkte in der ČSR wurden illegal „Die Rote Fahne", das „Braunbuch über Reichstagsbrand und Hitler-Terror" sowie andere antifaschistische Materialien eingeschleust, die die Parteiorganisationen verbreiteten und die ihnen Tatsachen und Argumente lieferten für die selbständige Herstellung von Flugblättern und Handzetteln. An ihrer Verteilung nahmen in Leipzig, Wurzen und Riesa auch Sozialdemokraten teil. Über 100 Mitglieder der KPD, der SPD, des KJVD und der SAJ sowie christliche Arbeiter vereinigten sich in Leipzig in einer Widerstandsorganisation, dem „Vorstoßkreis", genannt nach der illegal herausgegebenen Zeitschrift „Vorstoß".

Ende 1934 und Anfang 1935 gelang es der Gestapo, auf Grund von Aussagen eines inhaftierten Funktionärs 2000 Mitglieder der KPD, des KJVD und der Kampfgemeinschaft für Rote Sporteinheit in Leipzig zu verhaften. Darunter befanden sich Mitglieder der Bezirksleitung der KPD. Es hatte sich als ein schwerwiegender Fehler erwiesen, daß die Regeln der Konspiration nicht eingehalten worden waren.[43] Zeitweilig unabhängig voneinander führten die nicht verhafteten Kommunisten in kleinen Gruppen den antifaschistischen Kampf weiter, bis es gelang, wieder feste Verbindungen zu knüpfen.

Kommunisten der Dresdner Parteiorganisation schleusten gemeinsam mit den Arbeitersportlern der Vereinigten Kletterabteilung gefährdete Antifaschisten in die ČSR und stellten in Berghöhlen der Sächsischen Schweiz antifaschistische Flugblätter her, die in Dresden und anderen Städten Sachsens verbreitet wurden. Von den Grenzstützpunkten der KPD an der tschechoslowakisch-deutschen Grenze transportierten sie eine beträchtliche Anzahl antifaschistischer Druckschriften nach Sachsen, zum Beispiel das Braunbuch, die Zeitungen beziehungsweise Zeitschriften „Die Rote Fahne", „Der Gegen-Angriff" und „Rundschau". Ein Teil der Kommunisten leistete in bürgerlichen Bergsteigerverbänden antifaschistische Arbeit.

In Chemnitz gelang es bis zum Frühjahr 1934, Zellen in wichtigen Betrieben der Fahrzeugindustrie, beispielsweise in den Wanderer-Werken und der Auto-Union, sowie bei der Reichsbahn zu bilden beziehungsweise wieder aufzubauen. Ende jenes Jahres zählte die Bezirksorganisation Chemnitz der KPD über 800 Mitglieder. Rund 1000 Kommunisten waren im Bezirk Plauen-Zwickau organisiert; in den meisten Schächten des Zwickau-Oelsnitzer Steinkohlenreviers und in fast allen Großbetrieben Zwickaus wirkten Zellen der KPD. Verhaftungen in Chemnitz, Zwickau und anderen Städten im Frühjahr und Sommer 1935 erschwerten hier den weiteren antifaschistischen Kampf der KPD erheblich.

Im Gebiet von Halle arbeiteten kommunistische Zellen in solchen Rüstungsbetrieben wie Gummielbe, Sprengstoffwerk Wasag in Reinsdorf, Stickstoffwerk Piesteritz. Umfangreiche antifaschistische Propaganda betrieben die Parteiorganisationen in Weißenfels und Zeitz.

Zahl der Mitglieder und Betriebszellen der KPD in verschiedenen Bezirken Juni 1934		
Bezirk	Mitglieder	Betriebszellen
Berlin	etwa 5500	69
Halle-Merseburg	767	12
Leipzig	2000	12
Niederrhein	1876	18
Ruhrgebiet	1600	19
Wasserkante	etwa 4000	37

Wie auch in anderen Bezirken setzte die Bezirksleitung Magdeburg im Frühjahr 1933 Instrukteure und mittlere Funktionäre in solchen Gebieten und Orten ein, in denen sie bisher nicht tätig gewesen waren. Konspirative Gründe machten diese Umgruppierung erforderlich. Eine enge Zusammenarbeit zwischen Kommunisten und Sozialdemokraten entwickelte sich in Magdeburg selbst. Gemeinsam wählten sie Quartiere und Deckadressen aus, richteten Anlaufstellen ein, beschafften Abziehapparate und verbreiteten bis 1936 Tausende von Flugblättern und Flugschriften. Das illegale Bezirksorgan der KPD, „Tribüne", wurde in der Wohnung eines Sozialdemokraten hergestellt. In Großbetrieben, wie Krupp-Gruson, R. Wolf, Fahlberg-List, führten Kommunisten und Sozialdemokraten die antifaschistische Agitation durch.

Ähnlich wie in den genannten Bezirken entwickelten sich die Parteiorganisationen in Süddeutschland, in Hessen, Baden, Württemberg und Bayern. Auch hier wurden nach Verhaftungen unter großen Opfern und in unermüdlicher Kleinarbeit neue Bezirksleitungen und neue Parteigruppen geschaffen, die Kader in illegalen Zirkeln marxistisch-leninistisch geschult und der antifaschistische Kampf gemeinsam mit einzelnen Sozialdemokraten und anderen Hitlergegnern in vielfältigen Formen geführt. Die Gestapostelle für den Regierungsbezirk Frankfurt (Main) mußte im März 1935 feststellen, „daß die illegale KPD über einen riesigen Stab taktisch und organisatorisch hervorragend befähigter Funktionäre verfügt"[44]. Auch in Süddeutschland stellten die Parteiorganisationen – oft unter Überwindung erheblicher Schwierigkeiten – antifaschistische Schriften her, unterstützten politisch und rassisch Verfolgte des Regimes sowie deren Familien und organisierten die antifaschistische Tätigkeit in den Betrieben und faschistischen Massenorganisationen. Die Gestapo bezeichnete gerade diese Tätigkeit als besonders gefährlich, zumal die marxistisch-leninistisch geschulten Arbeiter den Funktionären der DAF und der NSBO, der Betriebsorganisation der Nazipartei, überlegen seien. Verschiedentlich entstanden aus der Zusammenarbeit mit Sozialdemokraten Widerstandsgruppen, denen auch parteilose Arbeiter angehörten. In Stuttgart beispielsweise wirkten Kommunisten, Sozialdemokraten, Christen und andere, früher politisch nicht organisierte Hitlergegner gemeinsam bei der Herstellung von Flugblättern, beim Transport antifaschistischer Materialien aus der

Schweiz nach Württemberg und bei der Agitation in Betrieben.

In Thüringen war die Aufrechterhaltung der Verbindung zwischen den Parteiorganisationen nach der Verhaftung vieler leitender und mittlerer Funktionäre im März 1933 außerordentlich erschwert. Von Leipzig aus, wohin einige Funktionäre ausgewichen waren, leiteten sie durch Instrukteure den antifaschistischen Kampf der Parteiorganisationen in Thüringen, vor allem in Erfurt, Gera, Gotha, Jena und Weimar, an. Über Kuriere bestand Verbindung zur Parteiführung. Es gelang den Kommunisten trotz des Gestapoterrors und der scharfen Überwachung, Ende 1933 in wichtigen Betrieben Zellen zu schaffen, zum Beispiel bei Zeiss in Jena, in Waffenfabriken in Suhl und in den Bayrischen Motorenwerken in Eisenach. Für die antifaschistische Propaganda wurde in Thüringen selbst Material hergestellt. Daneben verteilten die Parteiorganisationen Zeitungen und Zeitschriften, die sie von Grenzstützpunkten in der ČSR erhielten. Die Thüringer Kommunisten wandten sich auch an die Bauern, beispielsweise in einem vom Leiter des Bezirks, Eugen Wiedmaier, im Herbst 1933 verfaßten „Bauernbrief", in dem zum gemeinsamen Kampf von Arbeitern und Bauern gegen die Hitlerdiktatur, für die Verbesserung der Lage der Bauern aufgerufen wurde.[45] Da ein Spitzel in die Parteiorganisation eingedrungen war, konnte die Gestapo Ende 1933 erneut zahlreiche Funktionäre verhaften. Bis April 1934 entstand in mühevoller Arbeit eine neue Bezirksleitung unter Martin Schwantes, die nach Überwindung vieler Schwierigkeiten Verbindung zu Leitungen von Parteiorganisationen in Eisenach, Gera, Gotha, Jena, Suhl und fünf weiteren thüringischen Städten aufnahm. In einer Anzahl von wichtigen Betrieben wurden Zellen wieder aufgebaut.

In einigen Städten und Landgemeinden Mecklenburgs und Pommerns gewannen die Parteiorganisationen der KPD sozialdemokratische Arbeiter für die Teilnahme an der antifaschistischen Agitation. Jedoch nur in Rostock und Wismar kam in Betrieben eine Zusammenarbeit von Mecklenburger Kommunisten und Sozialdemokraten zustande. In Stettin beriet Hermann Matern, der Politische Leiter des Bezirks Pommern, mit sozialdemokratischen Funktionären über den gemeinsamen Kampf. Infolge seiner Verhaftung im Sommer 1933 rissen die geknüpften Verbindungen wieder ab. Aus Kommunisten, Sozialdemokraten und Gewerkschaftern bestehende Widerstandsgruppen bildeten sich im Hafen und in einigen Betrieben Stettins.

In Schlesien leisteten die Organisationen der KPD vor allem in den Betrieben antifaschistische Arbeit, besonders in Gruben des oberschlesischen Industriereviers. Die stärksten Parteiorganisationen in diesem Gebiet bestanden bis 1935 in Beuthen, Gleiwitz und Hindenburg. Verantwortliche Funktionäre leiteten sie von polnischem und tschechoslowakischem Grenzgebiet aus an und kamen regelmäßig zu Beratungen illegal in das Industriegebiet. In Breslau vereinigten sich Kommunisten und Mitglieder der SPD sowie der SAP zu einer Widerstandsgruppe, deren Leitung je ein Funktionär dieser Parteien angehörte und die mit der Führung der KPD in Verbindung stand. In Glogau, Guhrau, Fraustadt, Schlichtingsheim und anderen Orten Niederschlesiens und der Grenzmark Posen–Westpreußen suchten die Kommunisten die Zusammenarbeit mit Sozialdemokraten zu entwickeln. Anfang Februar 1933 berieten sie gemeinsam in Schlichtingsheim über die Bildung proletarischer Gruppen zur Abwehr des Naziterrors und bildeten einen entsprechenden Organisationsausschuß.

Die Kommunisten in diesem Gebiet unterhielten Kurierverbindungen zu Kommunisten in Polen. Die deutschen und die der polnischen Minderheit angehörenden Kommunisten und anderen Antifaschisten in Schlesien wurden in ihrem Kampf von polnischen und tschechoslowakischen Kommunisten unterstützt, beispielsweise durch den illegalen Druck und Transport deutschsprachiger antifaschistischer Schriften und Flugblätter. Verhaftungen einer Anzahl von Funktionären im oberschlesischen Industrierevier im März 1935 schwächten die Parteiorganisationen.

Auch in Ostpreußen, so in Königsberg, Allenstein und anderen Städten, wirkten illegal Organisationen der KPD. Die Königsberger Kommunisten standen durch Kuriere mit der Landesleitung in Berlin in Verbindung. In diesem Gebiet halfen ebenfalls polnische Kommunisten den deutschen antifaschistischen Arbeitern. Sie beschrifteten unter anderem nach

Deutschland fahrende Züge mit antifaschistischen Losungen und legten in ihnen Flugblätter aus. In einem gemeinsamen Flugblatt vom Februar 1933, das in deutscher und polnischer Sprache verbreitet wurde, erklärten die Bezirksleitungen Danzig und Ostpreußen der KPD, die Bezirkskomitees Gdingen und Pommerellen der KPP sowie die Kommunistische Partei Litauens im Memelland: „Die gemeinsame Kampfesfront der Werktätigen Danzigs, Ostpreußens, Pommerellens, des Korridors und des Memellandes gegen Lohn- und Unterstützungsraub, gegen Hunger, Faschismus und Krieg, für die Verteidigung der Sowjetunion ist das Gebot der Stunde!"[46]

Die Ausarbeitung der Einheitsfront- und Volksfrontpolitik

Das Politbüro des ZK der KPD leitete den Kampf der Parteiorganisationen und der mit ihnen verbündeten Hitlergegner und zog aus den gewonnenen Erfahrungen wichtige Schlußfolgerungen für die Politik der Partei und für die Entwicklung der Strategie und Taktik zum Sturz der faschistischen Diktatur.

Dabei erhielt die Führung der KPD die Unterstützung der Komintern.[47] Das Politische Sekretariat des EKKI hatte Anfang Juli 1934 der KPD empfohlen, die 1933 auf seine Anregung hin gegebene Orientierung, unabhängige Klassengewerkschaften zu schaffen, aufzuheben und die Initiative zum illegalen Wiederaufbau der von den Faschisten zerschlagenen freien Gewerkschaften zu ergreifen, in denen sich die Mitglieder des ADGB und der RGO vereinigen sollten. Wenige Tage später, am 9. und 10. Juli 1934, wies das Präsidium des EKKI in einer Beratung mit Vertretern des Politbüros des ZK der KPD über Fragen des antifaschistischen Kampfes in Deutschland auf die Notwendigkeit hin, die Aktionseinheit mit den sozialdemokratischen Gruppen und Organisationen sowie mit oppositionellen Werktätigen in den faschistischen Massenorganisationen herzustellen und die antifaschistische

Arbeit in diesen Massenorganisationen zu entwickeln. Es galt, alle Bedenken von Kommunisten gegen die Arbeit in diesen Organisationen zu beseitigen und Klarheit über die Bedeutung dieser Seite des Kampfes zu schaffen. Das Präsidium orientierte darauf, eine umfassende Front der Arbeiterklasse und der ande-

Zentrale Presseorgane der KPD und ihr nahestehender Organisationen	
Die Rote Fahne	1933–1941, Berlin, Saarbrücken, Prag, Paris
Der Gegen-Angriff	1933–1936, Prag, Paris
Deutsche Volks-Zeitung	1936–1939, Prag, Paris
Deutschland-Information des Zentralkomitees der KPD	1935–1939, Prag, Antwerpen, Paris
Pressedienst der Kommunistischen Partei Deutschlands	1933–1935, Berlin
Die Internationale	1933–1939, Prag, Paris
AIZ, Arbeiter-Illustrierte Zeitung	1933–1939, Prag, Paris (seit 1936 unter dem Titel: Volks-Illustrierte)
Die Junge Garde, Zentralorgan des KJVD	1933–1939, Berlin, Leipzig, Saarbrücken, Amsterdam
Gewerkschafts-Zeitung, Organ des Reichskomitees der RGO	1933–1934, Berlin, Saarbrücken
Tribunal, Zentralorgan der Roten Hilfe Deutschlands	1933–1936, Berlin, Saarbrücken, Prag
Solidarität, Organ der Internationalen Arbeiterhilfe, Deutsche Sektion	1933–1935, vermutlich Paris

ren Werktätigen gegen das faschistische Regime zu schaffen und sich mit der Einstellung auseinanderzusetzen, die es auch in den Reihen der KPD gab, die faschistische Diktatur werde infolge ihrer inneren Gegensätze zerfallen. Die Überwindung solcher Anschauungen war notwendig, da sie in ihrer Konsequenz zu Passivität und zum Abwarten führen mußten.

Von diesen Hinweisen ging das ZK der KPD aus, das Ende Juli, Anfang August 1934 gemeinsam mit Funktionären aus den Bezirken und wichtigen Betrieben in Paris tagte. Das Zentralkomitee wertete die Ereignisse des 30. Juni 1934 in Deutschland als einen Ausdruck der Schwäche und der Schwierigkeiten der faschistischen Diktatur. An diesem Tage hatte die führende Gruppe der Nazipartei auf Drängen von Schwerindustriellen und Militärs über 1000 oppositionelle Anhänger und potentielle Gegner aus Kreisen der Bourgeoisie durch SS ermorden lassen. Damit wurde die Unzufriedenheit in der kleinbürgerlichen Anhängerschaft der Faschisten, besonders in der SA, beseitigt, die entstanden und gewachsen war, seit offen zutage lag, daß die Regierung ihre sozialen Versprechungen nicht erfüllen würde. Zugleich gelang es der Führung der Nazipartei auf diese Weise, dem Konkurrenzkampf zwischen SA und Wehrmacht ein Ende zu machen. Vor allem jedoch wurden zeitweilige Meinungsverschiedenheiten in der herrschenden Klasse über die weiteren Maßnahmen zur Niederhaltung der Werktätigen und über das Tempo der Kriegsvorbereitung zunächst überwunden. Diejenigen Kräfte des Monopolkapitals setzten sich durch, die den Terror verstärken und die Aufrüstung beschleunigen wollten, unter anderen Krupp, Flick, Thyssen. Im Ergebnis jener Mordaktion hatte sich die faschistische Diktatur konsolidiert.

Die Tagung des ZK der KPD stellte in ihrer Resolution „Die Schaffung der Einheitsfront der werktätigen Massen im Kampfe gegen die Hitlerdiktatur" fest: „Die Vorgänge des 30. Juni sind ein Ausdruck der Krise der Hitlerpartei und der Hitlerdiktatur, sie haben aber auch aufgezeigt, daß die bisherige Arbeit der KPD unter den werktätigen Massen noch nicht ausreicht, um in solchen günstigen Situationen breite Massenaktionen gegen die Hitlerdiktatur auszulösen. Sie wird daran besonders durch die Spaltung der Arbeiterklasse gehindert."[48] Als wichtigste Lehre des 30. Juni bezeichnete das Zentralkomitee, daß es hierbei offensichtlich geworden sei, wie notwendig die Einheitsfront der verschiedenen Teile der Arbeiterklasse, der kommunistischen und sozialdemokratischen Arbeiter, der oppositionellen Arbeiter und anderer Werktätiger in der SA, in der Arbeitsfront und weiteren faschistischen Massenorganisationen war. Im Mittelpunkt des gemeinsamen Vorgehens sollte der Kampf gegen das Gesetz zur Ordnung der nationalen Arbeit vom Januar 1934, gegen Lohnabbau, Verschlechterung der Arbeitsbedingungen und faschistischen Terror stehen. Die Parteiorganisationen wurden verpflichtet, mit den sozialdemokratischen Gruppen Vereinbarungen über den gemeinsamen Kampf zu treffen und die Initiative zum illegalen Wiederaufbau der freien Gewerkschaften zu ergreifen, in denen sich Kommunisten, Sozialdemokraten und Gewerkschafter sowohl des ADGB wie der RGO zusammenschließen sollten.

Die Tagung des Zentralkomitees orientierte ferner auf die Arbeit der Kommunisten in den nazistischen Massenorganisationen, auf die Gewinnung der werktätigen Jugend und der werktätigen Frauen für den Kampf gegen das Hitlerregime, auf die Schaffung von festen Stützpunkten für die antifaschistische Tätigkeit unter Bauern und Landarbeitern sowie den städtischen Mittelschichten. Die Parteiorganisationen sollten der chauvinistischen Verhetzung der Werktätigen mit der überzeugenden Propagierung des proletarischen Internationalismus und der Friedenspolitik sowie des sozialistischen Aufbaus der Sowjetunion entgegenwirken. Um ihrer Verantwortung gerecht zu werden, gelte es für die Kommunisten, jedwede Schwierigkeiten und opportunistischen Auffassungen, wie etwa das Vertrauen auf eine spontane Entwicklung zugunsten der Antifaschisten, zu überwinden und die marxistisch-leninistische Schulung der Kader zu verstärken. Die Beschlüsse dieser Tagung waren ein wichtiger Schritt voran auf dem Weg zu einer Massenpolitik, die den Bedingungen in Deutschland entsprach.

Wenig später, anläßlich der sogenannten Volksabstimmung über das Gesetz zur Vereinigung der Ämter des Reichspräsidenten und des Reichskanzlers in der Person Hitlers am 19. August 1934, rief das ZK der KPD zur Schaffung der antifaschistischen Volksfront auf: ,,Wir Kommunisten wenden uns an alle Feinde der Hitlerdiktatur, an alle Sozialdemokraten, Gewerkschafter, an alle christlichen Werktätigen, an alle Gruppen und Organisationen, die gegen den Faschismus zu kämpfen bereit sind, mit uns gemeinsam die große antifaschistische Kampfeseinheit, die Volksfront gegen Hitler, gegen die faschistische Kapitalsdiktatur zu errichten."[49] Mit dieser Orientierung begannen die marxistisch-leninistischen Kräfte in der Führung der KPD, die Erfahrungen der Kommunistischen Partei und der Arbeiterklasse in Frankreich auszuwerten, wo im Februar 1934 durch einen Generalstreik von fast 5 Millionen Werktätigen ein faschistischer Putschversuch durchkreuzt worden war und die FKP eine Politik zur Herstellung einer umfassenden antifaschistischen Front eingeleitet hatte, in deren Ergebnis im Sommer 1935 die antifaschistische Volksfront entstand.

Die sektiererischen Kräfte in der Führung der KPD, die den Beschlüssen der Tagung des Zentralkomitees zwar zugestimmt hatten, suchten jedoch deren Verwirklichung zu verhindern und der Partei nach wie vor ihren ultralinken Kurs aufzuzwingen, obgleich die Erfahrungen der illegalen Parteiorganisationen in Deutschland ihre falschen Auffassungen widerlegten. Auf mehrtägigen Beratungen im Januar 1935 mit dem Politbüro des ZK der KPD und Vertretern der Landesleitung, der Berliner Organisation sowie des KJVD verurteilte das Politische Sekretariat des EKKI die schädliche, antileninistische Politik der sektiererischen Kräfte und half so, die Kollektivität der Führung der KPD wieder herzustellen. Es empfahl der KPD, entschieden das Sektierertum zu bekämpfen, die Einheitsfront mit allen sozialdemokratischen Gruppen und Organisationen herzustellen und auch zu versuchen, mit dem Emigrationsvorstand in Prag Vereinbarungen über den gemeinsamen Kampf gegen den Faschismus zu treffen. Es sei unzulässig, an Stelle der Einheitsfront den Eintritt von Sozialdemokraten in die KPD zu propagieren. Zugleich wies das Sekretariat darauf hin, alle Möglichkeiten zur Schaffung einer antifaschistischen Volksfront zu nutzen.[50]

Auf seiner Tagung Ende Januar 1935 in Moskau stellte das Zentralkomitee fest, die KPD habe – anders als sozialdemokratische Führer, deren Politik „die Massen zum Abwarten verleitet und vom Kampf abhält"[51] – „die feste Überzeugung und das Vertrauen zur Klassenkraft des Proletariats, die faschistische Diktatur zu zerbrechen"[52]. Deshalb halte die Partei an ihrem Bestreben fest, die Einheitsfront mit sozialdemokratischen Gruppen, Organisationen und Leitungen, mit allen oppositionellen Arbeitern in den faschistischen Massenorganisationen zu schaffen. Die Tagung verurteilte die Einengung der Einheitsfrontpolitik auf die Werbung für die KPD. Sie wies auf den engen Zusammenhang zwischen der Herstellung der Einheitsfront, die vor allem durch den gemeinsamen Kampf in den Betrieben vorbereitet werden müßte, und dem Wiederaufbau freier Gewerkschaften hin, der nur durch die antifaschistische Tätigkeit in der Arbeitsfront möglich sei.

Da der Sturz der faschistischen Diktatur allein durch die vereinten Aktionen breiterer Schichten der Werktätigen erfolgen konnte, orientierte das ZK der KPD auf die Schaffung der antifaschistischen Volksfront aus Arbeitern, Klein- und Mittelbauern, Handwerkern und Gewerbetreibenden sowie Angehörigen der Intelligenz, unabhängig von ihren politischen und weltanschaulichen Auffassungen. Die Basis für den Zusammenschluß dieser Kräfte war ihr gemeinsames Interesse, der wachsenden Ausbeutung und Unterdrückung sowie der verstärkten Kriegsvorbereitung entgegenzuwirken und ihre Lebensgrundlagen zu verteidigen. In der Resolution der ZK-Tagung ,,Proletarische Einheitsfront und antifaschistische Volksfront zum Sturze der faschistischen Diktatur'' wurden – ausgehend von diesen Interessen – Forderungen für die verschiedenen Schichten des Volkes formuliert, die es im gemeinsamen Kampf durchzusetzen galt, für die Klein- und Mittelbauern beispielsweise Beseitigung der Zwangswirtschaft und Senkung der Futtermittelpreise, für die städtischen Mittelschichten Aufhebung verschiedener Steuern und stärkere Belastung der Konzerne sowie Abschaffung der Zwangsabzüge von den Gehältern.

Stärker als in früheren Dokumenten rückte das ZK der KPD die allgemeindemokratischen Aufgaben des antifaschistischen Kampfes in den Vordergrund, unter anderem Kampf für die Freiheit der Versammlung und Presse, für die Unantastbarkeit der Person, für den Schutz vor Verfolgung und Denunziation, für die Beseitigung der sogenannten Schutzhaft und der Konzentrationslager, für die Befreiung der politischen Häftlinge. Die Parteiorganisationen wurden darauf hingewiesen, daß jegliche Hemmnisse, die einer breiten Massenpolitik im Wege stünden, überwunden werden müßten und daß die politische Linie der Partei nicht schematisch, sondern ,,lebendig, entsprechend den Verhältnissen anzuwenden''[53] sei.

Bei der Ausarbeitung der Resolution der Januartagung hatten die Erfahrungen der Parteiorganisationen eine bedeutende Rolle gespielt. Die Anwendung neuer Formen und Methoden der Massenarbeit, die Vorschläge der Parteiorganisationen zur Veränderung und Verbesserung der illegalen Arbeit, ihre Hinweise auf überholte Losungen und Einschätzungen der Lage hatten die Richtigkeit der von den marxistisch-leninistischen Kräften in der Parteiführung entwickelten Politik bestätigt. So halfen die Parteiorganisationen, den Einfluß überlebter Vorstellungen und dogmatischer Auffassungen zurückzudrängen.

Auch zu dieser Zeit stand die Führung der KPD mit dem eingekerkerten Vorsitzenden der Partei, Ernst Thälmann, über dessen Frau Rosa in illegaler Verbindung. Die Parteiführung half ihm bei der Vorbereitung auf seinen Prozeß, den die Faschisten aber aus Furcht, eine ähnliche Niederlage wie im Reichstagsbrandprozeß zu erleben, trotz mehrmaliger Ankündigungen schließlich doch nicht durchführten. Ernst Thälmann erhielt Informationen über Beschlüsse und Maßnahmen des Politbüros und gab der Führung wichtige Hinweise für die Entwicklung der Strategie und Taktik. So schlug er im Frühjahr 1935 vor, daß der VII. Weltkongreß, den die Komintern vorbereitete, eine umfassende Einheitsfrontpolitik einleiten sollte, denn „der Kampf gegen den Faschismus erfordert die geschlossene Kampfessolidarität und Einheit der Arbeiterklasse in jedem Land und in der ganzen Welt"[54]. Ernst Thälmann warf auch die Frage auf, ob nicht die gewerkschaftliche Einheit geschaffen werden sollte.

Im Gefängnis verfolgte er – soweit das möglich war – die Entwicklung der Sowjetunion und das Wachsen ihrer internationalen Autorität. „Die Aufnahme dieser Arbeiter-und-Bauern-Macht in den Völkerbund", schrieb er im Kerker, „ist ein Zeichen der Zeit und bedeutet faktisch die moralische und politische Anerkennung des Sieges des Kommunismus in diesem Lande, das sich heute schon als Sturmbock und Eisbrecher einer neuen Zeit in der kapitalistischen Welt seine Machtposition und seine Krönung erzwang."[55] Unerschütterliches Vertrauen in die Sowjetunion kennzeichnete Ernst Thälmanns Haltung auch hinter Gefängnismauern.

Am 27. März 1935 erlitt die KPD durch die Verhaftung der meisten Mitglieder der Landesleitung, der zu dieser Zeit unter anderen Max Maddalena, Adolf Rembte und Robert Stamm angehörten, einen schweren Schlag. Zunächst mußten Verbindungen von der Parteiführung zu den Parteiorganisationen abgebrochen werden. Anlaufstellen und illegale Quartiere konnten aus Sicherheitsgründen nicht mehr benutzt werden. Vorläufig war es nicht möglich, eine neue operative Leitung der Partei in Deutschland selbst zu bilden, da die Kräfte nicht dazu ausreichten und die Gestapo die Überwachung verschärft hatte. Entsprechend einer neuen Arbeitsteilung im Politbüro übernahmen Franz Dahlem und Walter Ulbricht nun von Prag aus die direkte Anleitung der Parteiorganisationen in Deutschland, während alle anderen Politbüromitglieder von Moskau aus, dem Sitz des Politbüros seit Anfang 1935, wirkten.

Einheitliche Aktionen

Nach den Tagungen des ZK der KPD im Juli/August 1934 und im Januar 1935 hatten die Parteiorganisationen ihre Anstrengungen verstärkt, die Aktionseinheit der Arbeiterklasse herzustellen und vor allem mit sozialdemokratischen Leitungen, Organisationen und Gruppen Vereinbarungen zu treffen. Dem diente auch der Ende 1934 in Artikeln geführte Meinungsaustausch Wilhelm Piecks und Walter Ulbrichts mit den linken sozialdemokratischen Führern, Siegfried Aufhäuser und Karl Böchel, deren Anhänger sich im Arbeitskreis Revolutionärer Sozialisten zusammengeschlossen hatten, der sich zur Einheitsfront bekannte.

Bereits am 2. Juli 1934 hatten sich die Leitungen der KPD und der SPD im Saargebiet, das nach dem Versailler Vertrag für 15 Jahre unter der Verwaltung des Völkerbundes stand und über dessen Status nun in einer Volksabstimmung entschieden werden sollte, über ein gemeinsames Vorgehen geeinigt. Sie hatten Kundgebungen und Demonstrationen gegen den von den Faschisten propagierten Anschluß des Saargebiets an Deutschland, für die Beibehaltung des Status quo durchgeführt, unter anderem am 30. Juni in Burbach, am 4. Juli in Saarbrücken, und in einem Aufruf an die Saarbevölkerung „zur Durchführung von gemeinsamen Aktionsmaßnahmen, gemeinsamen Kundgebungen, Versammlungen und Demonstrationen gegen den Faschismus"[56] sowie zur Bildung von Komitees gegen den Anschluß aufgefordert. An Vereinbarungen über gemeinsame Schritte der kommunistischen und der sozialdemokratischen Jugendorganisationen hatte Erich Honecker, Sekretär des Kommunistischen Jugendverbandes im Saargebiet, besonderen Anteil. In den Kampf um die Aufrechterhaltung des Status quo konnten auch katholische Laien und Geistliche einbezogen werden. Sie traten auf Kundgebungen auf, beteiligten sich an Demonstrationen und an der Arbeit von Komitees des gewerblichen Mittelstandes und der Bauern.

Die Bezirksleitungen der KPD und der SPD Hessen-Frankfurt vereinbarten im September 1934, gemeinsam zu handeln, und appellierten an die Arbeiter und alle anderen Werktätigen, für die Verbesserung der Lebenslage, gegen den faschistischen Terror und für die Befreiung aller politischen Gefangenen zu kämpfen.[57] Kommunisten und Sozialdemokraten sollten Komitees zum Wiederaufbau freier Gewerkschaften bilden und in den faschistischen Massenorganisationen im antifaschistischen Sinne wirken. Ähnliche Vereinbarungen trafen Ende 1934 und im Jahre 1935 Kommunisten und jene Mitglieder der SPD sowie der SAP in Hannover, die sich im Komitee für proletarische Einheit zusammengeschlossen hatten, die Bezirksleitungen der KPD und der SPD Mittel- und Oberbaden, die Bezirksleitung der KPD und sozialdemokratische Funktionäre im Ruhrgebiet, die Bezirksleitungen der Roten Hilfe und der SPD in Berlin und Leitungen sowie Organisationen der KPD und der SPD in anderen Gebieten. Eine Anzahl sozialdemokratischer Funktionäre und Mitglieder hatte aus der Haltung des Emigrationsvorstandes in Prag, der nicht auf Aktionen orientierte, die Schlußfolgerung gezogen, daß man der faschistischen Diktatur nur kämpfend begegnen konnte, und vereinte sich deshalb mit den Kommunisten zu gemeinsamem Handeln. Zum Teil jedoch konnten die getroffenen Vereinbarungen nicht wirksam werden, weil Verhaftungen ein gemeinsames Auftreten verhinderten.

Auch bei den Vertrauensrätewahlen im Frühjahr 1934 hatten in vielen Betrieben Kommunisten und Sozialdemokraten sowie Gewerkschafter und parteilose Arbeiter gemeinsam gehandelt. Sie organisierten den Boykott der Wahl, die Abstimmung mit Nein oder die Streichung der Nazikandidaten. Insgesamt erhielten die Faschisten nur etwa 25 Prozent der Stimmen. In den Krupp-Werken in Essen gaben 8000 Belegschaftsangehörige ungültige Stimmzettel ab. Bei der Essener Straßenbahn beteiligten sich nur 30 Prozent an der Wahl. In den Henkel-Werken, Düsseldorf, stimmten von 2800 Belegschaftsangehörigen lediglich rund 800 für die faschistischen Kandidaten. In den Betrieben des Kreises Beuthen-Land, Oberschlesien, blieben nach Feststellungen der Gestapo von 12 500 Werktätigen 2000 der Wahl fern, 4700 machten den Stimmschein ungültig, 1050 stimmten mit Nein; in Beuthen-Stadt standen gegen 9100 Ja-Stimmen 5900 Wähler, die mit Nein gestimmt oder ihren Stimmschein ungültig gemacht oder ihre Stimme gar nicht abgegeben hatten.

Bei den Vertrauensrätewahlen 1935 gingen antifaschistische Kräfte verschiedentlich wiederum gemeinsam vor, obgleich der sozialdemokratische Emigrationsvorstand das Angebot des ZK der KPD vom Februar jenes Jahres[58] abgelehnt hatte, in einem gemeinsamen Aufruf zur Aufstellung von wahren Arbeiterkandidaten aufzufordern. Ein Ausdruck für die Ablehnung des Hitlerregimes durch Arbeiter und auch Angestellte war, daß – nach internen Angaben der Gestapo – im Gebiet von Breslau in 11,2 Prozent der Betriebe, im Gebiet von Liegnitz in 13,6 Prozent und im Gebiet von Oppeln in 8,9 Prozent der Betriebe mehr als die Hälfte der Belegschaft mit Nein stimmte. Nach offiziellen faschistischen Angaben stimmten 1,8 Millionen Arbeiter und Angestellte gegen die Nazikandidaten oder boykottierten die Wahl, 5,2 Millionen stimmten mit Ja. Die Arbeiter und Angestellten der Kleinbetriebe sowie die über 2 Millionen Arbeitslosen durften nicht an der Wahl teilnehmen. Sehr wahrscheinlich war die Zahl derjenigen, die mit Nein stimmten beziehungsweise die Wahl boykottierten, größer, denn 1936 verschoben die Faschisten die Vertrauensrätewahl auf unbestimmte Zeit. Tatsächlich fanden keine Wahlen mehr statt.

Inzwischen waren in verschiedenen Gebieten Deutschlands illegale Gruppen freier Gewerkschaften aus Kommunisten, Sozialdemokraten und ehemaligen Mitgliedern des ADGB sowie der RGO entstanden, die eigene Zeitungen herausgaben, in den Betrieben soziale Forderungen der Arbeiter durchzusetzen suchten und entsprechende Aktionen durchführten. In Wuppertal bildeten sich 1934/1935 61 Gruppen des Textil- und des Metallarbeiterverbandes. In Düsseldorf arbeiteten Straßenbahner in Gewerkschaftsgruppen zusammen. Im Sommer 1935 existierten in der Metall- und in der Textilindustrie in Berlin, Sachsen, im Rhein-Ruhr-Gebiet, in Hamburg, Oberschlesien und anderen Gebieten über 100 solcher Gruppen, in denen sich Kommunisten, Sozialdemokraten und Gewerkschafter sowie früher nichtorganisierte Arbeiter zusammengeschlossen hatten. Auf etwa 70 deutschen Seeschiffen bestanden illegale freigewerkschaftliche Gruppen, die Verbindung zwischen deutschen Antifaschisten und kommunistischen Organisationen sowie sozialdemokratischen Gruppen in Emigrationsländern aufrechterhielten und illegal antifaschistisches Material transportierten.

Die Mitglieder der Organisationen und Gruppen der KPD standen an der Spitze einer Anzahl von Streiks, mit denen Arbeiter soziale Forderungen gegen das Monopolkapital und den faschistischen Staat durchzusetzen suchten. Kommunisten bereiteten oftmals gemeinsam mit Sozialdemokraten diese Aktionen in unermüdlicher Kleinarbeit vor. Meist waren es Streiks von einigen Stunden, seltener von Tagen, mit denen Kommunisten, Sozialdemokraten, Gewerkschafter, nichtorganisierte Arbeiter und auch werktätige Mitglieder faschistischer Organisationen Lohnherabsetzungen und Arbeitszeitverlängerungen, die das Monopolkapital erzwingen wollte, abwehrten, beispielsweise 1934 in der AEG Berlin-Treptow, in der Maschinenfabrik Stuttgart-Eßlingen, in der Fliegerwerft Gotha, in den Dixi-Werken Eisenach, 1935 in der Völklinger Hütte, im Autowerk NSU Neckarsulm, im Krupp-Werk Essen. Vereinzelt streikten Landarbeiter, so Ende April 1934 im Kreis Burg bei Magdeburg.

83

Streiks und andere Protestaktionen führten in verschiedenen Gebieten Deutschlands auch diejenigen Arbeiter durch, die die für den deutschen Imperialismus und Militarismus strategisch wichtigen Autobahnen bauten. Die Gestapo mußte in einem Bericht vom November 1934 das geschickte Vorgehen der Kommunisten in den Lagern der Autobahnarbeiter feststellen: „Die Arbeitsweise dieser Leute ist so vorsichtig, daß selbst die nächste Umgebung nichts merkt. Zum Beweis dafür wird angeführt, daß an verschiedenen Baustellen größere Mengen Flugblätter niedergelegt worden sind, ohne daß es je gelungen ist, einen der Täter festzustellen, selbst ein Verdacht konnte nicht geäußert werden."[59] Über die Koordinierung der antifaschistischen Tätigkeit hieß es in diesem Bericht, daß „Besprechungen immer auf den Fahrten nach Berlin und zurück in der Eisenbahn" stattfinden, „wo dann Insassen verschiedener Lager zusammentreffen"[60].

380 Arbeiter, die an einem Autobahnabschnitt zwischen Hamburg und Bremen arbeiteten, setzten am 18. Oktober 1934 mit einem Streik eine Lohnerhöhung durch. Im Sommer und Herbst 1935 streikten Autobahnbauarbeiter in verschiedenen Lagern und protestierten damit gegen die Verhaftung oder Entlassung von Kollegen wegen Sabotage und anderer „Vergehen", so am 25. Juni alle Arbeiter des Bauarbeiterlagers Groß-Rödersdorf/Ostpreußen, am 26. Juni die 220 Arbeiter des Lagers Diedersdorf bei Berlin. Verschiedentlich verabredeten die Autobahnarbeiter, eine geringere Zahl von Loren als vorgeschrieben in einer Schicht zu beladen, oder sie legten aus Protest gegen Maßnahmen der Bauleitungen Feierschichten ein. 500 zu Regulierungsarbeiten im Kreis Simmern, Regierungsbezirk Koblenz, eingesetzte Notstandsarbeiter streikten Ende Juli 1935 für höhere Löhne.

Kommunisten organisierten vielerorts das langsame Arbeiten. Die Direktion des Steinkohlenbergwerks Carolus Magnus bei Aachen zum Beispiel stellte im September 1935 fest, daß der passive Widerstand der Arbeiter wuchs, so daß die tägliche Förderung um 600 Tonnen – das waren 20 Prozent – hinter dem Soll zurückblieb. Gegen die schlechte Lebensmittelversorgung protestierten Bauarbeiter in einigen Gebieten mit

Feierschichten. Zum Bau des Militärflugplatzes Oschatz in

Sachsen verpflichtete Arbeiter bildeten im Frühjahr 1935 eine antifaschistische Widerstandsgruppe, der 42 Kommunisten, Sozialdemokraten, Mitglieder von Arbeiterjugendorganisationen und Arbeitersportler angehörten. Vertreter der Gruppe fuhren im Sommer mehrmals in die ČSR, wo Funktionäre der KPD mit ihnen berieten und wo sie antifaschistische Schriften empfingen, die sie auf der Baustelle verteilten.

Meist schlugen die faschistischen Unterdrückungsorgane durch Verhaftungen und weitere Repressalien die Streiks und anderen Aktionen nieder. Nach Angaben der Gestapo fanden vom Juni bis zum August 1935 13 Streiks und 39 Sabotageakte gegen die Rüstungsproduktion statt. Jedoch überstieg die Zahl der an einem Streik teilnehmenden Arbeiter meist nicht 100. Nur an wenigen Streiks beteiligten sich mehr als 1000 Arbeiter.

Der Kampf der KPD galt dem System der faschistischen Diktatur. Er wurde auf den verschiedensten Gebieten geführt. In der konsequenten Auseinandersetzung mit der faschistischen Ideologie erläuterte die Partei beharrlich den Klassencharakter der Hitlerdiktatur und deckte die aggressiven innen- und außenpolitischen Ziele des Monopolkapitals auf. Sie enthüllte die nationale und soziale Demagogie der Faschisten und bekämpfte den Antikommunismus und Antisowjetismus.

Konsequent verteidigte die KPD die Sowjetunion gegen alle Angriffe und Verleumdungen des Naziregimes. Sie propagierte die Ergebnisse des sozialistischen Aufbaus in der Sowjetunion unter deutschen Arbeitern und anderen Werktätigen und widerlegte an Hand der Errungenschaften der Arbeiterklasse und ihrer Verbündeten in der UdSSR die Lügen vom „Nationalsozialismus" in Deutschland. Die KPD wies die entscheidende Rolle der Sowjetunion in der weltweiten Auseinandersetzung zwischen den Kräften der Demokratie und des sozialen Fortschritts einerseits und den imperialistischen und faschistischen Kräften andererseits nach und legte – gestützt auf viele Tatsachen – in ihrer Propaganda dar, daß die UdSSR eine feste, zuverlässige Stütze der revolutionären und demokratischen Kräfte der Welt in ihrem Kampf gegen Faschismus und Kriegsgefahr darstellte. Sie begründete, warum die Sowjetunion ein treuer Verbündeter der deutschen Arbeiterklasse und des deutschen Volkes war, und unterstützte die zielstrebige Politik des Friedens und der kollektiven Sicherheit, die der erste sozialistische Staat der Welt verfolgte.

Die KPD deckte auf, daß das faschistische Regime durch die chauvinistische, antikommunistische und Rassenhetze dem deutschen Volk eine „besondere welthistorische Sendung" und eine „Überlegenheit" über andere Völker zu suggerieren suchte, weil es willfährig gemacht werden sollte für den Eroberungskrieg. Die revolutionäre Partei der Arbeiterklasse erwies sich als konsequenteste Kraft im Kampf gegen die alle gesellschaftlichen Bereiche erfassende Kriegsvorbereitung des deutschen Imperialismus und Militarismus. Das ZK der KPD hatte die von der faschistischen Regierung im Gesetz für den Aufbau der Wehrmacht am 16. März 1935 verkündete Einführung der allgemeinen Wehrpflicht als „den Übergang zu der verstärkten Militarisierung Deutschlands zum Zwecke der unmittelbaren Vorbereitung und Organisierung des imperialistischen Krieges"[61] verurteilt.

Dieses Gesetz legte fest, daß die Friedensstärke des Heeres 550 000 Mann betragen sollte. Die imperialistischen Westmächte leiteten keinerlei Maßnahmen gegen die Hitlerregierung ein, die mit diesem Gesetz die Bestimmungen des Versailler Vertrages über die Stärke der deutschen Streitkräfte ganz offen gebrochen und einen weiteren wesentlichen Schritt in der Kriegsvorbereitung unternommen hatte. Seit 1933 hatte das faschistische Regime eine Reihe von rüstungswirtschaftlichen Maßnahmen durchgeführt, die internationale Abrüstungskonferenz und den Völkerbund verlassen, die Waffenproduktion erhöht, die Wehrmacht ständig erweitert, mit der Verwirklichung des Flottenbauprogramms, vor allem der Schaffung der U-Boot-Waffe, und mit dem Aufbau der Luftwaffe begonnen und Milliardensummen für die Aufrüstung ausgegeben.

In seiner Erklärung vom 20. März 1935 gegen die Einführung der allgemeinen Wehrpflicht rief das ZK der KPD alle Hitlergegner zum Kampf gegen „die faschistische Kriegspolitik, für die Unterstützung der Friedenspolitik der Sowjetunion" auf. „Die Hitlerregierung, welche der Hauptfeind des Friedens ist, treibt im Auftrag des deutschen Monopolkapitals zur Entfesselung des imperialistischen Krieges zwecks Neuaufteilung von Europa auf Kosten der Sowjetunion und der kleinen Länder und Völker."[62] Dieser Krieg werde „zu einer noch größeren Niederlage als im letzten Weltkriege, zur Katastrophe führen. Wir Kommunisten sind gegen den Krieg. Wir sind für die Erhaltung des Friedens. Der Krieg wird von den Kapitalisten nur im Profitinteresse des Finanzkapitals geführt."[63]

Die Zellen der KPD in den Betrieben und mit ihnen verbundene antifaschistische Arbeiter trugen Material zusammen, das bewies, wie das Monopolkapital die Aufrüstung vorantrieb. In illegalen Zeitungen und Flugblättern enthüllten die Organisationen der KPD, daß der Siemens-Konzern, Krupp und andere Großbetriebe Waffen, Munition und Kriegsmaterial produzierten. Die Kommunisten verbreiteten unter Angehörigen der faschistischen Wehrmacht spezielle Flugblätter.

An der Seite der Organisationen der KPD und der mit ihnen gemeinsam kämpfenden Sozialdemokraten, parteilosen Arbeiter und anderen Werktätigen standen die Mitglieder des KJVD und klassenbewußte Kräfte sozialdemokratischer Jugendorganisationen, der SAJ und des Sozialistischen Jugendverbandes, der Jugendorganisation der SAP.

In den Jahren von 1933 bis 1935 wurden viele hundert Mitglieder und Funktionäre des KJVD, auch der Vorsitzende des Verbandes, Fritz Große, wegen ihres mutigen antifaschistischen Kampfes verhaftet. Dennoch gelang es dem Zentralkomitee des Verbandes, in das die Reichskonferenz des KJVD vom 13. bis 18. Dezember 1934 bei Moskau unter anderen Fritz Große, Walter Hähnel, Erich Honecker, Erich Jungmann, Robert Lehmann, Gabo Lewin, Kurt Siegmund und Max Spangenberg wählte, die meisten Bezirksorganisationen aufrechtzuerhalten und Verbindungen zu ihnen zu sichern. Die Jungkommunisten schufen in wichtigen Betrieben Zellen und leisteten dort antifaschistische Arbeit, beispielsweise in den Siemens- und den AEG-Werken in Berlin, im Krupp-Werk in Essen und auf den Werften in Hamburg. Gemeinsam mit Mitgliedern der SAJ organisierten Jungkommunisten in Lagern des faschistischen Reichsarbeitsdienstes Aktionen gegen den militärischen Drill, gegen die Antreiberei und die schlechte Verpflegung. In einigen Lagern, unter anderem bei

Berlin, Bremen, Germersheim/Baden, Schmalkalden/Thüringen, war der Widerstand 1933 so stark, daß die Faschisten diese Lager auflösen mußten. 1934 schlossen in Berlin, Frankfurt (Main), Leipzig, Magdeburg und Mannheim Leitungen des KJVD und der SAJ Kampfbündnisse und organisierten gemeinsame Aktionen junger Antifaschisten. In Berlin entstand ein Einheitsfrontkomitee, dem je zwei Mitglieder des KJVD und der SAJ angehörten. In Leipzig vereinten sich Jungkommunisten mit 80 jungen Sozialdemokraten zu einer Aktionsgemeinschaft. Gemeinsam wurden Flugblätter hergestellt und verbreitet sowie antifaschistische Losungen angebracht.

In einigen Gebieten, so in Heilbronn, Stuttgart, Ulm und anderen Städten Württembergs, kämpften Mitglieder der Arbeiterjugendorganisationen mit christlichen Pfadfindern und Angehörigen des katholischen Gesellen- und des katholischen Jungmännerverbandes gegen das Hitlerregime. Sie trafen sich – bis zu Verhaftungen im Jahr 1935 – zu Diskussionen und Schulungen, sammelten Geld, um damit Angehörige politischer Häftlinge zu unterstützen, und verbreiteten antifaschistisches Material, beispielsweise das ,,Braunbuch über Reichstagsbrand und Hitler-Terror". Sie stellten auch selbst Flugblätter her. In Hamburg verteilten Jungkommunisten und Mitglieder der SAJ antifaschistische Flugblätter und kamen 1935/1936 mit Angehörigen bürgerlicher Jugendorganisationen, so des Großdeutschen Bundes, des Schwarzen Fähnleins und des jüdischen Wanderverbandes ,,Kameraden", zu regelmäßigen Diskussionen zusammen.

An der Seite der KPD nahmen Mitglieder von Arbeitersportorganisationen am antifaschistischen Widerstandskampf teil. Die Arbeitersportler – viele von ihnen waren parteilos – leisteten gemeinsam mit Kommunisten und Sozialdemokraten antifaschistische Arbeit in bürgerlichen Sportvereinen, halfen bei Transporten illegaler Schriften und erfüllten Aufgaben als Kuriere. Eine Gruppe von 50 Arbeitersportlern, die von Januar 1933 bis Oktober 1934 in Düsseldorf wirkte, gab in Abständen von etwa zwei Monaten illegal die Zeitung ,,Westdeutscher Arbeitersport" heraus. Daß bis zum Beginn des zweiten Weltkrieges Angehörige bürgerlicher Vereine zu Wettkämpfen in das Ausland reisen konnten, wurde von den Arbeitersportlern genutzt, um Verbindung zu Organisationen der KPD und auch zu sozialdemokratischen Gruppen in verschiedenen Emigrationsländern aufzunehmen, ihnen Informationen zu übermitteln und antifaschistisches Material nach Deutschland zu bringen. Im Widerstandskampf bewährten sich solche Sportler und Sportfunktionäre wie Bernhard Almstadt, Ernst Grube, Fritz Lesch, Hermann Tops, Werner Seelenbinder und Paul Zobel.

Im Rahmen der Roten Hilfe Deutschlands beteiligten sich parteilose Hitlergegner neben Kommunisten und einzelnen Sozialdemokraten an Solidaritätsaktionen für verhaftete Antifaschisten und deren Familien. Zu deren Unterstützung wurden Geld, Kleidungsstücke und Lebensmittel gesammelt, womit die oftmals große Not dieser ihrer Ernährer beraubten Familien gelindert werden konnte. Die Mitglieder der RHD halfen Antifaschisten, die vor der drohenden Verhaftung fliehen mußten. Sie verbreiteten antifaschistische Schriften, unter anderem die Zeitschrift der RHD „Tribunal", und stellten Material über Folterungen und Morde an Kommunisten, Sozialdemokraten sowie parteilosen Hitlergegnern zusammen, das auch der Aufklärung der Weltöffentlichkeit über die Verbrechen der Faschisten diente. Zum Teil waren die Mitglieder der Roten Hilfe bis Mitte der dreißiger Jahre fest organisiert. Ende 1935 bestanden zum Beispiel in Berlin 34 Unterbezirke der RHD, in 11 Gebieten zusammengefaßt. In anderen Städten waren die Mitglieder der Roten Hilfe in kleinen Gruppen erfaßt oder arbeiteten mit Organisationen der KPD zusammen beziehungsweise wirkten in Widerstandsgruppen mit, ohne daß es noch selbständige Rote-Hilfe-Gruppen gab.

Opfer des faschistischen Terrors Anfang 1933 bis Mitte 1935 (nach unvollständigen Angaben der Roten Hilfe)	
Ermordete	4 656
Prozesse	4 619
Angeklagte	21 433
Verurteilte	18 939
Todesstrafen	98
lebenslänglich Zuchthaus	28
Gefängnis- und Zuchthausstrafen (Jahre)	36 247

In den Gefängnissen, Zuchthäusern und Konzentrationslagern suchten die Faschisten die politischen Häftlinge psychisch zu brechen und physisch zu vernichten. Unter den Gefangenen befanden sich Angehörige verschiedener Klassen und Schichten und unterschiedlicher politischer und weltanschaulicher Auffassung: die Kommunisten Ernst Thälmann, Hans Beimler, Theodor Neubauer, Walter Stoecker, Matthias Thesen, die Sozialdemokraten Friedrich Ebert, Fritz Husemann und Franz Künstler, der Rechtsanwalt Hans Litten, die Schriftsteller Erich Mühsam und Carl von Ossietzky. Die überwiegende Mehrheit der Häftlinge waren Kommunisten. Sie erwiesen sich als entscheidende Kraft im Kampf gegen den Terror der SA und der SS. Sie bildeten Parteigruppen und -organisationen, die vielfältige Widerstandsaktionen initiierten, die gemeinsam mit anderen Häftlingen durchgeführt wurden.

Im Widerstandskampf hinter Gittern und Stacheldraht, unter den schweren Bedingungen der Haft und der ständigen Terrorisierung wurden die gegenseitige moralische und materielle Unterstützung organisiert, der Kampf geführt um die Verbesserung der Haftbedingungen und um die Besetzung von Funktionen, die für die illegale Arbeit nützlich waren, wurden politische Informationen beschafft und weitergeleitet, die Arbeit sabotiert, Verbindungen zur Außenwelt hergestellt, Spitzel entlarvt und die Flucht von Häftlingen vorbereitet. Zu den ersten authentischen Berichten, die die Weltöffentlichkeit über die Mißhandlungen in den Konzentrationslagern informierten, gehörte der, den Hans Beimler nach seiner Flucht aus dem KZ Dachau schrieb und der 1933 in Moskau in deutscher Sprache erschien.

Im Gefängnis Altdamm bei Stettin fanden, angeleitet von Hermann Matern, politische Diskussionen und Schulungen statt, deren Grundlage Material der KPD bildete, das durch die Verbindung zur Stettiner Parteiorganisation beschafft worden war. Zielgerichtet bereiteten Hermann Matern und zwei weitere Funktionäre ihre Flucht vor. Sie erreichten, daß Kalfaktorstellen mit politischen Häftlingen besetzt wurden, wirkten auf Gefängnisbeamte ein und schmuggelten mit Unterstützung der Stettiner Parteiorganisation Geld, Kleidung, Schlafpulver und andere für die Flucht benötigte Dinge ins

Gefängnis. In der Nacht vom 17. zum 18. September 1933 gelang der Ausbruch. Die aus der Haft entkommenen Funktionäre wurden auch von sozialdemokratischen Arbeitern und Angehörigen der Intelligenz unterstützt. Im Zuchthaus Hameln betrieben Kommunisten unter Mitgefangenen antifaschistische Agitation und schulten sich in kleinen Zirkeln über Regeln und Formen der konspirativen Arbeit, um nach der Freilassung die antifaschistische Tätigkeit vor allem in Betrieben fortsetzen zu können.

In den Moorlagern des Emslandes standen an der Spitze des antifaschistischen Widerstandskampfes illegale kommunistische Gruppen. Hier waren die Existenzbedingungen besonders schwer. In seinem Buch „Die Moorsoldaten", geschrieben im Frühjahr 1935 in der Schweiz, nach seiner Freilassung, informierte Wolfgang Langhoff die Weltöffentlichkeit über das Terrorregime in diesen Lagern. Mitte 1933 hatte er zusammen mit Rudi Goguel im KZ Börgermoor das Moorsoldatenlied geschaffen, das als Zeugnis des deutschen antifaschistischen Widerstandskampfes in der ganzen Welt bekannt wurde.

Im Konzentrationslager Hohnstein, das bis 1935 bestand, leiteten Kommunisten den Widerstandskampf, der von Arbeitersportlern der Vereinigten Kletterabteilung unterstützt wurde, die illegales antifaschistisches Material in das KZ brachten und bei der Flucht von Gefangenen halfen. So gelangten zwei Häftlinge im April 1934 in die ČSR, wo sie über den Prager Rundfunk über Terror und Mord im KZ Hohnstein berichteten. Im KZ Sonnenburg organisierten die Kommunisten mit anderen politischen Häftlingen das Abhören von Rundfunksendungen mit einem heimlich gebauten Radioapparat. Sie verfolgten unter anderem das Auftreten Georgi Dimitroffs im Reichstagsbrandprozeß, das ihnen neue Kraft für ihren Kampf gab. Walter Stoecker, einem der Leiter der kommunistischen Organisation in diesem Konzentrationslager, gelang es, ausländische Journalisten, die das Lager besichtigten, über die dort herrschenden Zustände zu informieren.

Ähnliche Aktionen führten kommunistische Häftlinge, oft gemeinsam mit Sozialdemokraten und auch anderen Hitlergegnern, in Dachau, Lichtenburg, Sachsenburg und weiteren Konzentrationslagern durch. Trotz Folterung, Isolierung und

Aus den „Sonderbestimmungen" für das KZ Dachau 1933

„A

Allgemeines

§ 1

Über das Sammellager Dachau wird das Standrecht verhängt und gelten mit sofortiger Wirkung folgende Bestimmungen:

§ 2

Bei Fluchtversuchen von Gefangenen darf die Wach- und Begleittruppe ohne Anruf von der Schußwaffe Gebrauch machen.

B

Strafvorschriften

§ 3

Als Strafen können über die Gefangenen verhängt werden: 1. Arrest, 2. Strafversetzung innerhalb der bestehenden Gefangenenklassen, 3. Todesstrafe.

Der Arrest ist gelinder, mittlerer oder strenger. Der Höchstbetrag der beiden ersten Arten ist 8 Wochen, der des strengeren Arrestes ist 3 Monate. Der Vollzug der Arreststrafe erfolgt in der Regel in der Einzelhaft. Bei mittlerem Arrest erhält der Bestrafte eine harte Lagerstätte und als Nahrung nur Wasser und Brot. Der strenge Arrest wird in der gleichen Weise wie in der mittleren, jedoch in vollkommen dunkler Kammer vollzogen."[64]

Mord gelang es den Nazischergen nicht, den Widerstandswillen der Antifaschisten hinter Kerkermauern und Stacheldraht zu brechen. Die Solidarität und das Bewußtsein vom Sieg der gerechten Sache der deutschen antifaschistischen Widerstandsbewegung erwiesen sich als stärker.

Solidarität der internationalen kommunistischen und der demokratischen Bewegung

Die KPdSU und andere kommunistische Parteien hatten der KPD nicht nur geholfen, in die Illegalität überzugehen, sondern sie unterstützten die deutschen Kommunisten und die mit ihnen gemeinsam kämpfenden anderen Hitlergegner auch in den folgenden Monaten und Jahren in ihrem schweren Kampf gegen die faschistische Diktatur. Die KPdSU und die Sowjetregierung gewährten politischen Emigranten Aufenthalt im Sowjetland und gaben ihnen Lebens- und Arbeitsmöglichkeit. Die KPdSU schuf die Voraussetzung dafür, daß das Politbüro des ZK der KPD von Moskau aus seine Aufgaben bei der Anleitung der Parteiorganisationen und des Widerstandskampfes in Deutschland erfüllen konnte. Die Werktätigen des Sowjetlandes protestierten wiederholt auf Versammlungen und Kundgebungen gegen den Terror in Deutschland. Sie trugen durch ihre Spenden für die Internationale Rote Hilfe dazu bei, daß politisch Verfolgte des Naziregimes und deren Familien materiell unterstützt werden konnten.

Von großer Bedeutung war, daß die Sowjetunion in der internationalen Arena einen entschiedenen Kampf gegen die Aggressionspolitik der Hitlerregierung führte[65] und damit wesentlich die deutschen Antifaschisten unterstützte, während die reaktionären Kreise der Westmächte die faschistischen Aggressoren ermunterten, in der Hoffnung, sie gegen die Sowjetunion lenken zu können. Im Kampf gegen die expansive Politik des deutschen Imperialismus, für die Zügelung der Aggressoren und für die Sicherung des Friedens kamen die gemeinsamen Interessen der Sowjetunion und der deutschen Antifaschisten zum Ausdruck.

Die Sowjetunion unternahm in der ersten Hälfte der dreißiger Jahre vielfältige Versuche, um den Frieden auf dem europäischen Kontinent zu erhalten und dauerhaft zu gestalten. Auf der Genfer Abrüstungskonferenz legte sie im Februar/März 1933 den Entwurf einer Deklaration über die Definition des Begriffs Aggressor vor. Er wurde nicht angenommen, jedoch unterzeichnete die UdSSR im Juni 1933 mit einigen Nachbarstaaten, unter anderem mit Polen und der ČSR, Abkommen über die Definition des Aggressorbegriffs. Am 18. September 1934 folgte die Sowjetunion dem Vorschlag von 30 Ländern und trat in den Völkerbund ein, um jede Möglichkeit internationaler Zusammenarbeit im Interesse des Friedens zu nutzen. Im Völkerbund propagierte sie die Ideen der kollektiven Sicherheit und enthüllte die Pläne des Hitlerregimes. Frankreich stimmte mit der Sowjetunion überein, als es im Mai 1934 vorschlug, zwischen der UdSSR, Frankreich, Polen, der Tschechoslowakei, Deutschland, Finnland und den baltischen Staaten einen Ostpakt abzuschließen. In diesem Pakt sollten sich die Unterzeichnerstaaten ihre Grenzen gegenseitig garantieren und sich zur Hilfe für jenen Vertragspartner verpflichten, der überfallen werden würde. Die deutsche und die polnische Regierung lehnten jedoch ab. So unterzeichneten die Sowjetunion und Frankreich am 2. Mai 1935 einen gegenseitigen Beistandspakt. Ein ähnlicher Vertrag wurde zwei Wochen später zwischen der UdSSR und der ČSR abgeschlossen.

Die FKP organisierte die Hilfe der revolutionären französischen Arbeiterbewegung für die in Deutschland kämpfenden Antifaschisten. Französische Arbeiter und andere Werktätige verurteilten auf Massenkundgebungen und Demonstrationen 1933/1934 das Terrorregime in Deutschland und forderten die Freilassung der politischen Gefangenen. Eine auf Initiative der FKP durchgeführte Sammlung für den Fonds zur Unterstützung der Opfer des deutschen Faschismus erbrachte bis Ende Dezember 1933 24 Millionen Francs. Arbeiter französischer Betriebe übernahmen die Patenschaft für Arbeiter in Betrieben Deutschlands. Die erste Patenschaft war die des Pariser Nordbahnhofs für den Anhalter Bahnhof in Berlin. Die Pariser Eisenbahner finanzierten den Druck antifaschistischer Flugblätter, den die Berliner Eisenbahner organisierten. Verkehrsarbeiter von Paris ermöglichten durch ihre Geldspenden von ihrem ohnehin kargen Lohn Arbeitern der Berliner Verkehrsgesellschaft, einen neuen Druckapparat anzuschaffen, auf dem illegal Flugblätter und Betriebszeitungen hergestellt wurden. Viele weitere Patenschaften, so die der Arbeiter von Citroën in Clichy für die Arbeiter der Adam Opel AG in Rüsselsheim, der Hafenarbeiter von Le Havre für die Hamburger Hafenarbeiter, zeugten von der Solidarität mit den deutschen Klassengenossen.

Auch Arbeiter tschechischer Betriebe übernahmen Patenschaften für Betriebe, vor allem in Sachsen. Polnische Kommunisten unterstützten die antifaschistische Propaganda deutscher Kommunisten vor allem in den Grenzgebieten. Ähnliche Solidaritätsaktionen für die deutschen Antifaschisten organisierten die kommunistischen Parteien weiterer Länder, besonders derer, die an Deutschland grenzten.

So wurde zur Wirklichkeit, was die kommunistischen Parteien Frankreichs, Polens und Deutschlands in einem gemeinsamen Aufruf Mitte Februar 1933 erklärt hatten: angesichts der faschistischen Offensive „noch kühner das Banner des proletarischen Internationalismus gegen die chauvinistische Kampagne der Bourgeoisie zu erheben, die brüderliche Solidarität im gemeinsamen internationalen Massenkampfe der Arbeiter Deutschlands, Frankreichs und Polens und der übrigen Werktätigen dieser Länder zu entfalten sowie den Kampf gegen den Feind in ihren eigenen Ländern, gegen die herrschende Klasse, aufs äußerste zu verschärfen"[66]. Indem die kommunistischen Parteien Frankreichs und Polens die deutschen Kommunisten solidarisch unterstützten, kämpften sie auch für die Interessen der Werktätigen ihrer Länder. In der Erklärung hieß es: „Das offene Terrorregime des Faschismus und die Angriffe der faschistischen Führer in Deutschland auf das deutsche Proletariat und seine Vorhut, die KPD, gefährden gleichzeitig die Lebensinteressen der Arbeiter und Bauern Polens und Frankreichs."[67]

Von den gemeinsamen Interessen der kommunistischen Parteien und von ihrer festen internationalistischen Verbundenheit im Kampf gegen den Faschismus zeugten auch ihre Stellungnahmen zu verschiedenen den europäischen Frieden bedrohenden Schritten des deutschen Imperialismus. So verurteilten die kommunistischen Parteien Belgiens, Deutschlands, Frankreichs, Großbritanniens, Italiens, Litauens, Polens, Österreichs, der Tschechoslowakei und Ungarns die Einführung der allgemeinen Wehrpflicht. „Die Hitlerregierung stellt den Krieg unmittelbar auf die Tagesordnung", hieß es in dem gemeinsamen Aufruf. „Sie bedroht unmittelbar die Nachbarvölker ... Alle, die den Frieden wahren wollen, die Gegner des imperialistischen Krieges sind, müssen die Friedenspolitik der Sowjetunion unterstützen und für ihre Geltendmachung gegen den deutschen Faschismus kämpfen."[68] Die kommunistischen Parteien riefen zum Kampf gegen jedes Bündnis ihres Landes mit Deutschland auf und erklärten:

„Wir werden die heldenhafte Arbeiterklasse Deutschlands in ihrem Kampfe gegen die faschistische Diktatur, gegen die Kriegsprovokationen des deutschen Imperialismus solidarisch unterstützen."[69]

Der proletarische Internationalismus bewährte sich auch in jenen Jahren der internationalen Offensive des Faschismus. Er bewies in der Aktion seine Lebenskraft und kündete von den gemeinsamen Interessen der revolutionären Arbeiterbewegung, unabhängig von Ländergrenzen, den Faschismus zurückzuschlagen und die Kriegsgefahr zu bannen.

Als eine bedeutende Hilfe für die KPD erwiesen sich die Erfahrungen, die die Bruderparteien in diesem Kampf sammelten und die von der Komintern verallgemeinert wurden. Die KPD zog aus diesen Erfahrungen Schlußfolgerungen für ihre Politik. Das bezog sich nicht nur auf die Erfolge in der Einheitsfrontpolitik der französischen Bruderpartei, die am 27. Juli 1934 zum Abkommen über die Aktionseinheit zwischen der FKP und der Sozialistischen Partei Frankreichs führte, und auf die Volksfrontpolitik der französischen Kommunisten. Auch die Ergebnisse der Politik der Kommunistischen Partei Spaniens, die in der Zusammenarbeit mit Sozialisten, Anarchisten und linksrepublikanischen Kräften, im Bemühen um die Einbeziehung der Bauern in den gemeinsamen Kampf und im erfolgreichen Voranschreiten auf dem Weg zur Volksfront zum Ausdruck kamen, wurden von der KPD ausgewertet. Schlußfolgerungen zog die KPD aus dem antifaschistischen Kampf der Italienischen Kommunistischen Partei, die im August 1934 mit den Sozialisten ein Abkommen über die Aktionseinheit schloß. Wichtige Lehren vermittelten der KPD der Generalstreik und der viertägige bewaffnete Kampf gegen den Faschismus in Österreich im Februar 1934 und die Niederlage der Arbeiterklasse infolge der abwartenden Haltung, die die Führung der österreichischen Sozialdemokratie eingenommen hatte.

Nicht nur die Solidarität und die Kampferfahrungen der revolutionären Kräfte anderer Länder waren eine wesentliche Unterstützung für die KPD, für alle Antifaschisten in Deutschland. Eine bedeutende Hilfe leistete auch die internationale demokratische und Antikriegsbewegung, in der sich kommunistische, sozialdemokratische und bürgerlich-demokratische Kräfte zusammenfanden. So kamen vom 4. bis 6. Juni 1933 zum Antifaschistischen Arbeiterkongreß in Paris 1200 Kommunisten, 200 Sozialdemokraten und 1800 Parteilose – Arbeiter, Bauern, Intellektuelle, Jungarbeiter und Studenten – zusammen. Sie berieten über den Kampf gegen den Faschismus, riefen zur Schaffung von Kampfkomitees und von Hilfskomitees für die Opfer des Faschismus auf und wählten ein Zentralkomitee der Antifaschistischen Arbeitervereinigungen Europas. Am 20. August 1933 vereinigte sich dieses Komitee mit dem Ende August 1932 entstandenen Weltkomitee zum Kampf gegen den imperialistischen Krieg. Das neue Weltkomitee gegen imperialistischen Krieg und Faschismus, das von Henri Barbusse geleitet wurde, initiierte in vielen Ländern Protestkampagnen gegen den Reichstagsbrandprozeß, organisierte vielfältige Aktionen zur Befreiung Ernst Thälmanns und trug zur Aufklärung der Weltöffentlichkeit über das faschistische Terrorregime in Deutschland bei.

Mit Unterstützung der IAH war Ende März 1933 das Internationale Hilfskomitee für die Opfer des Hitlerfaschismus entstanden, dessen Vorsitzender das britische Oberhausmitglied Lord Marley und dessen Ehrenvorsitzender der von den Nazis in die Emigration getriebene weltbekannte deutsche Physiker Albert Einstein war. Es organisierte Solidaritätskundgebungen für die verfolgten Gegner der faschistischen Diktatur und regte die Bildung des Internationalen Untersuchungsausschusses zur Aufklärung des Reichstagsbrandes an, der unter Leitung des britischen Kronanwalts D. N. Pritt im September 1933 in London den Gegenprozeß zum Reichstagsbrandprozeß durchführte.

Zur Verstärkung der weltweiten Solidarität mit den deutschen Antifaschisten trug auch das Internationale Befreiungskomitee für Ernst Thälmann und alle anderen Eingekerkerten bei, das Anfang 1934 seine Tätigkeit aufnahm und Vertreter verschiedener politischer und weltanschaulicher Auffassungen in seinen Reihen vereinte. In vielen Ländern der Welt entstanden Komitees, die für die Freilassung Ernst Thälmanns und der anderen politischen Häftlinge wirkten. Millionen Sowjetbürger erhoben ihre Stimme, Millionen Franzosen unterschrieben Proteste gegen den Hitlerterror. Tausende von Demonstrationen fanden statt. Arbeiter in Lissabon und Warschau streikten aus Solidarität mit den Gefangenen in Deutschland. Hitlergegner aus verschiedenen Ländern und aus verschiedenen Klassen und Schichten richteten schriftliche Aufforderungen an die faschistische Regierung, Ernst Thälmann und die anderen politischen Häftlinge freizulassen. Sie protestierten bei deutschen Botschaften und Konsulaten. International bekannte Kulturschaffende, wie Henri Barbusse, Maxim Gorki, Martin Andersen Nexö, Romain Rolland, sowie weitere Angehörige der Intelligenz traten für Ernst Thälmann ein und verurteilten den Terror des Hitlerregimes. Zehntausende von Briefen, Postkarten, Resolutionen wurden an Ernst Thälmann gesandt.

So entstand eine in ihrer sozialen und politischen Zusammensetzung vielschichtige internationale Bewegung, die von der Kommunistischen Internationale gefördert wurde. Diese Bewegung trug zur Aufklärung der Weltöffentlichkeit über das Terrorregime in Deutschland wie über seine aggressiven Ziele bei und unterstützte die KPD sowie andere Antifaschisten materiell und moralisch in ihrem Kampf.

Der KPD war es bis Mitte 1935 gelungen, ihre Einheit und Geschlossenheit zu wahren – trotz großer Verluste, die sie in den ersten beiden Jahren der faschistischen Diktatur erlitt. Auch 1935 mußte sie große Opfer bringen. Die Gestapo berichtete, daß sie in jenem Jahr rund 15 000 Kommunisten verhaftete. Nach Unterlagen der Führung der KPD waren bis 1935 von 422 Funktionären, Mitgliedern des Zentralkomitees und der Bezirksleitungen der KPD sowie der Leitungen der Massenorganisationen, 219 verhaftet und verurteilt und 24 ermordet worden. Unter den Ermordeten befanden sich Erich Baron, Generalsekretär der Gesellschaft der Freunde des neuen Rußlands, Albert Funk, Vorsitzender des Einheitsverbandes der Bergarbeiter Deutschlands, Helene Glatzer, Mitglied der illegalen Bezirksleitung Halle der KPD, Ernst Putz, Vorsitzender des Reichsbauernkomitees, Fiete Schulze, einer der Führer des Hamburger Aufstands 1923, Franz Stenzer, Sekretär der illegalen Bezirksleitung Südbayern der KPD, und Paul Suhr, Politischer Sekretär der Bezirksleitung Halle-Merseburg der

KPD. Es zeugt von dem Heldenmut, dem Verantwortungs-bewußtsein und der Opferbereitschaft der Kommunisten, daß immer wieder neue Kader an die Stelle der Verhafteten und Ermordeten traten und die Organisierung des Kampfes der Partei und der mit ihr verbündeten Antifaschisten fortsetzten.

Die Parteiorganisationen hatten den Übergang in die Illega-lität vollzogen, ihre Reihen gefestigt, die Kräfte zum Teil neu formiert und führten den Kampf mit vielfältigen Formen und Methoden, gemeinsam mit sozialdemokratischen, parteilosen und christlichen Arbeitern und anderen Werktätigen, zum Teil in festeren Formen, in Widerstandsgruppen und ver-einzelt auch in größeren Widerstandsorganisationen, vereint. Kennzeichnend für das Klassenbewußtsein und die hohe Moral der Kommunisten war es, daß sie, befähigt durch ihre mar-xistisch-leninistische Schulung und ihre Erziehung durch die Partei, auch dann den antifaschistischen Kampf organisierten, wenn sie – besonders in ländlichen Gebieten – auf sich allein gestellt oder nur wenige waren und keine oder zeitweilig keine Verbindung zu anderen Gruppen oder zu einer über-geordneten Leitung besaßen.

Unterstützt von der Komintern, hatte die KPD bis Mitte 1935 in der Auseinandersetzung mit dogmatischen und sek-tiererischen Auffassungen Schlußfolgerungen aus dem Klassen-kampf in Deutschland und aus den Erfahrungen des Kampfes von Bruderparteien gezogen und begonnen, diese Erkennt-nisse in ihrer Arbeit anzuwenden. Damit leistete auch sie einen Beitrag zur Ausarbeitung jener Strategie und Taktik, die der VII. Weltkongreß der Kommunistischen Internationale im Sommer 1935 beschloß. Die KPD hatte die mit der Er-richtung der faschistischen Diktatur entstandene neue Lage und den Klassencharakter dieser Diktatur richtig eingeschätzt und darauf orientiert, die Aktionseinheit mit der Sozialdemo-kratie und allen anderen Kräften der Arbeiterklasse her-zustellen. Solche Wertungen, die Sozialdemokratie sei die soziale Hauptstütze der Bourgeoisie auch unter der Hitlerdik-tatur, waren überwunden worden. Es gab Fortschritte im Auf-bau von Gruppen freier Gewerkschaften, Anfänge der anti-faschistischen Tätigkeit in den Massenorganisationen der Nazis und in der Zusammenarbeit mit christlichen Werktätigen. 99

Die KPD hatte auf die Schaffung der Volksfront aller werktätigen Hitlergegner, gleich welcher Weltanschauung und Parteizugehörigkeit, orientiert. Sie hatte Klarheit über die Verbindung illegaler mit legalen Kampfmethoden sowie über die Bedeutung von Teilforderungen und -losungen geschaffen. Den Kampf um demokratische Rechte und Freiheiten rückte sie immer mehr in den Mittelpunkt ihrer Politik. Noch nicht geklärt war die Frage nach dem strategischen Ziel. Die Führung der Partei betrachtete den Sturz der Hitlerregierung als ein solches Ziel, verband es aber noch mit der Losung der Diktatur des Proletariats als nächster Aufgabe. Jedoch hatte es bereits Überlegungen dahingehend gegeben, daß der Sturz Hitlers nicht unmittelbar mit der sozialistischen Revolution verbunden sein müsse.

Widerstandsaktionen sozialdemokratischer und gewerkschaftlicher Gruppen

Während ein kleiner Teil der sozialdemokratischen Mitglieder und Funktionäre gemeinsam mit den Kommunisten den Kampf gegen die faschistische Diktatur aufgenommen hatte, beteiligte sich die große Mehrheit der Sozialdemokraten nicht am aktiven Widerstand. Die rechten Führer dieser Partei, die immer mehr in verschiedene Richtungen zerfiel, hatten sie desorientiert. Im Juli 1933 berichteten Funktionäre aus Deutschland dem Emigrationsvorstand in Prag, daß sich der alte Stamm der Sozialdemokraten enttäuscht und resigniert zurückgezogen habe und das kapitulantenhafte Verhalten der Führer verurteile.[70] Diese Sozialdemokraten lehnten das Hitlerregime ab, waren aber keine entschiedenen antifaschistischen Kämpfer. Sie hielten vor allem seit 1934 in kleinen Gruppen Kontakt untereinander und nutzten Zusammenkünfte in Gesangs- und ähnlichen Vereinen, Spar- und Skatklubs, Feuerbestattungsgesellschaften usw. zu gemeinsamen Diskussionen. Oft kursierten in diesen Gruppen Zeitungen, vor allem die „Sozialistische Aktion", die der Emigrationsvorstand über seine Grenzsekretäre den Bezirksvorständen zur Weiterleitung überbringen ließ. An Flugblatt-, Streik- und anderen Aktionen nahmen die Gruppen jedoch nicht teil. Sie wollten nur den Zusammenhalt wahren, die Kräfte aber „für die Zukunft" schonen. Da beispielsweise im Berliner Bezirksvorstand Gestapospitzel tätig waren, wurden wiederholt Sozialdemokraten, die Materialien des Emigrationsvorstandes erhielten, verhaftet.

Solche Lesegruppen, die die „Sozialistische Aktion" nicht außerhalb ihres Kreises verbreiten, sondern nach der Lektüre vernichten sollten, existierten in verschiedenen Gebieten Deutschlands, zum Beispiel im Rhein-Ruhr-Gebiet und in Thüringen, in Berlin, Hamburg, Mannheim, München und Stettin. Sie gaben auch Berichte über die Stimmung und die Lage durch Kuriere an die Grenzsekretäre, die diese an den Emigrationsvorstand weiterleiteten. Nach wie vor tat der Emigrationsvorstand alles, um die Einheitsfront von Sozialdemokraten und Kommunisten zu verhindern. In Beratungen der Grenzsekretäre mit Sozialdemokraten aus Deutschland, die 1934 und 1935 in Brüssel, Lüttich, Antwerpen und anderen Städten der Niederlande, Belgiens sowie auch der ČSR und Dänemarks stattfanden, verfochten führende sozialdemokratische Funktionäre ihre antikommunistische Position und wandten sich gegen die Einheitsfront mit der KPD. So sprachen sich Ende November 1934 Otto Wels und Rudolf Hilferding auf einer Beratung mit 30 Sozialdemokraten aus Deutschland in Antwerpen scharf gegen ein gemeinsames Vorgehen mit der KPD aus.[71]

Vor allem jüngere Sozialdemokraten faßten angesichts der Passivität auch vieler mittlerer Funktionäre Mitglieder der SPD in kleinen Gruppen zusammen, die zwar eine Verbindung zum Emigrationsvorstand ablehnten, aber meist zunächst auch nicht gemeinsam mit den Kommunisten vorgehen wollten, sondern – auf sich gestellt – den antifaschistischen Kampf führten. Sie betrieben mündliche Agitation, verteilten Flugblätter sowie Streuzettel und unterstützten Angehörige eingekerkerter Antifaschisten. Zum Teil hatten diese Gruppen untereinander Verbindung.

Eine sehr heterogen zusammengesetzte Gruppe war der „Rote Stoßtrupp", der von 1933 bis 1935 in Berlin wirkte. Seine Führungskräfte kamen aus der SAJ, aus Reichsbannerkreisen und linksbürgerlichen Studenten- und Intellektuellengruppen. Der „Rote Stoßtrupp" gab eine Zeitung gleichen Namens heraus, die im Dezember 1933 in 4000 bis 5000 Exemplaren erschien. In ihr wurde die proletarische Revolution und – um sie durchzuführen – die Schaffung einer „Bewegung

ohne Parteibuch" gefordert. Der SPD und der KPD sprach
der „Rote Stoßtrupp" gleicherweise die Schuld für die Niederlage der Arbeiterklasse 1933 zu. Der Wortradikalismus der
Zeitung wich allerdings bald der Propagierung jener Linie,
die der Emigrationsvorstand verfolgte. In einer Denkschrift
der Gruppe vom Februar/März 1935 wurde als Ziel prokla-
miert: mit „Teilen der Bourgeoisie und Reichswehr über
eine Militärdiktatur zur Koalition Weimarer Typs"[72]. Das war
ein Ergebnis der Verbindung zum sozialdemokratischen Emigrationsvorstand, die die Gruppe im Herbst 1933 aufgenommen hatte. Sie erstrebte zugleich eine Einigung mit der SAP
und mit Trotzkisten. Der Gruppe gehörten jedoch auch Kräfte
an, die für eine Einigung der Arbeiterklasse auf revolutionärer
Grundlage eintraten und zeitweilig Kontakte mit der KPD
unterhielten. Der „Rote Stoßtrupp" hatte Verbindung zu
kleinen Gruppen von Sozialdemokraten in Bielefeld, Dresden,
Halle, Hamburg, Leipzig und einigen anderen Städten. Er
zerfiel nach erneuten Verhaftungen 1935.

Ähnliche den antifaschistischen Kampf führende Gruppen
waren die „Sozialistische Front" in Hannover und die Gruppe
„Befreiung der Arbeit" in Thüringen. Aber auch sie wandten
sich gegen die Einheitsfront mit der KPD. In verschiedenen
Städten kämpften Gruppen der SAJ und des Reichsbanners
gegen das Hitlerregime. Sie stellten zum Teil antifaschistische Flugblätter her und verbreiteten sie, meist durch die
Post. Auch Geld für die Unterstützung Verhafteter und ihrer
Familien wurde gesammelt.

In diesen Gruppen hatten sich meist jene Sozialdemokraten
zusammengefunden, die ihre Illusionen über die Politik der
SPD verloren hatten, nachdem die Weimarer Republik beseitigt worden war. Ein Teil dieser Sozialdemokraten hatte
begonnen zu erkennen, daß der Opportunismus keine echte
Alternative zur Politik des Monopolkapitals sein konnte. Er
forderte die Abkehr von der Politik der Klassenzusammenarbeit mit Teilen der Großbourgeoisie und die „Erneuerung"
der Sozialdemokratie. Deshalb wandten sich diese Sozialdemokraten revolutionären Auffassungen zu, ohne in jedem Fall
auch schon entsprechende Konsequenzen für den Kampf und
für ihr Verhältnis zur KPD zu ziehen. Kennzeichnend war, 103

daß es diese Sozialdemokraten meist ablehnten, den Anspruch des Emigrationsvorstandes auf die Führung der Sozialdemokratie anzuerkennen und seiner politischen Linie zu folgen. Die rechten Führer suchten diese Entwicklung in der Sozialdemokratie aufzuhalten.

Am 28. Januar 1934 veröffentlichte der Emigrationsvorstand im „Neuen Vorwärts" und in der „Sozialistischen Aktion" das Manifest „Kampf und Ziel des revolutionären Sozialismus – Die Politik der Sozialdemokratischen Partei Deutschlands", das auch als Tarnbroschüre unter dem Titel „Die Kunst des Selbstrasierens" verbreitet wurde. Der Emigrationsvorstand trachtete danach, mit diesem Manifest auf die Sozialdemokraten, die gemeinsam mit der KPD kämpften, und auf diejenigen sozialdemokratischen Gruppen, die seinen Führungsanspruch ablehnten und unabhängig von ihm handelten, Einfluß zu gewinnen sowie der von sozialdemokratischen und parteilosen Arbeitern erhobenen Forderung nach der Einheitsfront entgegenzuwirken. Am 20. Januar hatte Otto Wels den von Rudolf Hilferding ausgearbeiteten Entwurf dem Emigrationsvorstand vorgelegt und ihn als „Versuch, die geistige Führung der Partei hier zu konzentrieren"[73], bezeichnet. Das Bemühen des Vorstandes, Einfluß auf illegal kämpfende Sozialdemokraten in Deutschland zu gewinnen, hatte – wie ein rechtssozialdemokratischer Historiker zu diesem Manifest schrieb – „einen Rückgriff auf das revolutionär-sozialistische Vokabular notwendig"[74] gemacht.

In diesem als „Prager Manifest" bekannt gewordenen Dokument erklärte der Emigrationsvorstand, dem Otto Wels und Hans Vogel als Vorsitzende, Siegfried Aufhäuser, Karl Böchel, Siegmund Crummenerl, Paul Hertz, Erich Ollenhauer, Erich Rinner und Friedrich Stampfer angehörten und an dessen Sitzungen Curt Geyer vom „Neuen Vorwärts" und Rudolf Hilferding, Mitglied der Exekutive der SAI, teilnahmen: Die bisherige sozialdemokratische Politik sei gescheitert, die sozialdemokratischen Organisationen wären zerschlagen worden. Künftig dürften die Fehler der Novemberrevolution 1918 nicht wiederholt werden. In einem neuen Deutschland müßten der Staatsapparat in ein Herrschaftsinstrument des Volkes verwandelt und Schwerindustrie wie Großgrundbesitz enteignet werden. Als Ziel gab der Emigrationsvorstand die sozialistische Gesellschaft aus. Im Kampf gegen das Hitlerregime sei für Reformismus und Legalität kein Platz. Dieser Kampf müsse von einer „entschlossenen, von einer erfahrenen Elite geführten Partei des revolutionären Sozialismus"[75], von der Sozialdemokratischen Partei, geleitet werden. Die Einigung der Arbeiterklasse werde zu einem Zwang, den die Geschichte auferlege.

Die Grundgedanken dieses Manifests entsprachen den Vorstellungen vieler sozialdemokratischer Arbeiter, die Schlußfolgerungen aus der Weimarer Republik gezogen wissen wollten und eine neue Politik der Sozialdemokratie erstrebten. Daß der Emigrationsvorstand jedoch gar nicht daran dachte, seine Politik zu ändern, daß dieses Dokument für ihn nur ein Versuch war, durch demagogische Redensarten seine Position vor weiteren Erschütterungen zu bewahren, wurde deutlich, als sich mehrere seiner Mitglieder nach kurzer Zeit offen von diesem Manifest distanzierten. Einer der Vorsitzenden des Emigrationsvorstandes, Otto Wels, betrachtete es als eine von dem „Zwang der Verhältnisse" veranlaßte Konzession an den „Geist der Zeit"[76]. Die linken sozialdemokratischen Führer im Emigrationsvorstand, Siegfried Aufhäuser und Karl Böchel, hatten sich von vornherein gegen ein derartiges Manifest gewandt, da die Sozialdemokraten in Deutschland eine Diskussionsbasis und kein Dokument wünschen würden, das den Führungsanspruch des Emigrationsvorstandes anmeldete. In den Beratungen im Emigrationsvorstand war ihre Meinung zurückgewiesen und das Manifest gegen ihre Stimmen angenommen worden. Nach seiner Veröffentlichung traten Siegfried Aufhäuser und Karl Böchel im „Neuen Vorwärts" gegen das Manifest auf. Weil es von den rechten Führern kam, lehnte auch eine Anzahl von Sozialdemokraten in Deutschland das Dokument ab. Jedoch gab es auch Zustimmung. Einige Sozialdemokraten in Deutschland veranlaßte das Manifest, Verbindung zu Kommunisten aufzunehmen.

Siegfried Aufhäuser und Karl Böchel legten im April 1934 ein eigenes Dokument, „Der Weg zum sozialistischen Deutschland. Eine Plattform für die Einheitsfront", im Emigrationsvorstand vor, das sie nach heftigen Debatten mit den rechten

Führern erst im Herbst als Plattform des Arbeitskreises Revolutionärer Sozialisten in der „Zeitschrift für Sozialismus"[77] veröffentlichen konnten, aber nicht – wie sie beabsichtigt hatten – als Broschüre. Darin bekannten sich die linken sozialdemokratischen Führer zur Einheitsfront der Arbeiterklasse und zu gemeinsamen Aktionen mit der KPD. Als Ziel bezeichneten sie den Sturz des faschistischen Regimes und die Errichtung der Diktatur des Proletariats. Wilhelm Pieck und Walter Ulbricht führten in Artikeln mit Vertretern des Arbeitskreises Revolutionärer Sozialisten, der sich auf einige Gruppen in Deutschland stützte, Ende 1934 einen Meinungsaustausch über die Herstellung der Aktionseinheit.

Siegfried Aufhäuser und Karl Böchel verfolgten jedoch das unrealistische Ziel, den Emigrationsvorstand von innen zu „revolutionieren", das heißt, die rechte Mehrheit für eine neue Politik zu gewinnen, und bedienten sich dazu auch des Antikommunismus. Damit entwerteten sie ihr Bekenntnis zur Einheitsfront mit der KPD. In einer Debatte über die Einheitsfront im Emigrationsvorstand am 19. Oktober 1934 zum Beispiel bezeichnete Siegfried Aufhäuser die Einheitsfrontpolitik der KPD als Manöver. Diskutiert werden müsse darüber, wie man vorgehen wolle, um „den Kommunisten in dieser Frage die unbeschränkte Handlungsfreiheit zu nehmen"[78]. Otto Wels hielt dem gegenüber Einheitsfrontverhandlungen mit der KPD überhaupt für falsch, da sie nur eine „Erschwerung der Eroberung der kommunistischen Arbeiter"[79] durch die Sozialdemokratie bedeuten würden. Im November 1934 lehnten Siegfried Aufhäuser und Karl Böchel das Angebot des ZK der KPD ab, gemeinsam einen Aufruf zum Kampf gegen den Faschismus in Deutschland zu veröffentlichen, und baten die Führung der KPD, sich nicht mehr an sie, sondern an den Emigrationsvorstand zu wenden. Dennoch verleumdeten die rechten Führer beide und schlossen sie im Januar 1935 aus dem Emigrationsvorstand aus. Da sich die Revolutionären Sozialisten nicht von antikommunistischen Vorbehalten befreiten und politisch inkonsequent waren, konnten sie keinen größeren Einfluß in der Sozialdemokratie erlangen.

Der Emigrationsvorstand vermochte es nicht, mit dem Prager Manifest seinen Einfluß auf aktiv am antifaschistischen

Kampf teilnehmende einzelne Sozialdemokraten und Gruppen in Deutschland wesentlich zu erweitern. Es gelang allerdings, neben den im Frühjahr 1934 bestehenden Lesezirkeln, in denen nach Angaben des Vorstands etwa 20 000 Sozialdemokraten erfaßt waren, weitere Zirkel in einigen west- und süddeutschen Städten zu bilden, die oftmals aber nur einige Monate existierten. Im Juni 1934 jedoch mußte der Emigrationsvorstand feststellen, daß das Mißtrauen gegen die „alte SPD"[80] selbst bei langjährigen Parteimitgliedern nicht über-

---

Presseorgane des sozialdemokratischen Emigrationsvorstandes

Neuer Vorwärts, wöchentlich, Juni 1933 bis Mai 1940, Prag,
  seit 1938 Paris
  (1936 durchschnittliche Auflage 4300 Exemplare)
Sozialistische Aktion, zweiwöchentlich, seit Herbst 1935 monatlich,
  November 1933 bis März 1938, Karlsbad
Zeitschrift für Sozialismus, Oktober 1933 bis September 1936,
  Karlsbad
Deutschland-Bericht der Sopade, Juni 1934 bis 1940,
  Prag, seit 1938 Paris; seit 1937 unter dem Titel:
  Deutschland-Berichte der Sozialdemokratischen
  Partei Deutschlands (bis Mitte 1936 insgesamt
  13 600 Exemplare)
Informationsblätter, 1934–1939,
  Prag, Paris

---

wunden war. Immer wieder klagten Sozialdemokraten, daß sie – wie es in einem Brief eines Grenzsekretärs an Paul Hertz vom Emigrationsvorstand hieß – „ohne eine wirkliche politische und organisatorische Führung sind"[81].

Die meisten der vom Emigrationsvorstand unabhängig wirkenden sozialdemokratischen Gruppen wie auch die unter seinem Einfluß stehenden Lesezirkel wurden 1935/1936 von der Gestapo zerschlagen. „Das Jahr 1935 war durch ... die fast völlige Vernichtung der sozialdemokratischen Widerstandsbewegung gekennzeichnet"[82], gestand ein rechtssozialdemokratischer Historiker ein. Die Mehrheit der Sozialdemokraten in Deutschland beschränkte sich nun – sofern sie nicht gemeinsam mit der KPD kämpften – auf die Diskussion im kleinen Bekanntenkreis.

Am Kampf gegen das Hitlerregime beteiligten sich auch sozialdemokratische Splitterorganisationen wie Neu Beginnen, der Internationale Sozialistische Kampfbund, die SAP und „Die Roten Kämpfer", die alle zum Emigrationsvorstand in Opposition standen und eine „neue" sozialdemokratische Politik erstrebten. Diese Organisationen waren relativ klein. Ihre Gruppen in verschiedenen Städten zählten meist nur wenige Mitglieder. Während die Führer überwiegend auf antikommunistischen Positionen standen, gab es vor allem in der SAP und im ISK auch Kräfte und Gruppen, die Verbindung zur KPD unterhielten oder mit ihr gemeinsam den antifaschistischen Kampf führten.

Neu Beginnen, eine kleine Organisation von meist jungen Sozialdemokraten und einigen bürgerlichen Intellektuellen, war 1929 unter Leitung Walter Loewenheims entstanden. Sie vertrat die Auffassung, daß nur eine kleine Elite die Arbeiterbewegung führen könnte. Neu Beginnen hatte sich auf die Illegalität vorbereitet und vermochte nach der Errichtung der faschistischen Diktatur die Verbindung zwischen ihren verschiedenen Gruppen in Deutschland aufrechtzuerhalten. Im Frühjahr 1933 zählte diese Organisation etwa 100 Mitglieder. Aus ihrem geringen Einfluß in der Arbeiterklasse ergab sich die Auffassung der leitenden Funktionäre, das Hitlerregime könne nur durch einen siegreichen Krieg der Westmächte gestürzt werden. In der programmatischen Schrift „Neu Beginnen", die im September 1933 in Karlsbad erschien, warf Walter Loewenheim der KPD und der SPD gleicherweise Versagen vor. Als neue Führerin der deutschen Arbeiterklasse wurde in völliger Selbstüberschätzung Neu Beginnen ausgegeben, zum Ziel wurde die „Demokratie des werktätigen Volkes"[83] erklärt. Loewenheim verleumdete die Sowjetunion als wesensgleich mit Hitlerdeutschland und forderte, die Komintern zu „liquidieren". Die antikommunistische und antisowjetische Position der Führer von Neu Beginnen konnte keine echte Alternative zur Politik des Emigrationsvorstandes sein.

Im Herbst 1933 entstand unter Leitung von Karl Frank in Prag ein Auslandsbüro. Neu Beginnen nahm Verbindung zum sozialdemokratischen Emigrationsvorstand auf, der die Organisation bis Ende 1934 teilweise finanzierte, dann aber alle Gelder sperrte, da Karl Frank die Zusammenarbeit mit Siegfried Aufhäuser und Karl Böchel suchte. Einige Grenzsekretäre des Emigrationsvorstandes, so Waldemar von Knoeringen und Erwin Schoettle, schlossen sich 1934/1935 Neu Beginnen an. Die Mitglieder von Neu Beginnen in verschiedenen Städten Deutschlands trafen sich zu Diskussionen und Schulungen und sammelten Informationen über die Lage und die Stimmung, die das Auslandsbüro zur Veröffentlichung zusammenstellte. Im Sommer 1935 kam es wegen Meinungsverschiedenheiten darüber, ob es sinnvoll sei, die illegale Arbeit fortzusetzen, zur Spaltung. Loewenheim erklärte Neu Beginnen für aufgelöst, einige Funktionäre unter Leitung Richard Löwenthals jedoch führten die Tätigkeit fort. Im Herbst 1935 und im Frühjahr 1936 erfolgten umfangreiche Verhaftungen durch die Gestapo.

Der ISK, der 1925 als Kaderorganisation gegründet worden war und dem am Ende der Weimarer Republik etwa 300 Angestellte, Lehrer, Intellektuelle und wenige Arbeiter angehörten, die als Funktionäre in sozialdemokratischen Massenorganisationen arbeiteten, schuf 1934 – geleitet von Willi Eichler in Paris – aus seinen Mitgliedern Fünfergruppen. Sie verbreiteten antifaschistisches Material, das im Ausland mit Hilfe des Generalsekretärs der Internationalen Transportarbeiter-Föderation, Edo Fimmen, hergestellt und illegal nach Deutschland gebracht worden war. Bald stellten die Gruppen selbst Flugblätter her. Ihre Mitglieder kamen zu Diskussionen und Schulungen zusammen und brachten gegen das Hitlerregime gerichtete Losungen an. In Berlin wirkte eine Gruppe von 20 bis 25 Mitgliedern, meist jüngere Hitlergegner, unter Leitung des Studienassessors Julius Philippson. Weitere Gruppen bestanden in Bremen, Hamburg, Köln, Magdeburg und anderen Städten. Einzelne von ihnen arbeiteten mit der KPD zusammen, bis die Leitung des ISK ihnen das untersagte.

Leitende Funktionäre des ISK warfen den Führern der KPD und der SPD vor, daß sie die Einheitsfront der Arbeiterklasse verhinderten. Wie Neu Beginnen bezeichnete sich der ISK in einer programmatischen Schrift vom November 1934, die den Titel „Sozialistische Wiedergeburt. Gedanken und Vorschläge zur Erneuerung der sozialistischen Arbeit" trug, als führende Kraft der Arbeiterbewegung und forderte den Aufbau unabhängiger sozialistischer Gewerkschaften, in denen sich alle, die mit dem Sozialismus sympathisierten, vereinigen sollten. Er orientierte darauf, daß die faschistische Diktatur an ihren inneren Gegensätzen scheitern werde oder von außen, durch einen Krieg, zerschlagen werden würde. Im Sommer und Herbst 1935 verhaftete die Gestapo Mitglieder und ganze Gruppen des ISK in einer Anzahl von Städten.

Die SAP, 1931 von oppositionellen Sozialdemokraten gegründet, beanspruchte nach den Worten ihrer Führer ebenfalls für sich die entscheidende Rolle bei der „Erneuerung" und Führung der deutschen Arbeiterbewegung. Die jüngeren Mitglieder, vor allem die dem Sozialistischen Jugendverband angehörenden, kämpften oft gemeinsam mit der KPD gegen das Hitlerregime. Sie führten in Berlin, Hannover, Ostsachsen und Süddeutschland antifaschistische Agitation durch, halfen gefährdeten Hitlergegnern bei der Flucht und unterstützten Familien von Opfern des Faschismus. Schon 1933 und 1934 erlitten die Gruppen der SAP durch Verhaftungen große Verluste. Funktionäre aus Deutschland, die sich in Prag wiederholt mit Max Seydewitz, einem der Führer der SAP, trafen, nahmen auch Verbindung zu Vertretern des ZK der KPD auf, um über die Herstellung der Aktionseinheit zu beraten.

An der antifaschistischen Agitation beteiligten sich Mitglieder der Gruppe „Die Roten Kämpfer", in der sich vor 1933 oppositionelle Sozialdemokraten zusammengefunden hatten. Diese Gruppe wandte sich gegen die SPD wie gegen die KPD und wollte eine Elite von Revolutionären heranbilden, die der Arbeiterklasse zur „Selbstbestimmung" verhelfen sollte. Die Einheitsfront mit der KPD wurde abgelehnt. Verbindungen bestanden zu einzelnen Gruppen des ISK und der SAP.

Diese Splitterorganisationen befaßten sich zum Teil mehr mit innerorganisatorischen Fragen und weniger mit antifaschistischen Aktionen. Oftmals führten sie unfruchtbare Debatten, die zu Spaltungen wie bei Neu Beginnen und bei den „Roten Kämpfern" führten und den sektenhaften Charakter dieser Gruppierungen noch deutlicher machten. Da sie auch meist am Antikommunismus festhielten, war ihr Aktionsradius und ihre Wirksamkeit in der antifaschistischen Widerstandsbewegung sehr begrenzt. Wenngleich sie zum Emigrationsvorstand in Opposition standen, trugen sie durch ihre von den Führungen bestimmte Ablehnung der Einheitsfrontpolitik der KPD dazu bei, die Spaltung der Arbeiterklasse aufrechtzuerhalten.

Presseorgane sozialdemokratischer Splitterorganisationen

Die neue Front (SAP)	1933 bis August 1939, Paris
Marxistische Tribüne (SAP)	November 1935 bis Dezember 1937, Paris
Sozialistische Warte (ISK)	Mai 1934 bis Mai 1940, Paris
SIB. Sozialdemokratischer Informationsbrief	
(Neu Beginnen)	1938/1939, Paris

In der zweiten Hälfte des Jahres 1933 begannen sozialdemokratische Gewerkschaftsfunktionäre, Hermann Schlimme, Hans Jahn, Heinrich Schliestedt und andere, Verbindung miteinander aufzunehmen und weitere Funktionäre der zerschlagenen freien Gewerkschaften zu sammeln. Die gleichzeitig angestrebten Kontakte zu Kreisen der Schwerindustrie waren ein Ausdruck dafür, daß die Mehrheit dieser Gewerkschaftsfunktionäre ihre Hoffnung auf angeblich oppositionelle Kreise der Großbourgeoisie setzte. Nur einzelne von ihnen suchten Verbindung zu Gewerkschaftsmitgliedern, wie Hermann Schlimme zu einer Gruppe von Eisenbahnern in Berlin und dessen Umgebung. Zusammen mit Otto Scharfschwerdt, der 1933 begonnen hatte, diese Gruppe zu organisieren, stellte Hermann Schlimme im Frühjahr 1935 zwei bis drei verschiedene Flugblätter in einigen hundert Exemplaren her, die mit „Front der anständigen Deutschen" unterzeichnet waren und zum Kampf gegen die Naziregierung aufriefen.[84]

1934 bildeten Gewerkschaftsfunktionäre vornehmlich des ehemaligen Metallarbeiterverbandes – unabhängig von den Gruppen einheitlicher freier Gewerkschaften, die Kommunisten, Sozialdemokraten, Gewerkschafter und früher nichtorganisierte Arbeiter in verschiedenen Gebieten Deutschlands schufen – im Ruhrgebiet, in Sachsen, in Frankfurt (Main) und Hamburg lose Gruppen. Sie sammelten Informationen über die Lage der Arbeiter in den Betrieben. Einige von ihnen verbreiteten selbsthergestellte Flugblätter, meist aber Zeitungen, die der sozialdemokratische Emigrationsvorstand herausgab. Gewerkschaftsfunktionäre faßten Transportarbeiter, Hafenarbeiter und Seeleute in Hamburg, Kiel, Lübeck, Stettin und anderen Städten in Gruppen zusammen. Sie hatten Verbindung zur Internationalen Transportarbeiter-Föderation unter Leitung Edo Fimmens in Amsterdam, verbreiteten deren Material und übermittelten ihr Informationen. Ostern 1935, am 20. April, trafen sich 40 Vertreter deutscher Transportarbeitergruppen mit Mitgliedern des Exekutivausschusses der Föderation in Roskilde/Dänemark, um über ihre Arbeit zu berichten und über künftige Aufgaben zu beraten. Auch einige Gruppen des ehemaligen Zentralverbandes der Angestellten arbeiteten illegal. 1935 verhaftete die Gestapo eine Anzahl sozialdemokratischer Gewerkschaftsfunktionäre.

Die Bedeutung
des VII.Weltkongresses
der Kommunistischen Internationale
für den antifaschistischen Kampf
in Deutschland.
Die Brüsseler Konferenz der KPD

Von weitreichender Bedeutung für alle kommunistischen Parteien und den Kampf der internationalen revolutionären Arbeiterbewegung waren die Beratungen und Beschlüsse des VII. Weltkongresses der Komintern, die die gesamte internationale demokratische und antifaschistische Bewegung beeinflußten. Der Kongreß tagte vom 25. Juli bis 20. August 1935 in Moskau unter Beteiligung von 513 Delegierten, die 65 kommunistische Parteien und internationale Organisationen, die der Komintern angeschlossen waren, vertraten. Den Bericht des EKKI erstattete Wilhelm Pieck. Georgi Dimitroff hielt das Referat über die Aufgaben der Komintern im Kampf um die antifaschistische Einheit der Arbeiterklasse. Über die Vorbereitung des imperialistischen Krieges und die Aufgaben der Komintern sprach Palmiro Togliatti. Dimitri Manuilski referierte über die Ergebnisse des sozialistischen Aufbaus in der UdSSR. Der Kongreß zog aus den Erfahrungen des internationalen Klassenkampfes die Schlußfolgerung, daß es notwendig sei, in den kapitalistischen Ländern die Arbeiterklasse und ihre Verbündeten zum Kampf gegen Imperialismus und Faschismus eng zusammenzuschließen, die demokratischen Rechte und Freiheiten zu verteidigen beziehungsweise wiederherzustellen und die Kriegsgefahr zu bannen.

Ausgehend von Erkenntnissen Lenins, entwickelte der Kongreß die Strategie und Taktik der kommunistischen Bewegung

113

zur Errichtung der Macht der Arbeiterklasse unter den neuen Bedingungen des Klassenkampfes weiter. Diese Bedingungen wurden einerseits gekennzeichnet durch die Offensive des Faschismus in verschiedenen Ländern und die wachsende Kriegsgefahr, andererseits durch antifaschistische Massenkämpfe in einer Anzahl kapitalistischer Staaten und durch den Sieg der sozialistischen Produktionsverhältnisse in der Sowjetunion sowie deren Entwicklung zu einer sozialistischen Großmacht.

Mitte der dreißiger Jahre war die sozialistische Gesellschaft in der UdSSR nach Überwindung vieler Schwierigkeiten und nach großen Opfern und heroischen Leistungen der von der KPdSU geführten Werktätigen im wesentlichen aufgebaut und die Ausbeutung des Menschen durch den Menschen endgültig beseitigt. Freundschaftlich verbundene Klassen, die Arbeiterklasse und die Kolchosbauernschaft, waren entstanden, und es hatte sich eine neue Intelligenz entwickelt, deren Angehörige aus diesen beiden Klassen kamen. Auf der Grundlage der veränderten Klassenstruktur bestimmte die Einheit der Interessen auch die Beziehungen zwischen den einzelnen Nationen und Völkerschaften des Sowjetlandes. Die sozialistische Demokratie vervollkommnete sich, neue Formen der Teilnahme der Werktätigen an der Leitung der Produktion, des Staates, des gesamten gesellschaftlichen Lebens bildeten sich heraus. Diese Entwicklung der Sowjetunion wirkte sich international fördernd auf das Wachsen der Kräfte des Friedens, der Demokratie und des Sozialismus aus. Die gemeinsamen Interessen der Werktätigen aller Länder an der Zurückschlagung der faschistischen Offensive und an der Erhaltung des Weltfriedens sowie das sowjetische Beispiel, das die Lebenskraft und Unüberwindlichkeit des Sozialismus in der Praxis bewies, schufen objektiv günstige Möglichkeiten für ein umfassendes antifaschistisches und antiimperialistisches Bündnis der Arbeiterklasse und aller anderen demokratischen Kräfte.

Die den neuen Kampfbedingungen entsprechende Politik wurde vor allem im Referat Georgi Dimitroffs ,,Die Offensive des Faschismus und die Aufgaben der Kommunistischen Internationale im Kampf für die Einheit der Arbeiterklasse gegen den Faschismus"[85] dargelegt. Es war in intensiven kollektiven Beratungen der Leitungsorgane der Komintern vorbereitet worden, an denen Georgi Dimitroff und die Vertreter der KPdSU hervorragenden Anteil hatten. Im Referat wurde die internationale Lage umfassend analysiert und das Klassenwesen der faschistischen Diktatur als offene, terroristische Diktatur der reaktionärsten Kräfte des Finanzkapitals charakterisiert. Das war Voraussetzung dafür, die Politik der Einheitsfront der Arbeiterklasse und die Bündnispolitik entsprechend den neuen Bedingungen detailliert auszuarbeiten. Georgi Dimitroff ging dabei von den Prinzipien aus, die W. I. Lenin für die kommunistische Massenpolitik begründet hatte, und entwickelte jene politische Linie weiter, die unter Leitung Lenins auf dem III. und IV. Kongreß der Kommunistischen Internationale beschlossen worden war. Dimitroff wertete die Erfahrungen der französischen, der österreichischen, der spanischen und der italienischen Arbeiterklasse aus und nahm Stellung zum Kampf der deutschen Arbeiterklasse, zu den Ursachen ihrer Niederlage 1933 und zu den Lehren des Widerstandskampfes in Deutschland.

Er legte den Inhalt und die Formen der Einheitsfront der Arbeiterklasse und der in ihrer politischen und sozialen Zusammensetzung vielschichtigen Volksfront dar, in der sich alle friedliebenden und demokratischen Kräfte unter Führung der einheitlich handelnden Arbeiterklasse gegen Faschismus und Imperialismus zusammenschließen sollten. Als Voraussetzung für diesen Zusammenschluß kam der Entwicklung des einheitlichen Kampfes der Arbeiterklasse auf der Grundlage der Zusammenarbeit vor allem von Kommunisten und Sozialdemokraten besondere Bedeutung zu.

Die unter der faschistischen Diktatur in einigen Ländern veränderte beziehungsweise angesichts der faschistischen Offensive in anderen Ländern sich verändernde Lage der Sozialdemokratie schuf neue Möglichkeiten für die Einheitsfrontpolitik. Diese Möglichkeiten sollten die Kommunisten berücksichtigen und nutzen und jeden Schematismus vermeiden. Im Kampf um die Einheitsfront mußte – wie der Kongreß betonte – gleichzeitig die prinzipielle Auseinandersetzung mit der die Arbeiterklasse spaltenden antikommunistischen Politik und Ideologie rechter sozialdemokratischer Führer geführt werden.

Als nächstes strategisches Ziel des Kampfes der kommunistischen Parteien und ihrer Verbündeten in den kapitalistischen Ländern bezeichnete der Kongreß die Verteidigung der demokratischen Rechte der Werktätigen gegen den Angriff des Faschismus beziehungsweise den Sturz der faschistischen Diktatur und die Herstellung wahrhaft demokratischer, antiimperialistischer Verhältnisse unter einer Regierung der Einheitsfront oder der antifaschistischen Volksfront. Georgi Dimitroff verwies darauf, daß die Regierung der Einheitsfront oder der Volksfront dem Wesen nach mit der Arbeiter-und-Bauern-Regierung übereinstimmte, über die in der kommunistischen Bewegung am Anfang der zwanziger Jahre diskutiert worden war. Er begründete, unter welchen Bedingungen eine solche Regierung gebildet werden konnte, und zog damit zugleich Schlußfolgerungen aus Fehlern in der Vergangenheit, vor allem auch aus den Erfahrungen mit den Arbeiterregierungen des Jahres 1923 in Sachsen und Thüringen. Ausgehend von Lenins Aufforderung, die Formen des Herankommens an die sozialistische Revolution ausfindig zu machen, bezeichnete Dimitroff die Regierung der Einheitsfront oder Volksfront als eine der möglichen Übergangsformen auf dem Wege zur Errichtung der Macht der Arbeiterklasse.

Der Kongreß erklärte den Kampf um die Erhaltung des Friedens zur zentralen Aufgabe aller kommunistischen Parteien und wies auf den engen Zusammenhang zwischen dem Kampf für den Frieden, für demokratische Rechte der Werktätigen und gegen den Imperialismus und Faschismus hin. Die Gefahr eines neuen Weltkrieges, die vom deutschen Imperialismus ausging, den der Kongreß als Stoßtrupp der internationalen Reaktion und als Hauptkriegsbrandstifter charakterisierte, konnte nur dann gebannt werden, wenn sich unter Führung der einheitlich handelnden Arbeiterklasse eine Volksbewegung bisher nicht gekannten Ausmaßes zur Sicherung des Friedens sowie zur Verteidigung und Erweiterung der demokratischen Rechte entfalten würde, die sich auf die politische, ökonomische und militärische Macht der sozialistischen Sowjetunion stützte.

Der VII. Weltkongreß wies der Arbeiterklasse neue Möglichkeiten und Wege des Kampfes um die politische Macht und korrigierte Festlegungen des VI. Kongresses und nachfolgender Tagungen des EKKI in dieser Hinsicht. Er kritisierte das Festhalten an überholten Losungen und Einschätzungen, die die Ausarbeitung einer den neuen Kampfbedingungen entsprechenden Strategie und Taktik gehemmt hatten, und setzte sich mit sektiererischen und dogmatischen Auffassungen auseinander. Georgi Dimitroff verurteilte in seinem Referat Dogmatismus und Sektierertum, die ein ernstes Hindernis vor allem auf dem Wege zur Schaffung einer umfassenden antifaschistischen Einheitsfront und Volksfront waren. Er forderte die kommunistischen Parteien auf, in leninistischer Weise ihre bisherige Politik kritisch zu überprüfen und den jeweiligen Gegebenheiten des Klassenkampfes wie den speziellen Problemen eines jeden Landes angepaßte Methoden, Formen und Wege des Kampfes ausfindig zu machen. Der VII. Kongreß orientierte die kommunistischen Parteien darauf, die Leninsche Revolutionstheorie entsprechend den Bedingungen in ihren Ländern anzuwenden.

Dem vom Kongreß einstimmig gewählten Exekutivkomitee gehörten unter anderen Georgi Dimitroff als Generalsekretär, Klement Gottwald, Otto Kuusinen, Julian Leński, Dimitri Manuilski, Maurice Thorez, Palmiro Togliatti an. Von der KPD befanden sich unter den 46 Mitgliedern des EKKI Wilhelm Florin, Fritz Heckert, Wilhelm Pieck und Ernst Thälmann, unter den 33 Kandidaten Franz Dahlem und Walter Ulbricht und unter den 20 Mitgliedern der Internationalen Kontrollkommission Philipp Dengel.

Der VII. Weltkongreß bestätigte erneut: Durch das Wirken der Komintern entwickelten sich die Fähigkeiten der einzelnen kommunistischen Parteien, sich die ideologischen, strategisch-taktischen und organisatorischen Prinzipien des Leninismus, die Erfahrungen der Großen Sozialistischen Oktoberrevolution und der KPdSU anzueignen und sie schöpferisch auf die Kampfbedingungen ihres Landes anzuwenden. Die Komintern trug entscheidend dazu bei, daß die internationale kommunistische Bewegung ihrer Rolle als Führer der Arbeiterklasse und der Volksmassen in den Klassenauseinandersetzungen mit Imperialismus und Faschismus gerecht wurde, den Marxismus-Leninismus gegen alle revisionistischen Entstellungen verteidigte, sektiererische sowie dogmatische Hemmnisse zu beseitigen verstand und unter komplizierten Kampfbedingungen wuchs und erstarkte.

Die Kommunistische Internationale ließ sich in ihrer gesamten Tätigkeit davon leiten, daß es angesichts der Existenz des Imperialismus für die Arbeiterklasse eines jeden Landes lebensnotwendig ist, die Spaltungspolitik des Opportunismus zu bekämpfen und die Einheit der Arbeiterbewegung herzu-

---

Tarnschriften mit Materialien des VII. Weltkongresses der KI (Auswahl)

A. Kosch: Pilze – Beeren – Wildgemüse, Stuttgart (1935):
Bericht und Schlußwort Wilhelm Piecks
zum 1. Tagesordnungspunkt

Franz Mappes: Ratgeber für den Haus-, Schreber- und Siedler-Garten, München [1935]: Referat Georgi Dimitroffs

Max Büttner: Die Briefmarke als Weltspiegel, Leipzig [1935]:
Referat Palmiro Togliattis

Max Locke: Die Nähmaschine – ihre Behandlung und Reparatur, Dresden [1935]: Referat Dimitri Manuilskis

Th. Zell: Tierfabeln und andere Tierirrtümer in der Tierkunde, Stuttgart [1935]: Diskussionsrede Maurice Thorez'

Lucie Reinhard: Der Reisebegleiter. Roman, Berlin [1935]:
Diskussionsrede Otto Kuusinens

Erich Schwandt: Rundfunkempfang störungsfrei. Die Beseitigung von Rundfunkstörungen, Leipzig [1935]: u.a. Ansprache Georgi Dimitroffs auf der Schlußsitzung, Resolutionen zum Bericht Wilhelm Piecks, zu den Referaten Georgi Dimitroffs, Palmiro Togliattis, Dimitri Manuilskis

---

stellen. Die von der Komintern proklamierte Einheitsfrontpolitik, die auch in verschiedenen entsprechenden Angeboten an die SAI ihren Ausdruck fand, verfolgte das Ziel, durch die Aktionseinheit der Arbeiterklasse deren Potenzen für den Kampf gegen den Imperialismus voll zur Wirkung zu bringen und schließlich mit der Herstellung ihrer Einheit die Arbeiterklasse zur Erfüllung ihrer historischen Mission zu befähigen. Stets ging die Komintern von der geschichtlichen Rolle der Arbeiterklasse aus, die Marx, Engels und Lenin begründet hatten, davon, daß die Arbeiterklasse die revolutionärste Kraft der Gesellschaft, die entscheidende Kraft beim Übergang vom

Kapitalismus zum Sozialismus ist. Die Politik der Kommunistischen Internationale war getragen vom unerschütterlichen Vertrauen in die weltverändernde Rolle und in die schöpferischen Fähigkeiten der Arbeiterklasse. Die Behauptung bürgerlicher und rechtssozialdemokratischer Historiker in imperialistischen Staaten, die Kommunistische Internationale sei ein Instrument sowjetischer Außenpolitik gewesen, ist nichts anderes als Verleumdung – kolportiert in blindem Haß gegen die kommunistische Partei, die als Führerin im Befreiungskampf der Arbeiterklasse wirkt.

Für die Tätigkeit der Kommunistischen Internationale bildete die Existenz der sozialistischen Sowjetunion eine feste Grundlage. In der Hauptstadt des ersten Arbeiter-und-Bauern-Staates der Welt hatten die leitenden Organe der Komintern ihren Sitz. Hier allein konnten sie, vor den Zugriffen der Reaktion geschützt, sicher arbeiten. Die Kommunistische Internationale, die Vorhut der Arbeiterklasse, und die Sowjetunion, der Staat, in dem die Arbeiterklasse bereits die Macht ausübte, waren eng miteinander verbunden, denn beider Ziele stimmten überein. Beide kämpften für die Befreiung der internationalen Arbeiterklasse und der anderen Werktätigen von kapitalistischer Ausbeutung und Unterdrückung, für die nationale Befreiung und das Selbstbestimmungsrecht der kolonialen und abhängigen Länder, für die Verteidigung und Festigung des Sozialismus in der Sowjetunion, für den Sieg des Sozialismus in der ganzen Welt sowie für die Sicherung des Friedens, gegen Imperialismus, Militarismus, Faschismus und Krieg.

Das Verhältnis zwischen der Komintern und der Sowjetunion beruhte auf den Prinzipien des proletarischen Internationalismus. Einerseits wirkte die von den kommunistischen Parteien geführte internationale revolutionäre Arbeiterbewegung für die Verteidigung des Zentrums der antiimperialistischen, antimonopolistischen Befreiungsbewegung der ganzen Welt gegen die Attacken des Weltimperialismus und unterstützte den ersten sozialistischen Staat bei seinem friedlichen Aufbauwerk. Andererseits half der Arbeiter-und-Bauern-Staat in der Sowjetunion der internationalen Vereinigung der revolutionären Kräfte des Weltproletariats mit den ihm zur Verfügung stehenden Mitteln. Die Sowjetunion zu unterstützen – das entsprach den Interessen jeder einzelnen kommunistischen Partei. Je stärker die Sowjetmacht wurde, desto größer wurde die Anziehungskraft des Sozialismus, desto günstiger waren die Bedingungen für jede kommunistische Partei, die Werktätigen für den Kampf gegen Imperialismus und Faschismus zu gewinnen.

In der Kommunistischen Internationale galt das Leninsche Prinzip der kollektiven Beratung, Entscheidung und Leitung. Die Führungsgremien der Komintern setzten sich aus Vertretern verschiedener Parteien zusammen. Die Kommunistische Internationale war also ein kollektives Organ, in dem die einzelnen Parteien gleichberechtigt zusammenarbeiteten. Theoretische Erkenntnisse, strategische und taktische Überlegungen des Exekutivkomitees sowie die Beschlüsse der Komintern beruhten auf den Erfahrungen der einzelnen Parteien, wurden gewonnen durch die Verallgemeinerung dieser Erfahrungen. Die KPdSU hatte Rechte und Pflichten wie jedes andere Mitglied auch. Zugleich jedoch war sie auf Grund ihrer führenden Rolle in drei Revolutionen, ihrer Erkenntnisse, die sie im Kampf zum Sturz der imperialistischen Herrschaft und bei der Errichtung der Macht der Arbeiterklasse gewonnen hatte, die international erfahrenste Partei. Ihre Erkenntnisse hatten grundlegende Bedeutung für alle anderen Parteien, die sie brüderlich unterstützte. Die KPdSU war darüber hinaus die einzige Partei, die mit dem Aufbau des Sozialismus bereits praktisch die Ziele des Kommunistischen Manifestes zu verwirklichen begonnen hatte. Aus allem diesen resultierte ihr Einfluß in der Komintern, ihre Rolle als führende Kraft in der internationalen kommunistischen Bewegung, die auch durch den hervorragenden Anteil ihrer Vertreter bei der Vorbereitung des VII. Weltkongresses zum Ausdruck gekommen war.

An den Diskussionen auf dem VII. Weltkongreß beteiligten sich über 150 Delegierte. Eine Delegation der KPD, der 30 Mitglieder der Parteiführung sowie Funktionäre und Mitglieder illegaler Parteiorganisationen angehörten, nahm an der Arbeit des Kongresses teil. Im Mittelpunkt der Diskussionsbeiträge der deutschen Kommunisten standen Erfahrungen und Lehren des Kampfes gegen den Hitlerfaschismus. So behandelte Anton Ackermann am Beispiel der Berliner Parteiorganisation, wie es gelungen war, neue Formen und Methoden des antifaschistischen Kampfes, beispielsweise in den nazistischen Massenorganisationen, anzuwenden, die illegale mit der legalen Tätigkeit zu verbinden und dabei sektiererische Auffassungen in der Massenarbeit zu überwinden. Franz Dahlem legte dar, wie es die KPD unter den äußerst komplizierten Bedingungen im faschistischen Deutschland lernte, eine Politik zu entwickeln, die den Lebensinteressen breitester Volksschichten entsprach. Wilhelm Florin schilderte dem Kongreß das Bemühen der deutschen Kommunisten, gemeinsam mit Sozialdemokraten den antifaschistischen Kampf zu organisieren, und wie dieser Kampf von den rechten Führern im Emigrationsvorstand und ihnen folgenden Kräften sabotiert wurde. Er erklärte die Bereitschaft der KPD, mit allen zusammenzugehen, die den Sturz der Hitlerregierung erstrebten, und ein Bündnis mit allen Kräften und Organisationen zu schließen, die gewillt waren, sich in einer antifaschistischen Volksfront zu gemeinsamem Handeln zu vereinen.

Elli Schmidt berichtete über Erfahrungen der antifaschistischen Tätigkeit in der Arbeitsfront, besonders über den Aufbau illegaler Gruppen der freien Gewerkschaften und deren Aktivität. Den Weg, der in Deutschland beschritten werden mußte, um die Hitlerregierung zu stürzen, erläuterte Walter Ulbricht in seinem Diskussionsbeitrag. Er hob hervor, daß das kühne Auftreten Georgi Dimitroffs im Reichstagsbrandprozeß und die Erfahrungen der Arbeiterklasse und der Kommunistischen Partei vor allem Frankreichs der KPD geholfen hatten, solche Losungen und solche Formen illegaler und legaler Arbeit zu entwickeln, die mit dem Grad der Kampffähigkeit der Werktätigen übereinstimmten. Vertreter des KJVD, unter ihnen Kurt Siegmund, sprachen über das Ringen deutscher Jungkommunisten um die Aktionseinheit mit jungen Sozialdemokraten und über ihr Bemühen, größeren Einfluß unter der Arbeiterjugend zu gewinnen.[86]

Die Lehren, die die KPD aus dem Klassenkampf gegen den faschistischen deutschen Imperialismus und Militarismus gezogen hatte, wurden wie die anderer Parteien auf dem VII. Weltkongreß verallgemeinert und in seinen Beschlüssen verarbeitet. Jene Beschlüsse halfen der KPD, auf der Grundlage der vom Kongreß entwickelten Generallinie eine Politik auszuarbeiten, die den Bedingungen des Klassenkampfes in Deutschland voll entsprach.

Diese Aufgabe hatte die Brüsseler Parteikonferenz zu lösen. „Die Erfahrungen", erklärte der Vertreter der Komintern, das Mitglied des Präsidiums und des Sekretariats des EKKI, Palmiro Togliatti, auf der Konferenz, „die eure Partei vor und nach der Errichtung der faschistischen Diktatur gemacht hat, standen im Mittelpunkt des Kongresses. Um so verantwortlicher steht vor euch die Aufgabe, alle Voraussetzungen für die Durchführung der Beschlüsse des VII. Weltkongresses zu schaffen."[87] Die Konferenz, die ihrer historischen Bedeutung nach den Charakter eines Parteitags hatte, fand vom 3. bis 15. Oktober 1935 bei Moskau statt und wurde aus konspirativen Gründen Brüsseler Konferenz genannt. An ihr nahmen 38 stimmberechtigte Delegierte sowie einige Gastdelegierte, insgesamt etwa 45 bis 50 Kommunisten, teil. Darunter befanden sich Mitglieder des Zentralkomitees und des Politbüros, Vertreter illegaler Parteiorganisationen aus Deutschland, vor allem aus wichtigen Industriegebieten, und aus Emigrationsländern sowie Funktionäre von Massenorganisationen der KPD, unter anderen Alexander Abusch, Anton Ackermann, Franz Dahlem, Philipp Dengel, Wilhelm Florin, Richard Gladewitz, Walter Hähnel, Fritz Heckert, Erich Jungmann, Wilhelm Knöchel, Robert Lehmann, Paul Merker, Karl Mewis, Ulrich Osche, Wilhelm Pieck, Elli Schmidt, Emil Schmittinger, Hermann Schubert, Fritz Schulte, Sepp Schwab, Walter Trautzsch und Walter Ulbricht. Außer Palmiro Togliatti nahmen zeitweilig das Mitglied des Präsidiums und des Sekretariats des EKKI Dimitri Manuilski und einige Mitarbeiter des EKKI sowie Vertreter der kommunistischen Parteien Frankreichs, Englands und Chinas teil.

Nach seiner Eröffnungsrede, in der Wilhelm Pieck der ermordeten und der in Gefängnissen, Zuchthäusern und Konzentrationslagern schmachtenden Mitglieder und Funktionäre der KPD gedachte, und nach der Annahme der Tagesordnung gab er den Bericht des Politbüros „Erfahrungen und Lehren der deutschen Parteiarbeit im Zusammenhang mit den Beschlüssen des VII. Weltkongresses der Kommunistischen Internationale". Wilhelm Pieck analysierte die Lage in Deutschland, schätzte die Politik der KPD seit dem Beginn der Weltwirtschaftskrise ein und entwickelte, ausgehend von den Beschlüssen des VII. Weltkongresses, die Strategie und Taktik zum Sturz der faschistischen Diktatur.[88] Wilhelm Florin erstattete einen weiteren Bericht des Politbüros über „Die konkrete Anwendung der Beschlüsse des VII. Weltkongresses der Kommunistischen Internationale" und ging dabei besonders auf die Notwendigkeit ein, die Einheitsfront der Arbeiterklasse und die antifaschistische Volksfront aller Hitlergegner zu schaffen. Im Auftrage des Politbüros wurden vor dem Beginn der Diskussion drei Ergänzungsreferate gehalten, und zwar von Walter Ulbricht über die antifaschistische Tätigkeit in der Arbeitsfront und über den Wiederaufbau der freien Gewerkschaften, von Anton Ackermann über den Kampf der Partei um die werktätige Jugend und von Franz Dahlem über Parteiaufbau und Massenarbeit.

An der verantwortungsbewußt und kritisch geführten neuntägigen Diskussion[89] beteiligten sich 38 Delegierte mit 54 Beiträgen. Die Delegierten der illegalen Parteiorganisationen in Berlin, Bremen, Frankfurt (Main), Hamburg, in Oberschlesien, im Rhein-Ruhr-Gebiet, im Saargebiet und in Sachsen, die oft unter großen Gefahren und auf Umwegen in die Sowjetunion gekommen waren und überwiegend am VII. Weltkongreß teilgenommen hatten, legten ihre Erfahrungen bei der Organisierung des täglichen Kampfes gegen das Hitlerregime, bei der Zusammenarbeit mit Sozialdemokraten, Katholiken und anderen Hitlergegnern, beim Aufbau von Gruppen freier Gewerkschaften, bei der Ausnutzung legaler Möglichkeiten für den antifaschistischen Kampf sowie bei der Auseinandersetzung mit der faschistischen Ideologie dar und gingen auf die Ursachen für Fortschritte und Rückschläge im antifaschistischen Ringen der Partei ein. Sie berichteten, wie sich neue Formen und Methoden der Partei- und Massenarbeit herausgebildet hatten und wie schädlich sich das Festhalten an überholten Losungen und falschen Einschätzungen auf die Gewinnung anderer Hitlergegner für gemeinsame Aktionen auswirkte. So trugen die Delegierten aus dem Lande in hohem Maße dazu bei, sektiererische und dogmatische Auffassungen endgültig zu zerschlagen, und bekräftigten durch ihre Darlegungen, daß die in den Berichten und Ergänzungsreferaten der Mitglieder der Parteiführung gegebene Orientierung richtig war.

Die Brüsseler Konferenz stimmte den Beschlüssen des VII. Weltkongresses zu und begrüßte die Wahl Georgi Dimitroffs zum Generalsekretär des EKKI. Nüchtern schätzte die Konferenz die Lage in Deutschland ein. Sie ging davon aus, daß es der faschistischen Diktatur gelungen war, sich zu konsolidieren, einen großen Teil des deutschen Volkes ideologisch zu beeinflussen und für ihre Politik zu gewinnen. Nur durch erhöhte Anstrengungen der KPD und anderer Antifaschisten konnte die Unzufriedenheit bestimmter Schichten der Werktätigen mit einigen Auswirkungen der Politik des Naziregimes auf ihre Lage in antifaschistische Aktivität umgewandelt werden. Die Konferenz verwies darauf, daß wesentliche Teile der Arbeiterklasse die Hitlerregierung ablehnten – ohne daß das bereits in größeren wirksamen Aktionen zum Ausdruck kam – oder sich ihr gegenüber abwartend verhielten und daß es galt, diese Kräfte in den Kampf zu führen.

Als zentrale Aufgabe bezeichnete die Konferenz die Herstellung der Aktionseinheit der Arbeiterklasse. „Der Ausgangspunkt und der Hauptinhalt der Einheitsfront der Arbeiter ist der Kampf um die ständige Verteidigung ihrer unmittelbaren wirtschaftlichen und politischen Interessen, der Kampf um die Verbesserung ihrer Lohn- und Arbeitsbedingungen und gegen die faschistische Unterdrückung"[90], hieß es in der einstimmig angenommenen Resolution „Der neue Weg zum gemeinsamen Kampf aller Werktätigen für den Sturz der Hitlerdiktatur". Voraussetzung der Einheitsfront aller Teile der Arbeiterklasse sei die Aktionseinheit der KPD und der Sozialdemokratie, deren Lage sich verändert habe, da sie ebenfalls verfolgt und in eine Kampfstellung gegen das Hitlerregime gedrängt werde. Jedes Sektierertum gegenüber den Sozialdemokraten müsse überwunden, gleichzeitig aber auch jeder Versuch sozialdemokratischer Führer zur Verhinderung der Aktionseinheit bekämpft werden. Zu der von antifaschistischen Arbeitern in Deutschland, unter anderem auch von linken Sozialdemokraten, erhobenen Forderung, eine einheitliche Partei der Arbeiterklasse zu schaffen, die alle revolutionären Kräfte vereinigte, erklärte die Konferenz, daß die Voraussetzung für diese Vereinigung in der Aktionseinheit bestehe. Eine solche Partei werde ihre Aufgaben nur erfüllen, wenn sie die Notwendigkeit des revolutionären Sturzes der imperialistischen Herrschaft und die Errichtung der Diktatur des Proletariats anerkennt und wenn sie auf der Grundlage des demokratischen Zentralismus aufgebaut ist.

Die KPD bekannte sich zur Einheit der Gewerkschaften und forderte, auch künftig Gruppen freier Gewerkschaften in der Arbeitsfront zu bilden. Die Konferenz betonte, daß die antifaschistische Tätigkeit in den Massenorganisationen der Nazis nicht unterschätzt werden dürfe, weil es gerade hier möglich sei, die Werktätigen für die Durchsetzung ihrer täglichen Interessen zu mobilisieren. Georgi Dimitroff hatte auf dem VII. Weltkongreß diese Methode als die Taktik des „Trojanischen Pferdes" bezeichnet. Für besonders wichtig erklärte die Konferenz die Arbeit unter der werktätigen Jugend.

In der Schaffung der Volksfront, in einem umfassenden Bündnis aller werktätigen Hitlergegner, das besonders durch die Aktionseinheit der Arbeiterklasse gefördert würde, sah die Brüsseler Konferenz die Voraussetzung für den Sturz des faschistischen Regimes. „Wir Kommunisten wollen ... die antifaschistische Volksfront aller Werktätigen schaffen, wir wollen mit den verschiedensten Schichten und allen Organisationen des werktätigen Volkes dieses Kampfbündnis für den Sturz der faschistischen Diktatur schaffen, wir wollen ferner, daß die antifaschistische Volksfront die Aktivität der oppositionellen Gruppen der Bourgeoisie (in den Reihen der Deutschnationalen, der Reichswehr usw.) mit ihrem Kampfe verbindet. Alle der Hitlerdiktatur feindlichen Kräfte müssen für deren Sturz eingesetzt werden."[91]

Die Brüsseler Konferenz verurteilte die Kriegsvorbereitungen des deutschen Imperialismus. Sie forderte alle werktätigen Hitlergegner zur Unterstützung der Friedenspolitik der Sowjetunion auf, die der faschistischen Aggressionspolitik entgegenwirkte. „Deutschland braucht Frieden und Zusammenarbeit mit den anderen Völkern, braucht vor allem eine Verständigung mit der Sowjetunion"[92], erklärt die Konferenz in ihrer Resolution. Ihre im Manifest „An das werktätige deutsche Volk!" gegebene Orientierung auf den Kampf um den Frieden und die Durchsetzung demokratischer Forderungen, wie Organisations- und Versammlungsfreiheit, Freiheit der Presse und der Meinungsäußerung, des Glaubens und des Gewissens, der Kultur und Kunst, für ein „neues, freies Deutschland"[93] war geeignet, Hitlergegner unterschiedlicher politischer und weltanschaulicher Auffassungen zum gemeinsamen Kampf zusammenzuschließen.

Als nächstes strategisches Ziel bezeichnete die Brüsseler Konferenz — ausgehend von den Beschlüssen des VII. Weltkongresses — die Bildung einer Regierung der proletarischen Einheitsfront oder der antifaschistischen Volksfront nach dem Sturz des faschistischen Regimes. Sie charakterisierte eine solche Regierung als Koalition verschiedener demokratischer Kräfte, der Vertreter der Arbeiterklasse und anderer werktätiger Schichten sowie des antinazistisch gesinnten Bürgertums angehören sollten, die zum Sturz der Hitlerdiktatur eng zusammenarbeiten müßten. Eine solche Regierung könnte weder eine sozialistische Regierung sein, wenn auch die Arbeiterklasse auf sie entscheidenden Einfluß nehmen sollte, noch eine Wiederholung der Koalitionsregierungen der Weimarer Zeit darstellen. Sie müßte — wie die Konferenz betonte — im Interesse der Werktätigen entschiedene Maßnahmen gegen Faschismus und Reaktion, gegen die Großkapitalisten und Großagrarier durchführen. Das bedeutete, Grundlagen einer antifaschistischen, demokratischen Ordnung zu schaffen.

So zog die Parteikonferenz aus der Analyse des Kräfteverhältnisses der Klassen und des Bewußtseinsstandes der Werktätigen den Schluß, daß der Sturz der faschistischen Diktatur nicht durch den unmittelbaren Kampf für die Diktatur des Proletariats erfolgen könne. Im Ringen um die Festigung einer antifaschistischen, demokratischen Ordnung mußte die Arbeiterklasse mit ihren Verbündeten auf Grund ihrer eigenen Erfahrungen an den Kampf um die politische Macht, an die sozialistische Revolution herangeführt werden. Die Brüsseler Konferenz erklärte, daß die endgültige Befreiung der Werktätigen von Ausbeutung und Unterdrückung nur durch den Aufbau der sozialistischen Gesellschaftsordnung möglich ist.

Gestützt auf die Erfahrungen der internationalen kommunistischen Bewegung und die der KPD, besonders die Lehren des antifaschistischen Kampfes, arbeitete die Brüsseler Konferenz eine Politik aus, mit der die Leninsche Revolutionstheorie zum erstenmal vollständig auf die Bedingungen in Deutschland angewendet wurde.

**Tarnschriften mit Materialien
der Brüsseler Konferenz der KPD**
(Auswahl)

Philosophie, Leipzig [1936]: Bericht und Schlußwort Wilhelm Piecks,
  Resolution und Manifest der Konferenz
B. Zwilling: Hans Narr, Wien–Leipzig [1936]:
  Bericht Wilhelm Florins
Patrouille Schierstaedt. Selbsterzähltes aus französischer
  Gefangenschaft, Berlin 1935: Referat Franz Dahlems
H. Bach: Rechenkunststücke und mathematische Scherze,
  Reutlingen [1935]: Referat Walter Ulbrichts
E. Bechlingen: Kindermund. Allerhand Drolliges,
  Reutlingen [1936]: Referat Anton Ackermanns
Irene Bylett-Hauss: Das Bridge-Buch, Reutlingen [1936]:
  Aus Diskussionsbeiträgen der Delegierten
Wie unsere Kakteen richtig gepflegt werden müssen,
  Köln-Lindenthal [1936]: Resolution und Manifest der Konferenz

---

Dem auf der Brüsseler Konferenz gewählten Zentralkomitee gehörten 15 Mitglieder und 3 Kandidaten an. Wilhelm Pieck wurde für die Zeit der Haft Ernst Thälmanns Vorsitzender der Partei. Die Konferenz legte fest, daß die Parteiorganisationen vor allem in den Betrieben und faschistischen Massenorganisationen wirken sollten und ihre Organisationsform deren Struktur anpassen müßten. Gleichzeitig wurde beschlossen, an Stelle der schon 1934 verkleinerten Bezirke relativ kleine Gebiete und Gebietsleitungen zu schaffen. Sie sollten nur Verbindung zu einer übergeordneten Leitung, aber nicht untereinander haben. Als in den kommenden Jahren die Unterbezirke abgeschafft wurden, galt das gleiche auch für die Zellen und Gruppen der Partei. Da diese Festlegung jedoch nicht gleichzeitig überall in die Praxis umgesetzt werden konnte, gab es verschiedentlich auch weiterhin Bezirke und entsprechende Leitungen. Die Dezentralisierung der

Organisationsformen der Partei sollte deren Kader vor dem Zugriff der Gestapo schützen.

Auf der ersten ZK-Sitzung am 15. Oktober 1935 bildete das Politbüro eine operative Auslandsleitung, der die Mitglieder des Politbüros Franz Dahlem, Paul Merker, Walter Ulbricht als Leiter und die Kandidaten des Politbüros Anton Ackermann und Herbert Wehner angehörten. Wehner wurde nach einigen Monaten wegen Verletzung der Konspiration abberufen. Ihr Sitz befand sich bis September 1936 in Prag, von Oktober 1936 bis September 1939 in Paris. Ihre Mitglieder kamen regelmäßig mit den in Moskau tätigen Mitgliedern des Politbüros Wilhelm Florin, Fritz Heckert und Wilhelm Pieck zu Beratungen zusammen. Diese unterhielten vor allem die ständige Verbindung mit dem EKKI und den anderen Sektionen der Komintern, organisierten die Ausbildung von Kadern auf den Schulen der Komintern in der Sowjetunion und bereiteten ein Verbindungssystem zu den Parteiorganisationen in Deutschland vor, das auch im Kriegsfall funktionierte. Der operativen Auslandsleitung des Politbüros oblag die unmittelbare Anleitung der Parteiorganisationen in Deutschland und in der Emigration. Dazu gab sie ,,Die Rote Fahne", ,,Die Internationale" sowie andere Materialien heraus und stützte sich in ihrer Arbeit auf Abschnittsleitungen, die Ende 1935, Anfang 1936 in den an Deutschland angrenzenden Ländern geschaffen wurden, da es vorläufig nicht möglich war, in Deutschland selbst eine operative Leitung zu bilden.

Seit Herbst 1935 hatten Wilhelm Firl und Martin Hoffmann als ,,Verbindungsstelle im Lande"[94] von Berlin aus im Auftrage der operativen Auslandsleitung Parteiorganisationen in einigen Gebieten angeleitet. Im Januar 1936 jedoch verhaftete die Gestapo Wilhelm Firl; anderthalb Jahre später wurde er hingerichtet. Die Abschnittsleitungen waren Organe der Parteiführung zur Anleitung der Bezirke beziehungsweise Gebiete und der Parteiorganisationen. Die Grenzarbeit und die Zusammenfassung und Anleitung der kommunistischen Emigranten, bisher von den Grenzstützpunkten geleitet, wurden nun getrennt. An Stelle dieser Stützpunkte entstanden mit gleichem Aufgabenbereich Grenzabschnittsleitungen, die den Abschnittsleitungen beigeordnet waren. Für die kommunistischen Emigranten wurden besondere, der operativen Auslandsleitung des Politbüros unterstellte Leitungen geschaffen.

**Die Abschnittsleitungen der ZK der KPD
und ihr Anleitungsbereich 1935/1936–1939**

Mitte, Sitz Prag, seit November 1938 Malmö und Göteborg:
  Berlin, Brandenburg, Magdeburg, Niedersachsen,
  Sachsen, Schlesien, Thüringen
Nord, Sitz Kopenhagen: Bremen, Danzig, Hamburg, Königsberg,
  Mecklenburg, Schleswig-Holstein, Stettin
West, Sitz Amsterdam: Niederrhein, Ruhrgebiet, Westfalen
Südwest, Sitz Brüssel: Mittelrhein, Südwestdeutschland, vor allem
  Aachen, Idar-Oberstein, Koblenz, Köln, Trier und der Wester-
  wald
Saargebiet, Sitz Paris: Saargebiet, Saarpfalz
Süd, Sitz Zürich: Baden, Bayern, Württemberg

Die Abschnittsleitungen wirkten bis in die ersten Monate des zweiten Weltkrieges. Ihnen gehörten drei bis fünf Funktionäre an, die sich in ihrer Arbeit auf politische Mitarbeiter, Instrukteure und Kuriere stützten. Etwa 50 Instrukteure der Abschnittsleitungen fuhren bis zum Sommer 1939 regelmäßig illegal nach Deutschland. Sie überbrachten und erläuterten den Parteiorganisationen die Beschlüsse und Direktiven der Führung, halfen, neue Parteigruppen und -organisationen aufzubauen sowie neue Verbindungen herzustellen, und unterstützten die Organisierung von Widerstandsaktionen.

Die Brüsseler Konferenz hatte Beschlüsse gefaßt, die die Richtlinie für den weiteren Kampf der KPD gegen die faschistische Diktatur und die durch den deutschen Imperialismus heraufbeschworene Kriegsgefahr darstellten. Die Konferenz hatte ein Programm ausgearbeitet, das die Möglichkeit gab, alle Hitlergegner zusammenzufassen und im gemeinsamen Ringen die Voraussetzungen für ein Deutschland des Friedens, der Demokratie und des sozialen Fortschritts zu schaffen. Ein solches realistisches Programm besaß allein die KPD.

129

Der Kampf
der deutschen
antifaschistischen
Widerstands-
bewegung gegen die
beschleunigte
Kriegsvorbereitung
des deutschen
Imperialismus
und für den Sturz
des faschistischen
Regimes

1936
bis Sommer 1939

Die weitere Verschärfung des faschistischen Terrors und die Lage der Werktätigen

In der zweiten Hälfte der dreißiger Jahre trieb das faschistische Regime die Kriegsvorbereitungen schnell voran. Die Wehrmacht wurde mit modernen Waffen ausgestattet, ihr Kaderbestand erweitert. Die Militarisierung der Wirtschaft, aus der das Monopolkapital hohe Gewinne zog, wie die des gesamten gesellschaftlichen Lebens entwickelte sich rasch. Der staatsmonopolistische Kapitalismus trat in eine neue Phase. Neben die im November 1934 geschaffenen Reichsgruppen traten 1936 als neues staatsmonopolistisches Regulierungs-

---

Aus der Denkschrift des IG-Farben-Konzerns für den Rüstungsbeirat des Reichswehrministeriums vom März 1935 über die Vorbereitung der Industrie auf den Krieg

„Wenn man sich nicht nur an die im Kriege unter dem Zwange der Not entstandene Organisationsform anlehnen will, sondern wenn man darauf ausgeht, die gesamten produktiven Kräfte auf weite Sicht vorbereitend einem einheitlichen Zweck unterzuordnen, so heißt dies – naturgemäß unter Benutzung der im Kriege gesammelten Erfahrungen – eine wehrwirtschaftliche Neuorganisation zu schaffen, die den letzten Mann und die letzte Frau, die letzte Produktionseinrichtung und Maschine sowie den letzten Rohstoff der Erzeugung von kriegswichtigen Produkten zuführt und alle Arbeitskräfte, Produktionseinrichtungen und Rohstoffe in einem straff militärisch geführten wirtschaftlichen Organismus eingliedert."[1]

instrument die von Göring geleiteten Behörden des sogenannten Vierjahresplanes. Die Ausarbeitung dieses Planes war von der monopolkapitalistischen Gruppierung um den IG-Farben-Konzern wesentlich beeinflußt worden; er diente der forcierten Aufrüstung.

So entstanden Voraussetzungen dafür, daß der ökonomisch und militärisch bedeutend gestärkte deutsche Imperialismus – begünstigt durch die fördernde Haltung der Westmächte – zu offenen Aggressionen übergehen konnte. In seiner Kriegszielplanung stand der Überfall auf Österreich und die ČSR an erster Stelle. Durch die Aggression sollten günstige Ausgangspositionen für den Kampf um die Weltherrschaft gewonnen und auch Schwierigkeiten vor allem in der Rohstoffversorgung überwunden werden, um die weitere Rüstung zu gewährleisten.

Entwicklung der Industrieproduktion
(1929 = 100)

	Deutschland	USA	Groß-britannien	Frankreich
1932	53	54	83	72
1936	103	88	116	78
1938	126	72	115	76

Zur Absicherung der Expansion verschärfte das faschistische Regime den Terror. Im Juni 1936 führte es weitere Maßnahmen zur Zusammenfassung der Polizeikräfte und zur Erhöhung ihrer Einsatzbereitschaft gegen die Hitlergegner durch. Die staatlichen und kommunalen Polizeiorgane wurden reorganisiert und mit ihrer Unterstellung unter Heinrich Himmler als „Reichsführer SS und Chef der deutschen Polizei" zentralisiert. In der zweiten Hälfte der dreißiger Jahre löste das Regime, das schon im Juli 1934 die Konzentrationslager der SS unterstellt hatte, viele kleine Lager auf und richtete größere ein, um eine wachsende Zahl politischer Gegner niederhalten, ausbeuten und vernichten zu können. Mit dieser Maßnahme wurden zugleich Möglichkeiten geschaffen, Antifaschisten aus den Ländern, die überfallen werden sollten, zu isolieren und auszurotten.

In diesen Jahren verstärkte das Hitlerregime seine Terrormaßnahmen auch gegen Katholiken und jene Protestanten, die der Bekennenden Kirche folgten, die zu der mit dem Faschismus paktierenden evangelischen Staatskirche in Opposition stand. Katholische Jugendorganisationen und die katholischen Arbeitervereine wurden verboten, die katholische Presse behindert, theologische Fakultäten geschlossen, Geistliche beider Konfessionen wegen Verteidigung ihrer religiösen Bekenntnisfreiheit verhaftet.

Vielfältige Zwangsmethoden sollten dazu dienen, die Wehrmacht „einsatzfähig" und die Wirtschaft „kriegsfähig"[2] zu machen, wie es Hitler im Sommer 1936 als Ziel des sogenannten Vierjahresplans bezeichnet hatte. In seiner auf die Vorarbeiten von Monopolherren gestützten Denkschrift zu diesem Plan hatte er von einem unvermeidlichen europäischen Krieg und vom Kreuzzug gegen den Bolschewismus gesprochen, für den alle Maßnahmen getroffen werden müßten. Seit 1935 erfaßte der faschistische Staat durch die Einführung obligatorischer Arbeitsbücher alle Arbeiter, um sie als „Soldaten der Arbeit" für die forcierte Aufrüstung einzusetzen. Beschäftigten in nicht kriegswichtigen Betrieben, wie Textilarbeitern, wurde 1937 die Arbeitslosenunterstützung gestrichen, um sie zur Arbeitsaufnahme in der Rüstungsindustrie zu zwingen. Wesentlich erhöhte sich die Konzentration der Arbeitskräfte in Großbetrieben: ihre Zahl verdoppelte sich. Fast jeder vierte berufstätige Deutsche war 1939 in einem Großbetrieb beschäftigt; 1933 waren es von 100 etwa 9. Rund eine Million Frauen wurde bis 1938 in den Rüstungsprozeß einbezogen. Die faschistische Regierung schuf im gleichen

Ausgaben des Hitlerregimes für die Kriegsvorbereitung (in Milliarden RM)		**Anzahl der Heeresdivisionen**
1933	3	10
1934	5,5	24
1935	10	29
1936	12,5	39
1937	16	39
1938	27	51
1939	37	51

Jahr die gesetzliche Grundlage für den allgemeinen Arbeitszwang zur Kriegsvorbereitung. Einschneidende Maßnahmen zur Bindung an den Arbeitsplatz, brutale Überwachung und Bespitzelung im Betrieb sowie verschärfte Ausbeutung sollten die Arbeiterklasse zusätzlich knebeln und dem Monopolkapital noch stärker unterwerfen.

Die verschärfte Ausbeutung kam beispielsweise darin zum Ausdruck, daß die Prokopfleistung der Arbeiter in der Produktionsgüterindustrie zwischen 1932 und 1936 um 24 Prozent wuchs. Der Arbeitstag in der Industrie betrug in der zweiten Hälfte der dreißiger Jahre durchschnittlich neun Stunden. Mit Beginn des Jahres 1939 erhielten die Unternehmer das Recht, die Arbeitszeit auf 10 bis 14 Stunden zu verlängern. Die Intensität der Arbeit – vor allem in der Rüstungsindustrie – wurde durch verschiedene Antreibermethoden erhöht; dadurch stieg die Zahl der Unfälle auf 1,79 Millionen im Jahre 1937 an, aber die Entschädigungssummen für Unfälle sanken – verglichen mit 1932 – auf die Hälfte. Überhaupt wurden die Leistungen der Sozialversicherung erheblich reduziert.

Trotz geringfügigen Steigens des Bruttolohnes lagen die Reallöhne 1937/1938 etwa auf dem Niveau des Jahres 1928, während sich von 1932 bis 1939 der Reingewinn beispielsweise des IG-Farben-Konzerns verfünffachte. Die seit 1936 nicht zu befriedigende kaufkräftige Nachfrage suchten die Faschisten durch Zwangsabzüge vom Lohn für Arbeitsfront, Winterhilfswerk, Luftschutz usw. „auszugleichen". Der zunehmende Mangel an Facharbeitern veranlaßte die Konzerne, gewisse Vergünstigungen einzuführen, wie Überstundenzuschläge, Unterstützungen für Krankheit, Unfall und Ausbildung, gleichzeitig sollten auf diese Weise bestimmte Schichten der Arbeiterklasse bestochen werden.

Auch in der Landwirtschaft verstärkte sich die Reglementierung. 1936 wurden Geld- und Gefängnisstrafen für die Nichteinhaltung der Zwangsablieferung von Milch zu festgesetzten Preisen eingeführt. In die Zwangsablieferung von Weizen und Roggen wurde die von Gerste und Hafer einbezogen. Das Einkommen der Bauern insgesamt stieg bis 1935 um 17 Prozent, blieb aber dann konstant. Von den Mittelbauern vermochten sich besonders Erbhofbauern zu Großbauern zu entwickeln. Nach dem Erbhofgesetz vom September 1933 konnten Betriebe zwischen 7,5 und 125 Hektar zu Erbhöfen erklärt werden – bis 1938 waren es 685 000 –, die nicht verkauft, nur einem Sohn vererbt und nicht mit Schulden belastet werden durften und die auch einen gewissen Schutz vor Pfändungen genossen. Die meisten Erbhöfe besaßen 10 bis 75 Hektar. 1938 machte ihr Anteil am Boden 37 Prozent aus. Sie verfügten über einen hohen Viehbestand und beschäftigten eine relativ große Zahl von Lohnarbeitern.

Vor allem Großgrundbesitzer, Großbauern und stärkere Mittelbauern hatten viele materielle Vorteile. Die Verschuldung der großen Wirtschaften verminderte sich bis 1938 um 18,6 Prozent, die der Höfe unter 7,5 Hektar nur um 9,8 Prozent. Das Steuersystem war so gestaltet, daß die kleinen und mittleren Bauern die größte Last zu tragen hatten. Die Grundsteuer zum Beispiel betrug – umgerechnet auf den Hektar landwirtschaftlicher Fläche – in den kapitalistischen Wirtschaften die Hälfte des Betrages, den die Kleinbetriebe zu entrichten hatten. Die Zahl der in der Land- und Forstwirtschaft Beschäftigten verringerte sich zwischen 1933 und 1939 um mehr als eine Million. Vor allem Landarbeiter, deren Lohn weit unter dem der Industriearbeiter lag, zogen in die Stadt, um in der Industrie bessere Verdienst- und Lebensmöglichkeiten zu suchen. Für die großen Landwirtschaftsbetriebe war der Einsatz des Arbeitsdienstes und der 160 000 bis 200 000 Jugendlichen, die zur staatlich verfügten „Landhilfe" beordert wurden, eine bedeutende Unterstützung. Der Lebensstandard der kleinen und auch mittlerer Bauern verschlechterte sich, verglichen mit der Zeit der Agrarkrise Ende der zwanziger, Anfang der dreißiger Jahre. Ihre Viehbestände verminderten sich. Von 1933 bis 1939 verringerte sich die Zahl der Wirtschaften zwischen 2 und 5 Hektar um rund 46 000, die landwirtschaftliche Nutzfläche um 127 000 Hektar.

Die Lage der städtischen Mittelschichten war ebenso wie die der Arbeiterklasse durch steigende Lebenshaltungskosten und wiederholt erhöhte Steuern – sie wuchsen von 1933 bis 1939 um etwa das Zweieinhalbfache – gekennzeichnet.

Da die faschistische Regierung den Import von Nahrungsmitteln zugunsten rüstungswichtiger Rohstoffe stark ein-

Index der Lebenshaltungskosten (1913/14 = 100)	Produktion von Produktions- und Konsumtionsmitteln (1928 = 100)	
1933 118,0	54	83
1934 121,1	77	93
1935 123,0	99	91
1936 124,5	113	98
1937 125,1	126	103
1938 125,6	136	107
1939 126,2	143	112

schränkte, mangelte es zeitweilig an Butter, Eiern und Brotgetreide. Seit 1936 gab es Kundeneintragungen für den Bezug von Butter; ab März 1937 wurde der Butterverbrauch begrenzt. Die Nahrungsmittelkosten erhöhten sich zwischen 1933 und 1938 um 19,5 Prozent. Da die Konsumgüterindustrie in ihrer Entwicklung erheblich hinter der Rüstungsindustrie zurückblieb – das Produktionsniveau der Konsumgüterindustrie lag 1935 10 Prozent unter dem des Jahres 1928 – und auch in wesentlich geringerem Maße mit Rohstoffen versorgt wurde, sank das Angebot an Waren für den Bevölkerungsbedarf, deren Qualität sich zudem verschlechterte.

Infolge der Aufrüstung machte sich für Handwerker und Gewerbetreibende der Mangel an Arbeitskräften, Material und Rohstoffen besonders nachteilig spürbar. Etwa 700 000 von ihnen suchten bis 1939 einen neuen Lebensunterhalt in der Industrie. Sie vergrößerten das Industrieproletariat und veränderten dessen soziale Struktur. So entstand ein günstigerer Boden für die Verbreitung der faschistischen Ideologie gerade in dieser Schicht der Arbeiterklasse, denn viele dieser Handwerker und Gewerbetreibenden waren aktive Anhänger des Naziregimes. War die Zahl der Handwerksbetriebe bis 1936 um 18,4 Prozent gestiegen, so verringerte sie sich zwischen 1936 und 1939 um 11 Prozent. Fast 133 000 Handwerker schlossen von 1937 bis 1939 ihre Betriebe. Die von den Faschisten als „Auskämmung des Handwerks" bezeichnete Aktion im Februar 1939 zwang Zehntausende zur Arbeit in der Rüstungsindustrie. Auch viele Einzelhändler wurden ruiniert und in die Industrie gepreßt. Das gleiche galt für zahlreiche Musiker, Artisten und Tänzer, denen die Hitlerregierung die Ausübung ihres Berufs verbot. Der Anteil der Angestellten und Beamten an der Zahl der Beschäftigten erhöhte sich von 1933 bis 1939 von 18 auf 20 Prozent. Das faschistische Regime gewährte ihnen gewisse Vergünstigungen, beraubte die Angestellten aber des Rechts auf Wahl des Arbeitsplatzes.

Infolge von Rohstoff- und Arbeitskräftemangel machten auch kleine Unternehmer, vor allem in der Konsumgüterindustrie, bankrott. Viele wurden durch das Aktiengesellschaftsgesetz vom Oktober 1937 ruiniert, nach dem Gesellschaften mit einem Kapital unter 100 000 Mark aufgelöst werden mußten. Steigende Gewinne erzielten jene Betriebe, die für die Rüstungsmonopole arbeiteten. Einen Teil der kleinen Unternehmer und auch der Gewerbetreibenden sowie der Handwerker korrumpierte die faschistische Diktatur durch die Beteiligung an der „Arisierung" von Betrieben jüdischer Besitzer.

Mit der sogenannten Kristallnacht vom 9./10. November 1938 begann der Judenpogrom. 20 000 Juden wurden verhaftet, 7500 Geschäfte zerstört, Synagogen und jüdische Schulen gebrandschatzt. Der jüdischen Bevölkerung wurde auferlegt, ein „Sühnegeld" von einer Milliarde Mark zu zahlen. In der folgenden Zeit eigneten sich vor allem die Monopole – Krupp, Flick, Mannesmann, die Deutsche und die Dresdner Bank – jüdische Betriebe an. Verordnungen legten die Verwendung des jüdischen Vermögens und Besitzes für die Rüstung fest.

Die Terrormaßnahmen richteten sich jedoch nicht gegen die zionistischen Organisationen, die die „Jüdische Rundschau" herausgeben und im „Jüdischen Verlag" zwischen 1933 und 1939 Bücher von führenden Zionisten, unter anderem von David Ben Gurion und Chaim Weizmann, publizieren durften. 1937 vereinbarten Feivel Polkes, ein zionistischer Vertreter aus Palästina, und SS-Untersturmführer Adolf Eichmann vom Sicherheitsdienst, daß die deutschen Faschisten für die Übermittlung von Geheiminformationen und für die Unterstützung der Interessen des deutschen Imperialismus im Vorderen Orient durch den Zionismus einen „Druck dahingehend" ausüben würden, „daß sich" – wie es in der vom

SD angefertigten Aufzeichnung über die Gespräche hieß – „die aus Deutschland auswandernden Juden verpflichten, ausschließlich nach Palästina, nicht in irgendein anderes Land zu gehen. Eine solche Maßnahme liegt durchaus in deutschem Sinne und wird bereits durch Maßnahmen der Gestapo vorbereitet."[3]

Während Faschisten und Zionisten, die gleicherweise nationalistische Ziele verfolgten, zum beiderseitigen Vorteil zusammenarbeiteten, verschärfte das Hitlerregime die Zwangsbestimmungen für Juden. Bereits durch die „Nürnberger Gesetze" vom September 1935 waren Juden der staatsbürgerlichen Rechte beraubt worden. Nach der „Kristallnacht" durften sie beispielsweise kein Geschäft mehr besitzen, nicht als selbständige Handwerker arbeiten, nicht an Hochschulen und Krankenhäusern, als Betriebsleiter und leitende Angestellte tätig sein, keine öffentlichen Schulen besuchen, weder Theater noch Kino, Museum, Sportplatz und Bad betreten, keine Fahrerlaubnis besitzen. So zwangen die Faschisten die Juden aus dem öffentlichen und wirtschaftlichen Leben hinaus, begannen sie eine Massenverfolgung der jüdischen Bevölkerung, die schließlich in der Massenvernichtung endete.

Zusammenfassend ist festzustellen: In der zweiten Hälfte der dreißiger Jahre gestaltete sich die soziale Lage der Werktätigen widerspruchsvoll. Für bestimmte Schichten gab es gewisse materielle Verbesserungen. Insgesamt jedoch verschlechterte sich die Lage. Die Masse der Werktätigen, vor allem die Arbeiterklasse, hatte die Lasten der Aufrüstung zu tragen. In bestimmten Schichten entstand deshalb in diesen Jahren Unzufriedenheit. Das widerspiegelte sich auch in vielen Lageberichten der Gestapo. Anfang 1936 zum Beispiel stellte sie fest, daß in der Berliner Bevölkerung hinsichtlich der Stimmung „eine weitere Verschlechterung eingetreten ist … In ungünstigem Sinne wird die Stimmung der Berliner Bevölkerung nach wie vor in erster Linie durch die materielle Not beeinflußt."[4] Diese Unzufriedenheit vermochten die Faschisten jedoch zu dämpfen und abzufangen.

Als stabilisierende Faktoren für den Masseneinfluß des Regimes erwiesen sich die ins maßlose gesteigerte soziale Demagogie und chauvinistische Hetze, solche propagandistisch groß aufgemachten Maßnahmen wie die Zurückdrängung der Arbeitslosigkeit und „Kraft-durch-Freude"-Urlaubsreisen, an denen 1937/1938 11 Millionen Angestellte und Arbeiter beteiligt waren, und vor allem die außenpolitischen Erfolge, die die Hitlerregierung infolge der fördernden Haltung der Westmächte erzielen konnte. Diese suchten die Aggressivität des deutschen Imperialismus gegen die Sowjetunion zu lenken, machten deshalb immer wieder Konzessionen und unterstützten Hitlerdeutschland auf vielfältige Art; gleichzeitig hintertrieben sie das Bemühen der Sowjetunion um ein System kollektiver Sicherheit in Europa.

Das faschistische Regime hatte Anfang 1935 die Angliederung des Saargebiets an Deutschland erreicht; damit wurde auch das Rüstungspotential gestärkt. Das Abstimmungsergebnis (von 528005 abgegebenen Stimmen waren 477119 für den Anschluß an Deutschland) war durch den Terror der illegalen saarländischen SA gegen alle Antifaschisten und durch den Mißbrauch der nationalen Gefühle sowie die chauvinistische Hetze der Faschisten gegen den Versailler Vertrag erzielt worden. Imperialistische Kreise Großbritanniens und Frankreichs hatten die Angliederung begünstigt; für sie hatten sich deutsche Kirchenführer und rechte sozialdemokratische Führer ausgesprochen. Die Nazipresse hatte die „Rückkehr der Saar" als großen Erfolg gefeiert. Ein erneuter Bruch des Versailler Vertrages war – nach der Einführung der allgemeinen Wehrpflicht am 16. März 1935 – der Einmarsch der faschistischen Wehrmacht am 7. März 1936 in die entmilitarisierte Zone des Rheinlands; damit wurde gleichzeitig der Locarno-Vertrag gekündigt. Auch dieser aggressive Akt, der der Hitlerdiktatur zur chauvinistischen Verhetzung des deutschen Volkes diente und den sie als „Wiederherstellung der völligen Gleichberechtigung Deutschlands" ausgab, stieß auf keinerlei Gegenaktionen der Westmächte.

Als außenpolitische Erfolge konnte das faschistische Regime auch jene Verträge bezeichnen, die es in den Jahren 1934 bis 1936 abschloß, so den Nichtangriffsvertrag mit Polen, das Flottenabkommen mit Großbritannien und besonders den Antikominternpakt mit Japan, dem im November 1937 Italien beitrat. Dieser Pakt sah eine Koordinierung des Kampfes gegen die Sowjetunion, die Kommunistische Internationale und die internationale revolutionäre Arbeiterbewegung sowie – unter dem Vorwand der Bekämpfung der Komintern – die Einmischung in die Angelegenheiten anderer Staaten vor. In einem geheimen Zusatzabkommen wurde festgelegt, ohne gegenseitige Zustimmung keine Verträge mit der Sowjetunion abzuschließen, wenn sie dem Inhalt des Paktes widersprechen, und im Fall eines Krieges gegen die UdSSR gemeinsame Maßnahmen zu vereinbaren.

Vor allem jedoch gelang es dem faschistischen Regime, mit der Annexion Österreichs und tschechischen Territoriums 1938/1939 seinen Masseneinfluß zu festigen und die Mißstimmung in verschiedenen Bevölkerungskreisen zu beseitigen. Ein Ventil für die Unzufriedenheit waren auch die „Kristallnacht" und der ihr folgende Terror gegen die Juden. „Der Jude ist an allem schuld" – das suggerierten die Goebbelsschen Meinungsmacher besonders den Mittelschichten.

Offizielle Angaben über die soziale Struktur der Bevölkerung Mitte 1939	
Arbeiter	35 761 500
Angestellte	8 798 600
Beamte	4 762 900
Selbständige*	11 437 000
mithelfende Familienangehörige**	6 950 100

* Hier sind Kapitalisten, Bauern, Handwerker usw. zusammengefaßt.

** In der Landwirtschaft, im Handwerk usw.

Am standhaftesten gegenüber der faschistischen Diktatur erwiesen sich wesentliche Teile der Industriearbeiterschaft. Sie unterwarfen sich nicht dem Terror, dem ideologischen Druck und der sozialen Demagogie. Aus ihren Reihen kamen die bewußtesten antifaschistischen Kämpfer. Ein anderer Teil der Klasse lehnte zwar das Hitlerregime ab, resignierte jedoch und verfiel in Passivität – eine Folge des Terrors der Nazis, aber auch ein Ergebnis der destruktiven Politik der rechten sozialdemokratischen Führer. Dem Regime gelang es, in bestimmten Kreisen der Arbeiterschaft, besonders unter sozial bessergestellten Schichten und jungen Arbeitern, politisch-ideologisch Fuß zu fassen.

Gewisse wirtschaftliche Vorteile, vor allem jedoch die Demagogie der Faschisten, die eingewurzelte Vorurteile der Bauern ausnutzte – der „Blut-und-Boden"-Mythos und die „Volk-ohne-Raum"-Theorie, der „Bauernstand" als „völkisch-rassischer Urquell", als beispielhaft für das ganze Volk –, all das ließ vor allem Groß- und Mittelbauern zu begeisterten Anhängern des Naziregimes werden. Dazu hatte auch das Erbhofgesetz beigetragen. Die Erbhofbauern waren eine dem Regime hörige Schicht, der die meisten Funktionäre faschistischer Massenorganisationen auf dem Lande angehörten. Trotz zeitweiliger Unzufriedenheit in den dreißiger Jahren, die es vor allem bei Kleinbauern über bestimmte Maßnahmen des Staates gab, entschlossen sich nur ganz wenige Bauern zu antifaschistischen Handlungen.

Die nationale und soziale Demagogie wirkte besonders stark auf die städtischen Mittelschichten, deren Vertreter schon vor 1933 die Massenbasis der faschistischen Bewegung gebildet hatten. Vor allem Beamte und Angestellte waren eine feste Stütze des Regimes. Auch der Großteil der Intelligenz diente bedingungslos der Hitlerdiktatur. Jedoch kam aus dieser Schicht auch eine Anzahl von Widerstandskämpfern, die sich an der Seite antifaschistischer Arbeiter mutig und opferbereit für einen Ausweg aus Terrorherrschaft und Kriegsgefahr einsetzten.

Die Masse des deutschen Volkes erkannte nicht den Charakter der faschistischen Diktatur, glaubte den Naziparolen und durchschaute nicht die wahren Ziele der Politik des Hitlerregimes. Vielmehr identifizierte sie sich mit dessen öffentlich immer wieder und mit großem propagandistischem Aufwand erklärten Absichten, Frieden und Wohlstand für alle zu sichern, entsprachen diese doch den eigenen Wünschen und Hoffnungen, die in der Weimarer Republik enttäuscht worden waren und auf deren Erfüllung man nunmehr vertraute. Die übergroße Mehrheit des deutschen Volkes folgte dem faschistischen Regime, zum Teil begeistert, zum Teil abwartend und mit einer gewissen Skepsis, aber doch nicht ohne Sympathien für die „neue Ordnung", die scheinbar Arbeit für alle und soziale Sicherheit, innere Ruhe und äußeren Frieden brachte. 143

Der antifaschistische Kampf der KPD und der mit ihr verbündeten sozialdemokratischen, gewerkschaftlichen, kleinbürgerlichen und bürgerlichen Kräfte 1936–1938. Das Ringen der KPD um die Schaffung der antifaschistischen Einheitsfront und Volksfront

Gemeinsame Aktionen der Arbeiter

In Stellungnahmen, die sie an die Führung der KPD richteten, begrüßten Parteiorganisationen in vielen Gebieten Deutschlands die Beschlüsse des VII. Weltkongresses der Kommunistischen Internationale und der Brüsseler Konferenz der KPD, die in illegalen Presseorganen der KPD, als Tarnbroschüren und über den Moskauer Rundfunk verbreitet wurden. Die Kommunisten in Deutschland erklärten ihre Entschlossenheit, ihre ganze Kraft für die Verwirklichung der auf diesen Beratungen ausgearbeiteten politischen Linie einzusetzen. Vor allem suchten die Parteiorganisationen die Kampfgemeinschaft mit einzelnen Sozialdemokraten und mit sozialdemokratischen Gruppen zu festigen oder herzustellen. Die Beschlüsse des VII. Weltkongresses hatten bei einigen Sozialdemokraten ein Umdenken bewirkt und ihre Bereitschaft zum gemeinsamen Kampf gefördert.

Anläßlich der für den 29. März 1936 angesetzten sogenannten Neuwahl des Reichstags, die der Weltöffentlichkeit die Zustimmung des deutschen Volkes zur faschistischen Politik vortäuschen sollte, wandten sich in Berlin Kommunisten, Sozialdemokraten und Gewerkschafter in einem Aufruf an die Werktätigen. In ihm hieß es: ,,Die Beispiele in anderen Ländern, Frankreich, Spanien, haben uns Sozialdemokraten, Kommunisten und Gewerkschaftern gezeigt, daß nur die gemeinsame

Zusammenarbeit und der gemeinsame Kampf gegen das Hitlerregime erfolgreich sein kann ... In diesem Sinne fordern Sozialdemokraten, Kommunisten und Freigewerkschafter Berlins Euch auf, die Einheit bei der ‚Wahl' am 29. März durch ein einheitliches Nein gegen Hitler zu dokumentieren!"[5]

Auch in anderen Städten erfolgte eine umfangreiche antifaschistische Agitation anläßlich dieser „Wahl". Die Kommunisten verteilten unter anderem einen Aufruf des Zentralkomitees zur „Reichstagswahl", in dem die Führung der KPD feststellte: „Hitler lügt, wenn er sagt, es geht um die Sicherung einer langen Periode des Friedens. Unter seinem Regime wurde Deutschland in ein waffenstarrendes Kriegslager verwandelt."[6] Die Führung der KPD verurteilte in diesem Aufruf den Einmarsch der Wehrmacht in die entmilitarisierte Zone des Rheinlandes und erklärte, die Faschisten würden danach streben, „freie Hand zu erhalten zum Kriege gegen das Land des wirklichen Sozialismus, gegen die Sowjetunion"[7]. Kommunisten und andere Antifaschisten fertigten anläßlich der „Wahl" Flugzettel und Plakate an und verbreiteten sie. Naziplakate wurden überklebt oder abgerissen. Vereinzelt riefen Sprechchöre am „Wahl"tag antifaschistische Losungen.

Während sich in verschiedenen Städten und Orten das Kampfbündnis von Kommunisten, Sozialdemokraten und Gewerkschaftern im täglichen Kampf entwickelte, hatte die Führung der KPD nach der Brüsseler Konferenz wiederum versucht, auch mit dem sozialdemokratischen Emigrationsvorstand ein Übereinkommen über gemeinsame Schritte gegen die Hitlerdiktatur zu erreichen. Am 23. November 1935 kamen Friedrich Stampfer und Hans Vogel vom Emigrationsvorstand mit Franz Dahlem und Walter Ulbricht vom ZK der KPD in Prag zusammen. Es stand der Vorschlag des Zentralkomitees zur Debatte, gemeinsame Maßnahmen gegen den faschistischen Terror und die Kriegspolitik des Hitlerregimes zu vereinbaren. Vogel und Stampfer lehnten jedoch — wie vorher vom Emigrationsvorstand beschlossen — den Vorschlag ab, mit der Begründung, daß dadurch bürgerliche Kräfte von der Sozialdemokratie abgestoßen werden könnten. Der Emigrationsvorstand wollte für Kreise der Großbourgeoisie und der

Generalität koalitionsfähig bleiben. Deshalb hatte er auch ein neues Angebot der Führung der KPD anläßlich der „Reichstagswahl" unbeantwortet gelassen. Dennoch führten Sozialdemokraten an der Seite der Kommunisten den antifaschistischen Kampf.

Eine besonders intensive Tätigkeit entfalteten die Organisationen der KPD und die mit ihnen kämpfenden Antifaschisten anläßlich der Olympiade im Sommer 1936 in Berlin, an der 7000 Sportler, Trainer und Betreuer, 75000 ausländische Gäste und 3000 Journalisten teilnahmen. Die Gestapo hatte eine Vielzahl von Maßnahmen eingeleitet, um gerade in diesen Tagen jede oppositionelle Regung gegen das faschistische Regime zu unterbinden und dadurch den Schein von der „Einheit des deutschen Volkes" und von den „friedlichen Absichten" des Regimes zu wahren. In Berlin verhaftete sie „vorbeugend" 800–900 Hitlergegner. Massenverhaftungen irgendwie „Verdächtiger" erfolgten auch in vielen anderen Städten, selbst Sportler wurden verhaftet. Die Post ausländischer Sportler, unter anderem aus Frankreich, Großbritannien, Kanada, den skandinavischen Staaten und den USA, wurde durch spezielle Kommandos der Gestapo bei den Postämtern kontrolliert. Im Zusammenhang mit der Mitteilung eines dieser Kommandos, daß die Post des amerikanischen Sprinters Jesse Owens überprüft werde, forderte der „Olympia-Dauerdienst" der Gestapo „festzustellen, ob noch weitere farbige Wettkämpfer als Sieger ausgezeichnet sind. Im bestehenden Fall ist die einlaufende Post dieser Sieger ebenfalls zu kontrollieren."[8]

Trotz dieser und weiterer Maßnahmen verstanden es Kommunisten, Sozialdemokraten und Gewerkschafter, viele antifaschistische Schriften zu verbreiten, beispielsweise „An die Olympiade-Teilnehmer und Olympiade-Gäste", ein im Abziehverfahren hergestelltes Flugblatt, unterschrieben mit „Die freien Gewerkschafter, Sozialdemokraten und Kommunisten Berlins"; die Flugblätter „Lieber Olympia-Gast" und „Ich rufe die Jugend der Welt" (letzteres war in Prag gedruckt und illegal nach Deutschland gebracht worden) sowie die Sondernummer der „Arbeiter-Illustrierten Zeitung" im Miniaturformat „Lernen Sie das schöne Deutschland kennen". In diesen Schriften entlarvten die Antifaschisten die Hitlerdiktatur als Terrorherrschaft und wiesen nach, daß sie den Krieg vorbereitete.

In Berlin wurde eine Anzahl von Hakenkreuzfahnen von Antifaschisten entfernt, zerschnitten und auf den Straßen zerstreut, in einzelnen Fällen öffentlich verbrannt. Anläßlich der Regatta brachten Antifaschisten in Treptow und Grünau gegen das Regime gerichtete Losungen an. Im internationalen Kanu-Zeltlager am Müggelsee verbreiteten sie Flugzettel. Sie entfernten Kabel, die zu Sportstätten gelegt worden waren. An verschiedenen Stellen Berlins verteilten sie Zettel mit der Aufschrift „Im Zeichen Olympias – Freiheit für Thälmann". Die Parteiorganisationen Berlins gaben für die deutsche Bevölkerung antifaschistische Zeitungen heraus, die sich mit der Olympiade und den Zielen befaßten, die das Regime mit ihr verfolgte. Deutschen Antifaschisten gelang es, persönliche Gespräche mit ausländischen Gästen zu führen und den Charakter der Hitlerdiktatur und das Wesen faschistischer Politik zu erläutern. Hervorragendes leistete dabei der Kommunist Werner Seelenbinder, Mitglied der deutschen Olympiamannschaft.

Gemeinsam setzten Kommunisten, Sozialdemokraten und Gewerkschafter in den Betrieben ihr Bemühen fort, Gruppen der freien Gewerkschaften aufzubauen, trotz der Zerschlagung vieler Gruppen im Jahre 1935 und der Massenprozesse gegen deren Mitglieder. So wurden beispielsweise 628 Gewerkschafter aus dem Gebiet von Wuppertal, Kommunisten, Sozialdemokraten, Parteilose und Christen, Anfang 1936 zu hohen Zuchthausstrafen verurteilt. Eine internationale Solidaritätsbewegung entstand: In den Niederlanden bildete sich ein Komitee, das die Unterstützung der Inhaftierten organisierte. Die Gewerkschaft der Pariser Metallarbeiter entsandte eine Delegation, die in Wuppertal für die deutschen Gewerkschafter eintrat. Niederländische und tschechoslowakische Arbeiter überbrachten mit Unterschriftslisten ihren Protest gegen den faschistischen Terror. Auch der Internationale Gewerkschaftsbund rief Mitte Januar 1936 zu Protestaktionen auf.

Zu diesem Zeitpunkt gab es in Berlin Gruppen freier Gewerkschaften in der Metall-, Bau-, Holz- und graphischen Industrie, bei der Reichsbahn und der BVG; in Westdeutschland arbeiteten solche Gruppen im Ruhrbergbau, unter Hafenarbeitern, Seeleuten und Binnenschiffern. An der Herausgabe illegaler Gewerkschaftszeitungen der Textil- und der Metallarbeiter in Sachsen und Schlesien wirkten Kommunisten und Sozialdemokraten gemeinsam mit.

Die KPD unterhielt auch mit einer Anzahl ehemaliger leitender sozialdemokratischer Gewerkschaftsfunktionäre Verbindung, beispielsweise mit dem Vorsitzenden des Verbandes der Gastwirtsangestellten, mit dem Sekretär der Eisenbahn-, Gemeinde- und Staatsarbeiter in Berlin, mit dem Sekretär des Metallarbeiterverbandes in Frankfurt (Main), mit dem Sekretär des Schuhmacherverbandes in der Pfalz. Im Frühjahr 1936 vereinbarte das Mitglied des Politbüros des ZK der KPD Franz Dahlem mit sozialdemokratischen Gewerkschaftsfunktionären eine Verstärkung der illegalen Arbeit im Ruhrgebiet. Der Sekretär des christlichen Bergarbeiterverbandes, Heinrich Imbusch, erklärte sich in Luxemburg gegenüber Franz Dahlem zur Zusammenarbeit mit Kommunisten und Sozialdemokraten und zum Aufbau einer illegalen einheitlichen Gewerkschaftsbewegung in Westdeutschland bereit. Jedoch rückte er noch 1936 von dieser Erklärung wieder ab und orientierte sich auf bürgerliche Hitlergegner. Die KPD suchte auch eine Verständigung mit der von emigrierten reformistischen Gewerkschaftsführern im August 1935 in der ČSR unter Leitung von Heinrich Schliestedt geschaffenen Auslandsvertretung der Deutschen Gewerkschaften. Diese lehnte aber ein Zusammengehen ab.

Im ersten Halbjahr 1936 bildeten in einigen Emigrationsländern Kommunisten und Sozialdemokraten gemeinsam Leitungen für illegal in Deutschland kämpfende Gruppen von Gewerkschaftern verschiedener Berufszweige. So kamen Vertreter illegaler freigewerkschaftlicher Bergarbeitergruppen vor allem aus dem Ruhr-, Wurm- und Saargebiet mit Unterstützung der französischen Bergarbeitergewerkschaft und der Berufsinternationale der Bergarbeiter am 23./24. Mai 1936 in Paris zusammen. Sie tauschten Erfahrungen über Methoden des antifaschistischen Kampfes aus und appellierten in einem Aufruf „An die deutschen Bergarbeiter", eine einheitliche Bergarbeiterbewegung zu schaffen und gegen den Faschismus bis zu dessen Vernichtung zu kämpfen.[9] Auf der Konferenz wurde der Arbeitsausschuß der freigewerkschaftlichen Bergarbeiter Deutschlands gebildet. Er sollte die Tätigkeit der verschiedenen Gruppen im Lande koordinieren. Ihm gehörten zwei kommunistische und zwei sozialdemokratische Gewerkschafter an, Wilhelm Knöchel und Hans Mugrauer sowie Richard Kirn und Franz Vogt. Sein Sitz befand sich in Amsterdam. Der Ausschuß richtete Grenzstellen für Sachsen und Schlesien in der ČSR, für das Saargebiet in Lothringen und für das Ruhr- und Wurmgebiet in Amsterdam ein. Er gab die Zeitung „Der Bergarbeiter – Organ der freigewerkschaftlichen Bergarbeiter Deutschlands" heraus.

Schlußfolgerungen aus dem gemeinsamen Kampf von Kommunisten, Sozialdemokraten und Gewerkschaftern zog die Führung der KPD auf der erweiterten Tagung des Politbüros Mitte Juni 1936 in Paris. In dem „Beschluß zur Wiederentfaltung der freigewerkschaftlichen Bewegung" wurden alle Kommunisten darauf orientiert, den Aufbau freigewerkschaftlicher Gruppen „als einen untrennbaren Bestandteil ihrer Arbeit zur Schaffung der Einheitsfront und der Volksfront"[10] zu betrachten. Es müsse gesichert werden, daß eine einheitliche Gewerkschaftsbewegung entstehe, in der Kommunisten und Sozialdemokraten, freie und christliche Gewerkschafter ihren Platz hätten. Die Führung der KPD empfahl, zunächst freigewerkschaftliche Vertrauensleute zu benennen und Freundeskreise freier Gewerkschafter in Betrieben und Orten sowie Gewerkschaftsleitungen zu schaffen. Deren Tätigkeit sollte sich sowohl gegen das Monopolkapital richten, um soziale Forderungen durchzusetzen, als auch der antifaschistischen Aufklärung der Belegschaften und der Auseinandersetzung mit der faschistischen Ideologie dienen. Zu diesem Zweck sollten die freien Gewerkschafter in den Betrieben auch Funktionen in der Arbeitsfront übernehmen. Für die emigrierten Gewerkschafter galt es, die Herausbildung einer freigewerkschaftlichen Bewegung in Deutschland moralisch und materiell zu unterstützen.

Von besonderer Bedeutung war, daß die Führung der KPD im Interesse der Schaffung einer einheitlichen Gewerkschaftsbewegung vorschlug, die illegalen gewerkschaftlichen Freundeskreise, Gruppen und Leitungen den Berufsinternationalen des Internationalen Gewerkschaftsbundes und der ADG anzuschließen. Während zum Beispiel im August 1936 zwei Vertreter des Arbeitsausschusses der freigewerkschaftlichen Bergarbeiter Deutschlands in das Exekutivkomitee der Bergarbeiter-Internationale aufgenommen wurden, verweigerte jedoch die ADG den Anschluß des Arbeitsausschusses, weil in ihm Kommunisten und Sozialdemokraten zusammenarbeiteten. So hemmte die ADG, die mit dem sozialdemokratischen Emigrationsvorstand in Prag eng verbunden war, die Entwicklung einer illegalen einheitlichen Gewerkschaftsbewegung im antifaschistischen Kampf.

An der Seite der Organisationen der KPD und der mit ihnen gemeinsam kämpfenden anderen Hitlergegner standen auch in den Jahren von 1936 bis 1938 junge Antifaschisten, vor allem aus der Arbeiterklasse. Zwischen Weihnachten und Silvester 1935 sowie zu Ostern 1936 informierten Funktionäre der KPD auf illegalen Treffen in den Grenzgebieten der ČSR, der Schweiz, Luxemburgs und Belgiens Mitglieder des KJVD, der SAJ, des SJV und junge Arbeitersportler über die Beschlüsse des VII. Weltkongresses der KI und der Brüsseler Konferenz der KPD.

Junge Kommunisten und Sozialdemokraten leisteten gemeinsam antifaschistische Arbeit in Sportvereinen. Sie halfen mit, Gruppen freier Gewerkschaften in der Arbeitsfront zu schaffen. Im Siemens-Konzern in Berlin beispielsweise bildeten Mitglieder des KJVD, der SAJ und des SJV ein Komitee zum Wiederaufbau von Jugendgruppen der freien Gewerkschaften. Gemeinsam gaben sie illegal eine Zeitung heraus. In Lübeck gründeten Mitglieder der Arbeiterjugendorganisationen sowie junge Gewerkschafter eine antifaschistische Widerstandsgruppe, die sich „Revolutionäre Arbeiterjugend" nannte und eine Zeitung sowie Flugblätter herausgab und verbreitete. Der Leitung gehörten je ein Vertreter des KJVD und der SAJ sowie ein junger Gewerkschafter an. Die Gruppe nahm Verbindung zu Antifaschisten in Eutin, Kiel, Oldesloe und einigen Orten in Westmecklenburg auf.

Zu einer Demonstration antifaschistischer Gemeinsamkeit von jungen Kommunisten und Katholiken wurde der im April 1937 vor dem „Volksgerichtshof" in Berlin durchgeführte Prozeß gegen Kaplan Josef Rossaint und weitere sechs katholische Jugendfunktionäre. Die Faschisten, die zunächst eingehend in ihrer Presse über diesen sogenannten Katholikenprozeß berichteten, konnten ihr Ziel nicht erreichen: Die Angeklagten sowie die aus Konzentrationslagern und Zuchthäusern als „Zeugen" herbeigeholten Kommunisten ließen sich nicht gegeneinander ausspielen. Sie nutzten vielmehr den Prozeß, um zum Widerstandskampf gegen die Kriegspolitik des Hitlerregimes aufzurufen. Josef Rossaint, der im Prozeß seiner Überzeugung Ausdruck gab, daß Faschismus Chaos bedeute, weil er zum Kriege führen würde, betonte, daß die Zusammenarbeit von Katholiken und Kommunisten für die Sicherung des Friedens sehr wohl mit den Lehren der katholischen Kirche vereinbar sei.[11]

Herbert Baum und andere Jungkommunisten jüdischer Herkunft arbeiteten in Berlin schon vor der Brüsseler Konferenz mit linksgerichteten Gruppen jüdischer Jugendorganisationen, die bis 1938 legal bestanden, zusammen. In der zweiten Hälfte der dreißiger Jahre bildeten sie Aktivs von Jungkommunisten in diesen Organisationen, um deren Mitglieder für den antifaschistischen Kampf zu gewinnen. Nach der Auflösung der jüdischen Jugendorganisationen faßten Herbert Baum und andere junge Kommunisten Mitglieder dieser Organisationen zusammen. Die so entstandene Widerstandsgruppe erhielt Anleitung von zwei Parteigruppen der KPD.

Anfänge der deutschen Volksfront

Nach der Brüsseler Konferenz verstärkte die KPD nicht nur ihr Bemühen, die Einheitsfront herzustellen, sondern war auch intensiv bestrebt, die antifaschistische Volksfront zu schaffen. Bereits anläßlich des internationalen Schriftstellerkongresses zur Verteidigung der Kultur vom 21. bis 25. Juni 1935 in Paris hatte Wilhelm Koenen im Auftrag der Führung der KPD versucht, eine Verständigung mit führenden Sozial-

151

demokraten und mit linksbürgerlichen Schriftstellern über ein gemeinsames Vorgehen gegen das Hitlerregime und über die Schaffung einer entsprechenden Organisation herbeizuführen. Im Sommer 1935 war von diesen Kräften in Paris ein Aktionsausschuß für Freiheit in Deutschland geschaffen worden, dem unter dem Vorsitz des Schriftstellers Rudolf Leonhard unter anderen Wilhelm Koenen, der ehemalige Vorsitzende der Reichstagsfraktion der SPD, Rudolf Breitscheid, der ehemalige Vorsitzende der SPD im Saargebiet, Max Braun, und die Schriftsteller Heinrich Mann und Lion Feuchtwanger angehörten.

Nach Diskussionen mit weiteren Hitlergegnern bildete sich unter Leitung Heinrich Manns ein aus sechs Hitlergegnern bestehender Vorbereitender Ausschuß für die Schaffung der Deutschen Volksfront. Ihr Einverständnis mit dem Ziel des Ausschusses – Zusammenfassung aller Hitlergegner – erklärten führende Sozialdemokraten wie Max Braun und Rudolf Breitscheid, Funktionäre der SAP, linksbürgerliche und bürgerliche Schriftsteller und Journalisten, Vertreter der Notgemeinschaft der deutschen Wissenschaft, des Deutschen Komitees gegen Krieg und Faschismus, der Vereinigung sozialistischer Ärzte, der Deutschen Sektion der Internationalen Juristischen Vereinigung und der Deutschen Sektion der Liga für Menschenrechte, unter anderen die Journalisten Georg Bernhard und Hellmut von Gerlach.

Imperialistische und rechtssozialdemokratische Historiker, beispielsweise in Großbritannien und der BRD, behaupten immer wieder, daß die KPD nach 1933 isoliert blieb, daß sie sich von anderen Hitlergegnern fernhielt und sie mit Verachtung betrachtete. Die marxistisch-leninistische Geschichtsschreibung in der DDR hat schon längst bewiesen, daß das nichts anderes als eine grobe Fälschung der historischen Wahrheit ist und die revolutionäre Partei der Arbeiterklasse diffamieren soll. Sowohl das Bemühen der KPD um die Zusammenarbeit mit den verschiedenen Kräften der Hitleropposition in der Emigration wie der gemeinsame Kampf der Partei mit Sozialdemokraten, parteilosen und christlichen Hitlergegnern aus der Arbeiterklasse, der Intelligenz und den städtischen Mittelschichten in Deutschland widerlegen diese Fälschungen.

Die KPD handelte immer nach dem Grundsatz, daß alle Kräfte der Hitleropposition zusammenwirken müßten, sollte das faschistische Regime gestürzt werden. Sie suchte dieses Zusammenwirken, das zu erreichen sie die Initiative ergriffen hatte, trotz aller Hindernisse stets zu sichern und zu erweitern. Sie ging davon aus, daß die Auswirkungen der aggressiven faschistischen Innen- und Außenpolitik in allen Bereichen des gesellschaftlichen Lebens, daß die gemeinsamen Interessen an der Wahrung des Friedens und der Wiederherstellung demokratischer Verhältnisse die objektive Grundlage für den Zusammenschluß der verschiedenen Kräfte seien und daß dieser die Aufgabe weltanschaulicher Positionen nicht erforderte. Ideologisch Trennendes mußte im Interesse des Kampfes für den Sturz der barbarischen Hitlerdiktatur zurückgestellt werden. Es war notwendig und auch möglich, sich auf gemeinsame Maßnahmen gegen den gemeinsamen Feind zu einigen.

Der Vorbereitende Ausschuß für die Schaffung der Deutschen Volksfront wandte sich in einem Aufruf, der im September 1935 als Flugblatt erschien, gegen die Durchführung der Olympiade 1936 in Berlin und beschloß Maßnahmen des Protestes gegen den faschistischen Terror an der Saar.[12] Vertreter der KPD verhandelten im August 1935 mit Erich Ollenhauer vom sozialdemokratischen Emigrationsvorstand in Prag über die Beteiligung des Vorstands am Vorbereitenden Ausschuß. Ollenhauer jedoch gab ausweichende beziehungsweise hinhaltende Antworten auf die kommunistischen Vorschläge.

Nach dem VII. Weltkongreß der Komintern verhandelten im Auftrag der Führung der KPD Wilhelm Koenen und Willi Münzenberg in Paris mit sozialdemokratischen Funktionären, wie Max Braun, Rudolf Breitscheid, Victor Schiff, und bürgerlichen Hitlergegnern, wie Georg Bernhard vom Verband Deutscher Journalisten in der Emigration und Leopold Schwarzschild, dem Herausgeber des in Paris erscheinenden „Neuen Tage-Buchs". Man einigte sich, eine größere Zusammenkunft einzuberufen, „auf der der allgemeine Plan einer Zusammenarbeit besprochen werden sollte"[13]. Diese Zusammenkunft fand am 26. September 1935 im Hotel „Lutetia" in Paris unter Leitung Heinrich Manns statt. Zu den

51 Teilnehmern gehörten 4 Kommunisten, 22 Sozialdemokraten einschließlich Vertreter der SAP und der Revolutionären Sozialisten sowie 25 bürgerliche Hitlergegner, unter anderen Wilhelm Koenen, Willi Münzenberg; Max Braun, Karl Höltermann, Emil Kirschmann, Kurt Rosenfeld, Victor Schiff, Alexander Schifrin; Wilhelm Abegg, Georg Bernhard, Felix Boenheim, Lion Feuchtwanger, Emil Julius Gumbel, Otto Lehmann-Rußbüldt. In dieser Beratung, in der sich zum erstenmal in größerer Zahl Hitlergegner verschiedener politischer Richtungen zusammenfanden, wurden die unterschiedlichsten Auffassungen und Pläne für den Kampf gegen das Hitlerregime und die Gestaltung des künftigen Deutschlands entwickelt und ein Büro unter Leitung Heinrich Manns gebildet, dem unter anderen Georg Bernhard, Max Braun, Emil Julius Gumbel, Otto Klepper, Willi Münzenberg und Leopold Schwarzschild angehörten und das weitere Beratungen im größeren Kreis organisieren sollte.

Auf der nächsten Zusammenkunft im Hotel „Lutetia" am 22. November 1935, an der 44 Hitlergegner teilnahmen, trat der Sozialdemokrat Victor Schiff für die Einheitsfront mit der KPD ein und widerlegte das Argument des sozialdemokratischen Emigrationsvorstandes, die Einheitsfront würde die Mittelschichten abstoßen. Der Vertreter der SAP, Paul Frölich, wandte sich gegen die Volksfrontpolitik der KPD und erklärte sich nur zu begrenzten Abmachungen in der Emigration, zum Beispiel über gemeinsame Spitzelabwehr, bereit. Ihm trat Erich Kuttner, ein nach Amsterdam emigrierter sozialdemokratischer Funktionär, entgegen. Auch katholische und andere bürgerliche Hitlergegner sprachen sich für die Zusammenarbeit der verschiedenen Kräfte der Hitleropposition aus. Beschlüsse faßte diese Tagung nicht, um Vertretern des sozialdemokratischen Emigrationsvorstandes die Teilnahme, auf die man noch immer rechnete, nicht zu erschweren. Rudolf Breitscheid verhielt sich, obwohl er seine Mitwirkung vorher zugesagt hatte, mit Rücksicht auf den Emigrationsvorstand noch abwartend. An beiden Zusammenkünften nahm er nicht teil.

Ein wichtiger Schritt zum gemeinsamen Auftreten gegen die Hitlerdiktatur war die Protesterklärung vom 18. Dezember

1935 gegen die Hinrichtung des Kommunisten Rudolf Claus[14].

die von Kommunisten und Sozialdemokraten, unter anderen von Hans Beimler, Philipp Dengel, Wilhelm Koenen und Max Braun, Rudolf Breitscheid, Emil Kirschmann sowie Victor Schiff, unterzeichnet wurde und der sich Heinrich Mann sowie verschiedene weitere Hitlergegner anschlossen.

Vor einer erneuten Zusammenkunft in größerem Kreis mußten Schwierigkeiten aus dem Weg geräumt werden, die darin bestanden, daß bürgerliche Kräfte der Lutetia-Zusammenkünfte als erstes Regierungsprogramme für die Zeit nach dem Sturz Hitlers ausgearbeitet wissen wollten, statt zunächst gemeinsame Schritte zur unmittelbaren Unterstützung des antifaschistischen Kampfes in Deutschland einzuleiten und Stellung zu brennenden Fragen dort zu nehmen, worauf die Führung der KPD drängte[15]. Hinzu kam, daß sozialdemokratische Funktionäre Vorbehalte gegen ein Zusammengehen mit bürgerlichen Hitlergegnern äußerten. Nur zum Teil konnten diese Schwierigkeiten beseitigt werden. Das widerspiegelte sich in den Debatten auf dem nächsten Treffen.

Die dritte Zusammenkunft verschiedener Antihitlerkräfte fand am 2. Februar 1936 in Paris mit rund 100 Teilnehmern statt, darunter 20 Kommunisten, 27 Sozialdemokraten, 3 Funktionäre der SAP, 1 Vertreter des ISK, 4 Katholiken und 37 Vertreter der bürgerlichen Opposition. Kommunisten und Sozialdemokraten hatten am Tage zuvor ihr Auftreten auf dieser Konferenz abgestimmt, das der Einleitung praktischer Schritte zur Unterstützung des Kampfes in Deutschland dienen sollte. Auf der Konferenz referierte Erich Kuttner über den Kampf um die Amnestie der politischen Gefangenen in Deutschland. Bei der Erörterung der Aufgaben der Volksfront kam es zu Auseinandersetzungen zwischen Sozialdemokraten und bürgerlichen Hitlergegnern über die Zusammenarbeit mit den Kommunisten und über ein Programm der Volksfront. In der Diskussion setzte sich auch Rudolf Breitscheid für ein gutes Verhältnis zwischen Kommunisten und Sozialdemokraten ein und wies die Angriffe Leopold Schwarzschilds zurück. Auch zwei Katholiken bezeichneten die Aktionseinheit der Arbeiter als Kernstück der Volksfront. Franz Dahlem betonte, daß es vordringlich um die Lösung nächster Aufgaben durch die gemeinsame Anstrengung der verschiedenen Antihitlerkräfte gehe.

In einem Appell riefen die Konferenzteilnehmer zur Hilfe für die Opfer der faschistischen Gewaltherrschaft auf und forderten Amnestie für alle eingekerkerten und verfolgten Hitlergegner. Die Teilnehmer veröffentlichten auch einen gemeinsamen Aufruf, der die „Wiederherstellung der elementarsten Menschenrechte"[16] verlangte und gerade angesichts der forcierten Kriegsvorbereitungen des faschistischen Regimes zum Zusammenschluß aller Hitlergegner für den Kampf um die Durchsetzung demokratischer Forderungen, beispielsweise für die Freiheit der Meinungsäußerung, der Forschung und der Lehre, des Glaubens und der Religionsausübung, aufforderte. Alle Kräfte, die die faschistische Diktatur ablehnten, sollten mithelfen, das deutsche Volk und „mit ihm die übrigen Länder und Völker vor der Austilgung durch einen neuen Weltkrieg zu bewahren"[17]. Der Aufruf enthielt allerdings noch keine klare Bestimmung der unmittelbaren Aufgaben und der Ziele der angestrebten Volksfront. Eine Kommission erhielt auf der Konferenz den Auftrag, eine Plattform zur Sammlung aller Oppositionsgruppen und ein Programm für die künftige Gestaltung Deutschlands auszuarbeiten.

Diese Konferenz war ein weiterer Schritt zur Sammlung der Hitlergegner in einer antifaschistischen Volksfront, vor allem zu einem engeren Zusammenwirken von Kommunisten und einigen führenden Sozialdemokraten, wie Rudolf Breitscheid, der sich auch in mehreren Veröffentlichungen für die Einheitsfront und die antifaschistische Volksfront einsetzte, während der sozialdemokratische Emigrationsvorstand noch während der Tagung diese Zusammenarbeit zu sprengen suchte und sich auch nicht an ihr beteiligte. Unmittelbar nach der Konferenz trafen kommunistische und sozialdemokratische Funktionäre in verschiedenen westlichen Grenzgebieten Vereinbarungen über die gemeinsame Unterstützung des antifaschistischen Kampfes in Deutschland und bildeten Hilfskomitees, zum Beispiel in Amsterdam und Strasbourg.

Seit März 1936 gaben Heinrich Mann, Rudolf Breitscheid, Max Braun und Bruno Frei als Pressekorrespondenz die „Deutschen Informationen" heraus. Sie erschienen dreimal wöchentlich mit Nachrichten über den faschistischen Terror, über die
allseitige Militarisierung und Kriegsvorbereitung durch das

Hitlerregime und über die Tätigkeit des Lutetia-Kreises und dann des Volksfrontausschusses. Neben dieser Korrespondenz erschienen die Mitte 1935 erstmals herausgegebenen „Mitteilungen der Deutschen Freiheitsbibliothek", die seit 1936 verstärkt für die Volksfront eintraten. Die Deutsche Freiheitsbibliothek war am 10. Mai 1934 – dem Jahrestag der faschistischen Bücherverbrennung – unter Leitung Heinrich Manns in Paris auf Anregung emigrierter deutscher Schriftsteller und mit Hilfe englischer, französischer und sowjetischer Schriftsteller gegründet worden, um antifaschistisches Schrift- und Archivgut zu sammeln. Sie veranstaltete wiederholt Ausstellungen über die deutsche antifaschistische Literatur.

Das Politbüro des ZK der KPD verpflichtete nach der Konferenz am 2. Februar die Kommunisten im Lutetia-Kreis, noch entschiedener darauf hinzuwirken, daß die verschiedenen Hitlergegner an der Schaffung der Volksfront in Deutschland selbst gemeinsam arbeiteten. Das Sekretariat des EKKI bezeichnete am 17. März die Konferenz des Lutetia-Kreises als bedeutsamen Schritt zur Zusammenfassung der deutschen Hitlergegner. Es empfahl der Führung der KPD, sich außer mit der Hauptfrage, wie die faschistische Diktatur zu stürzen sei, auch mit jener zu befassen, was nach Hitler kommen solle. Georgi Dimitroff schlug dem Politbüro vor, als Diskussionsgrundlage für den Lutetia-Kreis eine Plattform der Volksfront auszuarbeiten, und unterbreitete entsprechende Vorschläge.[18] Ausgangspunkt solle der Kampf gegen die Kriegsgefahr sein. Die Plattform müsse sowohl auf den Charakter des künftigen demokratischen Deutschlands eingehen wie auch auf die unmittelbaren Tagesforderungen der Werktätigen. Am 16. Mai 1936 betonte das Sekretariat des EKKI nach einem Bericht der Führung der KPD noch einmal, daß es notwendig sei, ein Bündnis mit allen Kräften herbeizuführen, die für ein demokratisches Deutschland eintreten.[19]

Vom engeren Zusammenwirken verschiedener Hitlergegner in der Emigration zeugte der am 24. Mai 1936 von Kommunisten, Sozialdemokraten, Mitgliedern der SAP, Vertretern der Intelligenz und des demokratischen Bürgertums herausgegebene Aufruf „Seid einig, einig gegen Hitler!", in dem der Einmarsch der Wehrmacht in die entmilitarisierte Zone des

Rheinlands im März 1936 verurteilt und festgestellt wurde:
„Hitlers Kriegspolitik führt das deutsche Volk in die Katastrophe. Einzig und allein das deutsche Volk selbst kann den Verbrechern in die Arme fallen, aber die entschlossenen Friedensfreunde aller Nationen können ihm helfen, das Unheil aufzuhalten."[20]

In der Kommission, die von der Februarkonferenz eingesetzt worden war, um ein Programm der Volksfront auszuarbeiten, kam es zu langwierigen Diskussionen über den Charakter dieses Dokuments sowie über das Wesen der Ordnung, die nach dem Sturz des faschistischen Regimes geschaffen werden sollte. Bürgerliche Hitlergegner erstrebten einen Staat nach dem Beispiel der Weimarer Republik. Einige Vertreter der SAP forderten die unmittelbare Errichtung der Diktatur des Proletariats. Deshalb ging die Führung der KPD in ihrem Vorschlag für die Volksfrontplattform besonders auf diese Frage ein. Die „Richtlinien für die Ausarbeitung einer politischen Plattform für die deutsche Volksfront" beschloß das Politbüro auf seiner erweiterten Tagung vom 10. bis 24. Juni 1936 in Paris, an der auch drei Funktionäre aus Deutschland teilnahmen. Das Dokument war vorher in mehreren Aussprachen Wilhelm Piecks mit sozialdemokratischen Funktionären, Anhängern der Revolutionären Sozialisten und Funktionären der SAP beraten worden; dabei hatte Rudolf Breitscheid mit Rücksicht auf den sozialdemokratischen Emigrationsvorstand Bedenken gegen eine Anzahl von Forderungen für den Kampf zum Sturz Hitlers geäußert. Wilhelm Pieck übergab die Richtlinien Heinrich Mann, dem Vorsitzenden des Ausschusses zur Vorbereitung einer deutschen Volksfront, wie sich seit dem 9. Juni 1936 der Lutetia-Kreis nannte. Heinrich Mann stimmte ihnen zu; sie wären geeignet, eine Plattform der deutschen Volksfront vorzubereiten.

In den Richtlinien erläuterte die KPD die Ziele der Volksfront: Erhaltung des Friedens, Erkämpfung der Freiheit und der Demokratie, Sicherung des Wohlstandes des schaffenden Volkes. Zugleich legte sie die Grundsätze des neuen deutschen Staates dar, der aus dem antifaschistischen Kampf hervorgehen würde. Sie erklärte, daß dieser Staat „eine demokratische Republik sein wird, in der das Volk frei über alle Fragen der

Wirtschaft, der Innen- und Außenpolitik des Landes entscheidet und die Regierung durch eine Entscheidung des werktätigen Volkes auf Grund des allgemeinen, gleichen, geheimen und direkten Wahlrechts bestimmt wird"[21]. Das Dokument enthielt die Grundzüge für die Gestaltung der einzelnen Bereiche des gesellschaftlichen Lebens in der demokratischen Republik, für die Außen- und Innenpolitik, für die Wirtschafts- und Sozialpolitik, für den Staatsapparat und das Bildungswesen, und forderte die Nationalisierung der Rüstungsindustrie sowie die Enteignung jener Großunternehmer und Großgrundbesitzer, die die Maßnahmen der demokratischen Regierung sabotieren würden.

In mehreren Sitzungen der Programmkommission wurden die Richtlinien diskutiert. Vor allem Vertreter der SAP wie Paul Frölich und Rosi Wolfstein lehnten sie ab und kritisierten sie von „linken Positionen" aus. Auch Vertreter der Revolutionären Sozialisten lehnten sie ab und erklärten die Schaffung der Einheitspartei der Arbeiterklasse für wichtiger als die Volksfront. So verhinderten diese Kräfte die Annahme der Richtlinien und überhaupt die Ausarbeitung eines Programms.

Auf seiner Sitzung im Juni 1936, derselben, in der die Richtlinien angenommen wurden, hatte das Politbüro des ZK der KPD die Lage in Deutschland eingeschätzt, Fragen der Strategie und Taktik, wie des Kampfes um die demokratische Republik, der Gewerkschaftsarbeit, des ideologischen Kampfes, der Verbindung zu Katholiken, sowie der Parteiarbeit erörtert. Es hatte den Aufruf „Für die Volksfront gegen die Kriegspolitik Hitlers, für die Erhaltung des Friedens und für ein demokratisches Deutschland" beschlossen, der in der „Roten Fahne" und in der „Rundschau" veröffentlicht wurde. In ihm begründete die Führung der KPD, warum der Kampf gegen die Kriegsvorbereitungen des faschistischen Regimes die Schaffung der Volksfront erforderlich machte und wie im Interesse der Werktätigen eine künftige deutsche demokratische Republik gestaltet werden sollte. „Ein solches gemeinsames Programm der demokratischen Republik", hieß es in dem Aufruf, „ist die Grundlage der Vereinigung aller Organisationen und Gruppen der Hitlergegner, auf der die Front aller friedens- und freiheitsliebenden Menschen in Deutschland den

159

täglichen Kampf aufnehmen kann. Es ermöglicht, über alle praktischen Fragen des Kampfes gegen Hitler eine Verständigung zu finden."[22] Außerdem faßte das Politbüro auf seiner Sitzung den „Beschluß zur Wiederentfaltung der freigewerkschaftlichen Bewegung" und nahm eine Resolution an, die der innerparteilichen Orientierung diente.

In ihr bezeichnete die Führung der KPD Frieden, Freiheit und Wohlstand für das deutsche Volk als Hauptlosung des antifaschistischen Kampfes. Gegenüber den Versuchen vor allem von Vertretern der SAP, die Volksfrontpolitik als Koalitionspolitik Weimarer Stils zu diskreditieren, stellte das Politbüro unter Hinweis auf die Erfahrungen der Volksfront in Frankreich und Spanien fest: „Durch die Volksfrontpolitik sollen die Massen im Kampfe für ihre unmittelbaren Interessen, für ihre materiellen Forderungen und für ihre Rechte gesammelt und auf Grund ihrer eigenen Erfahrungen an den Kampf für den Sturz der Hitlerregierung und für ein demokratisches Deutschland herangeführt werden. Daraus geht klar hervor, daß die Volksfrontpolitik keine Koalitionspolitik mit der Bourgeoisie, sondern eine wirklich revolutionäre Politik ist."[23]

Gegenüber den Behauptungen linker Sozialdemokraten, die Orientierung auf eine demokratische Republik stelle eine Absage an den Sozialismus dar, erklärte das Politbüro in dieser Resolution: „Nur im konsequenten Kampf für die Erhaltung des Friedens, für die Erringung demokratischer Freiheiten und Rechte, für die dringendsten wirtschaftlichen Interessen, der die breitesten Massen des Volkes zum Sturz der Hitlerdiktatur zusammenschließt, werden die Voraussetzungen geschaffen, die den Kampf für den Sozialismus möglich machen. Daher ist der Kampf für ein demokratisches Deutschland kein Hemmnis, sondern die Förderung des Kampfes der Arbeiterklasse zur Errichtung des Sozialismus."[24] Und im Aufruf „Für die Volksfront gegen die Kriegspolitik Hitlers, für die Erhaltung des Friedens und für ein demokratisches Deutschland" hieß es dazu: „Die demokratische Republik wird noch kein sozialistisches Deutschland sein, aber durch sie wird das deutsche Volk der faschistischen Barbarei und den faschistischen

160 Kriegsprovokationen ein gründliches Ende bereiten."[25]

Mit der Orientierung auf die Schaffung einer antifaschistischen, demokratischen Republik präzisierte die KPD das nächste strategische Ziel und zeichnete den Weg vor, auf dem die Arbeiterklasse ihre politische Macht erreichen konnte. Diskussionen über diesen Weg führten – ausgehend von den Beschlüssen des VII. Weltkongresses – zur gleichen Zeit auch andere kommunistische Parteien und die Leitungsorgane der Kommunistischen Internationale. So hatte Georgi Dimitroff Anfang Mai 1936 bei der Erörterung von Problemen des Klassenkampfes in Österreich es als Hauptaufgabe bezeichnet, die demokratische Republik zu erkämpfen. Bewußt rückten die Kommunisten die allgemeindemokratischen, antifaschistischen Aufgaben in den Vordergrund, ohne ihre Lösung von der sozialistischen Perspektive zu trennen.

Diese Problematik wurde auch am 18./19. September 1936 im Sekretariat des EKKI erörtert, als Georgi Dimitroff, Victorio Codovilla, Wilhelm Florin, Klement Gottwald, Otto Kuusinen, Dimitri Manuilski, Wilhelm Pieck und andere über die Entwicklung des Kampfes der Volksfrontkräfte in Spanien berieten. Dimitroff betonte, daß man angesichts der Existenz der Sowjetunion einerseits und der faschistischen Diktatur in einer Anzahl von Staaten andererseits nicht mehr in der gleichen Weise wie früher die bürgerlich-demokratische Republik betrachten dürfe. Die Republik, für die das spanische Volk kämpfe, werde keine demokratische Republik von altem Typ sein, sie wird „ein besonderer Staat mit einer echten Volksdemokratie sein. Das wird noch kein Sowjetstaat sein, aber ein antifaschistischer, linksgerichteter Staat, an dem der wirklich linksgerichtete Teil der Bourgeoisie beteiligt sein wird."[26]

Georgi Dimitroff wies darauf hin, daß Übergangsformen zum sozialistischen Staat entstehen würden. In der demokratischen Republik gehe es um die „Organisierung der Produktion, ohne endgültige Abschaffung des privatkapitalistischen Eigentums. Die Organisierung der Produktion unter Teilnahme und Kontrolle der Arbeiterklasse und ihrer Verbündeten im Kampf gegen den Faschismus, d.h. des Kleinbürgertums und der Bauernschaft. Theoretisch müßte man das vielleicht richtig als eine besondere Form der demokratischen Diktatur der Arbeiterklasse und der Bauernschaft in der gegenwärtigen Etappe bezeichnen."[27] Die Kommunisten erkannten, daß ein Regime „echter Volksdemokratie" keine selbständige Formation ist, sondern den Weg zur sozialistischen Entwicklung öffnet, wenn es sich stabilisiert und entfaltet. So wurden in dieser Zeit von der Komintern wichtige Fragen der Strategie und Taktik der kommunistischen Bewegung geklärt.

Die Führung der KPD hatte in ihrer auf der Junitagung angenommenen Resolution zur innerparteilichen Orientierung den Widerstand des sozialdemokratischen Emigrationsvorstandes gegen die Einheitsfront verurteilt, gleichzeitig aber ihre Bereitschaft bekundet, im Interesse der Einigung aller Hitlergegner auch weiterhin zu versuchen, eine Verständigung über einzelne Fragen herbeizuführen. Im Juli 1936 wandte sie sich in einem offenen Brief an alle Katholiken. Darin begrüßte sie den Kampf von Katholiken gegen die Anschläge der Faschisten auf ihre Kirche und warf die Frage auf, ob es nicht an der Zeit wäre, angesichts des gemeinsamen Interesses an der Schaffung demokratischer Verhältnisse ein gemeinsames Vorgehen von Kommunisten, Sozialdemokraten und Katholiken gegen das Hitlerregime herbeizuführen. „Wir sind überzeugt, daß durch persönlichen Meinungsaustausch zwischen Kommunisten und Katholiken, durch freundschaftliche Zusammenarbeit im Kampf gegen Hitler und auch durch öffentliche Diskussionen im Ausland über die Probleme der Bildung der deutschen Volksfront viel Mißtrauen und Voreingenommenheit überwunden werden kann."[28] Die Bildung der Volksfront „bedeutet keineswegs eine Behinderung der Katholiken in der Vertretung ihrer Weltanschauung, ihrer eigenen Meinung, ebensowenig wie das eine Behinderung der Propagierung unserer Weltanschauung bedeuten kann ... Wir wollen eine wirklich gleichberechtigte, vertrauensvolle Zusammenarbeit mit den Kräften der katholischen Bewegung."[29]

Besonderen Anteil an den Bemühungen um die weitere Einigung und praktische Zusammenarbeit der verschiedenen deutschen Hitlergegner hatte Heinrich Mann. Auch publizistisch wirkte er in diesem Sinne. Er erkannte in der Arbeiterklasse die führende Kraft im antifaschistischen Kampf und unterstützte die Initiative der Vertreter der KPD im Volksfrontausschuß, die Zusammenarbeit trotz Meinungsverschiedenheiten zu entwickeln. „Der Kampf wird zuerst von den Arbeitern geführt", schrieb Heinrich Mann Ende 1936. „Die Proletarier sind es allein, die das Regime ganz ergreift, ganz entrechtet, ganz zu seinem Raub und seiner Beute machen will."[30] Heinrich Mann fuhr fort: „Dann ist das Wichtigste getan, da die Einheitsfront der Arbeiter, überall wo sie auftritt, die Front des ganzen werktätigen Volkes nach sich zieht... Die anderen Abteilungen der Volksfront werden mitkommen, wenn sie eine Kraft fühlen."[31] Wenig später stellte Heinrich Mann im Volksfrontausschuß fest, daß keine Partei oder Gruppe der Hitleropposition allein das faschistische Regime stürzen könne. Dazu sei es vielmehr unerläßlich, daß alle diese Kräfte gemeinsam handeln und daß das Hervorheben von Sonderinteressen, das nur dem Gegner diene, überwunden werde. *„Nur die deutsche Volksfront kann das Werk der Einigung des Volkes gegen Hitler vollbringen. Nur die deutsche Volksfront wird die Gestalterin einer freien, glücklicheren Zukunft Deutschlands sein."*[32]

Der Ausschuß zur Vorbereitung einer deutschen Volksfront beschloß am 21. Dezember 1936 zum vierten Jahrestag der Errichtung der faschistischen Diktatur den Aufruf „Bildet die deutsche Volksfront! Für Frieden, Freiheit und Brot!". Von Kommunisten, Sozialdemokraten und Mitgliedern der SAP entworfen, war er das erste bedeutende programmatische Dokument, das 14 Vertreter der KPD – wie Anton Ackermann, Franz Dahlem, Philipp Dengel, Wilhelm Florin, Wilhelm Koenen, Paul Merker, Wilhelm Pieck, Walter Ulbricht –, 20 der SPD – wie Siegfried Aufhäuser, Karl Böchel, Max Braun, Rudolf Breitscheid, Albert Grzesinski, Alfred Meusel, Alexander Schifrin –, 10 der SAP – wie Walter Fabian, Jacob Walcher – und 29 der Intelligenz – wie die Schriftsteller Johannes R. Becher, Lion Feuchtwanger, Wieland Herzfelde, Heinrich Mann, Klaus Mann, Ernst Toller, Bodo Uhse, Arnold Zweig, die Journalisten und Publizisten Georg Bernhard, Hermann Budzislawski, Rudolf Olden, die Wissenschaftler Emil Julius Gumbel, Julius Schaxel und der protestantische Theologieprofessor Fritz Lieb – gemeinsam unterzeichneten.   163

Die Tätigkeit des Volksfrontausschusses und sein Aufruf förderten den weiteren Zusammenschluß von Kommunisten, Sozialdemokraten, Gewerkschaftern und christlichen Hitlergegnern.

So wurde Anfang Februar 1937 in Metz ein Arbeitsausschuß zur Bildung der Volksfront im Saargebiet gegründet, dem Kommunisten, Sozialdemokraten, Mitglieder der früheren Zentrumspartei, Funktionäre der ehemaligen freien und der christlichen Gewerkschaften angehörten. Die Leitung des Ausschusses bildeten der Kommunist Otto Niebergall, Leiter der Abschnittsleitung Saargebiet des ZK der KPD, die Sozialdemokraten Emil Kirschmann, Herausgeber der „Freiheit-Korrespondenz", Mühlhausen/Elsaß, Richard Kirn, ehemaliger Sekretär des Bergarbeiterverbandes im Saargebiet, Johanna Kirchner sowie die ehemaligen Mitglieder der Zentrumspartei Otto Pick, früher Sekretär des Christlichen Metallarbeiter-Verbandes im Saargebiet, und Johannes Hoffmann, ehemaliger Chefredakteur der „Saarbrücker Landeszeitung".

In seinem ersten Aufruf erklärte der Arbeitsausschuß:
„Saarvolk! In Deinem kleinen Land war (vor der Rückgliederung an Deutschland am 1. März 1935 – *K. M.*) im Ver-
gleich zu heute Freiheit, Recht, Wohlstand! Jetzt herrschen
Knechtschaft, Willkür, Armut! 3000 Gestapospitzel beschnüf-
feln Dich! Mehr als 5000 Männer und Frauen wurden seit der
Rückgliederung wegen ihrer Gesinnung verhaftet, mißhan-
delt, an Seele und Leib geschunden! Mehr als 400 Frauen und
Männer wurden in der Zeit zu scharfen Strafen verurteilt;
bis Anfang November 1936 hat man 363 in die Marterhöllen,
Konzentrationslager, gebracht. Freiheit, Recht und Menschen-
würde wurden zertrampelt. Der Sklavenhalter schwingt wieder die Peitsche, schlimmer als zu Stumms und Hilgers Zeiten.
Saarvolk! Es war Frieden im Land! Jetzt droht der Krieg!
Schon langt er mit blutiger Tatze in Hunderte deutscher Familien. Hitler ist der Krieg!
Saarvolk, höre! Wir, Männer, Frauen und Jugend aus Dei-
nen Reihen, rufen Dich! Wir wollen mit Dir den unwürdigen
barbarischen Zuständen ein Ende machen. Wir erheben uns
mit Dir gegen den Betrug, dessen Opfer wir alle geworden
sind. Wir kämpfen mit Dir, Saarvolk, für Recht, Brot und
Frieden!"[34]

Der Ausschuß stützte sich auf Vertrauensleute in einigen
Werken und Gruben des Saargebiets, unter anderem in der
Völklinger Hütte, im Neunkirchener Eisenwerk, in den Gruben
Heinitz und Frankenholz, und unterhielt Kontakte zu Kommunisten, Sozialdemokraten, katholischen Geistlichen und
Laien sowie anderen Hitlergegnern in einer Reihe von Städten
an der Saar. Er nahm in Aufrufen zu Ereignissen in Deutschland Stellung, verbreitete antifaschistische Materialien und
organisierte die Unterstützung von über 300 Familien verhafteter Antifaschisten im Saargebiet.

Am 20. März 1937 gründeten in Paris 21 Vertreter verschiedener Branchen den Koordinationsausschuß deutscher
Gewerkschafter. Er wurde von einem Arbeitsausschuß geleitet, dem 13 Gewerkschafter, kommunistische, sozialdemokratische, christliche und parteilose Arbeiter, angehörten und
dessen Vorsitzender der Sozialdemokrat Gustav Schulenburg
war, ehemaliger Sekretär des Bezirksausschusses Baden des

ADGB. Der Koordinationsausschuß stellte sich die Aufgabe, alle in Frankreich lebenden deutschen Gewerkschafter zu sammeln und den illegalen Kampf in den westdeutschen Gebieten zu unterstützen. In dem Memorandum „Zum Aufbau einer unabhängigen einheitlichen antifaschistischen Gewerkschaftsbewegung in Deutschland" stellte er fest: „In der einheitlichen deutschen Gewerkschaftsbewegung haben Anhänger aller antifaschistischen Richtungen und aller Konfessionen ihren Platz, und alle sind zu verantwortlicher Mitarbeit berechtigt und berufen."[35]

Der Koordinationsausschuß erklärte seine Bereitschaft, sich in den Internationalen Gewerkschaftsbund und die ADG einzugliedern. Verhandlungen zwischen Vertretern des Ausschusses und der ADG im Mai 1937 über ein gemeinsames Vorgehen und über die Eingliederung des Ausschusses in die ADG verliefen jedoch ergebnislos, da die sozialdemokratischen Gewerkschaftsführer die antifaschistische Tätigkeit in der Arbeitsfront ablehnten, die Möglichkeit aktiven Widerstandes in Deutschland überhaupt verneinten und die Kommunisten als zur Front der demokratischen Kräfte nicht zugehörig betrachteten.

Kampf in den Betrieben

Die Gewerkschafter in Deutschland, die mit dem Koordinationsausschuß und mit dem Arbeitsausschuß der freigewerkschaftlichen Bergarbeiter Deutschlands in Verbindung standen, beteiligten sich gemeinsam mit Kommunisten und Sozialdemokraten aktiv am antifaschistischen Kampf besonders in den Betrieben. Hier wehrten sich Arbeiter verschiedentlich in Streiks gegen wachsende Ausbeutung und Lohnraub durch das Monopolkapital. Im Sommer 1936 streikten beispielsweise in Rüsselsheim 300 Arbeiter der Adam Opel AG, in Berlin-Spandau 500–600 Arbeiter der Auto-Union und etwa 300 Arbeiter der DKW-Werke, Bauarbeiter im Kreis Torgau,

166

beim Flugplatzbau in Glücksburg, bei der Elberegulierung im Kreis Wittenberg und beim Saaledurchstich nördlich von Halle. In einigen Orten Ostpreußens, Westpreußens, Pommerns, Sachsens und im Gebiet von Braunschweig traten im Sommer und Herbst 1936 Landarbeiter in den Streik. Meist wurden diese Streiks durch die faschistischen Unterdrückungsorgane rasch niedergeschlagen. In einigen Fällen jedoch verhinderten die Arbeiter den geplanten Lohnraub.

Vereinzelt verweigerten zum Bau militärischer Objekte zwangsverpflichtete Arbeiter unter vorgeschobenen Gründen die Aufnahme der Tätigkeit oder kehrten nach dem Wochenendurlaub nicht zurück. Auch Autobahnbauarbeiter setzten 1936 ihren Kampf, besonders gegen die schlechten Lebensbedingungen, fort. Kommunisten verstanden es oftmals, geschickt bestimmte Forderungen bei den Bauleitungen durchzusetzen. Im Autobahnlager Hohenwarthe bei Magdeburg schlugen im August 1936 die Bauarbeiter einen faschistischen Amtswalter nieder. Polizei griff sie mit der Waffe an, wie es in einem Bericht der Gestapo hieß[36], und verhaftete einige Arbeiter wegen „Meuterei". Seeleute erkämpften sich die Bezahlung von Überstunden und die Verbesserung von Arbeitsbedingungen.

Nachdem 1936 die faschistischen Behörden festgestellt hatten, daß in jenem Jahr „ein größeres Anwachsen von Streiks oder streikähnlichen Arbeitsaussetzungen stattgefunden habe als 1935 und 1934"[37], erklärten Vertreter der Gestapo auf einer Sitzung mit Vertretern der Arbeitsfront am 16. Januar 1937 in Berlin, daß es erforderlich sei, „sich ein genaues Bild über die politische Zusammensetzung der Belegschaft zu verschaffen; insbesondere eine Kartei aller politisch unzuverlässigen Arbeitsgefolgschaftmitglieder aufzubauen" und alle wichtigen Betriebe mit einem „Netz von Vertrauensleuten" zu überziehen[38], damit bei Streiks sofort die politischen „Rädelsführer" verhaftet werden könnten. Alle Streikenden zu verhaften, wie in der Opel AG, sei unklug, da das die Solidarität festige.

Einzelne Widerstandsaktionen von Arbeitern richteten sich 1936 direkt gegen die forcierte Rüstung des deutschen Imperialismus. In den Leuna-Werken, einem wichtigen Chemiegroßbetrieb, ließen kommunistische und sozialdemokratische Arbeiter einige Rohre und Behälter platzen. Sabotageakte erfolgten in einzelnen Rüstungsbetrieben in Leipzig, so in der Metallgußgesellschaft, und in den Junkerswerken in Dessau. Antifaschisten durchschnitten mehrmals das Fernsprechkabel zum Fliegerhorst Barth in Mecklenburg und beschädigten Flugzeuge auf dem Militärflugplatz bei Merseburg. In einem Bericht vom September 1936 wies die Abwehrabteilung der Luftwaffe auf ,,kommunistische Umtriebe"[39] auf Baustellen der Wehrmacht, vor allem der Luftwaffe, hin. Es wurden angeführt: Bildung von Gruppen der KPD, Arbeitsverweigerungen, Sabotageakte, Verbreitung von Flugzetteln, Diebstahl von Sprengstoff. Abwehr und Gestapo – so hieß es – hätten eine Überprüfung der Arbeitskräfte und den Einsatz von Spitzeln, sogenannten V-Leuten, veranlaßt.

Nahm die Zahl von Streiks und anderen Widerstandsaktionen 1936 auch zu, so war die Zahl der an ihnen beteiligten Arbeiter relativ klein. Das Sekretariat des EKKI – im Bewußtsein dessen, welche Bedeutung der Kampf der KPD und anderer Hitlergegner in Deutschland für die Sicherung des Friedens hatte – gab deshalb am 17. Februar 1937 der Führung der KPD den Rat, gegen solche Stimmungen unter Antifaschisten aufzutreten, es sei angesichts des brutalen Terrors, der Verfolgung und Unterdrückung in Deutschland eine erfolgreiche Massenarbeit unmöglich. Das Sekretariat bezeichnete diese Stimmungen als schädlich, weil sie zwangsläufig zu Passivität führen müßten. ,,Es wird immer klarer", hieß es in der Resolution des Sekretariats des EKKI, gefaßt nach dem Bericht des Politbüros über die Arbeit der KPD, ,,daß die Politik Hitlers das deutsche Volk zum Krieg treibt und damit vor dem deutschen Volke die Frage des Schicksals Deutschlands stellt. Diese Politik kann nur mit einer Niederlage enden und die deutsche Nation in das furchtbarste Unglück stürzen. Deshalb ist der Kampf für den Frieden, gegen die Kriegswirtschaft, gegen die Eroberungspolitik, gegen die Intervention in Spanien das entscheidendste Kettenglied im Kampfe gegen den Hitlerfaschismus."[40] Diese Erkenntnis müsse zum Allgemeingut aller antifaschistisch eingestellten Kräfte werden.

Auch 1937 und 1938 wehrten sich Teile der Arbeiterklasse unter Führung der KPD gegen die Anschläge des Monopolkapitals und der faschistischen Staatsorgane auf ihre soziale Lage und suchten der Aufrüstung des deutschen Imperialismus entgegenzuwirken. Im Februar 1937 demonstrierten – unterstützt von der Grenzstelle Forbach/Lothringen des Arbeitsausschusses der freigewerkschaftlichen Bergarbeiter Deutschlands – Bergarbeiter, die im Saargebiet wohnten, jedoch in Lothringen arbeiteten, in verschiedenen deutschen Grenzorten gegen das Devisengesetz vom Dezember 1936. Dieses Gesetz schrieb vor, daß sie ihren in Francs erhaltenen Lohn zu einem niedrigen Zwangskurs in Mark umwechseln müßten, wodurch sie eine Lohneinbuße bis zu 30 Prozent gehabt hätten. 3000 Bergarbeiter durchbrachen bei der Rückkehr von der Arbeit die Grenzkontrolle. Als einige Arbeiter mit Strafen belegt wurden, protestierten Kumpel vor dem Amtsgericht in Völklingen und setzten durch, daß die Strafen zurückgenommen wurden. Schließlich mußten die faschistischen Behörden einen Ausgleich für Lohnverluste beim Umtausch zugestehen.

Gegen die Ausdehnung der Arbeitszeit wehrten sich 1937 Bergarbeiter einiger Gruben im Ruhrgebiet und in Oberschlesien. Sie erkämpften sich durch ihren Druck auf Vertreter der Arbeitsfront und durch Abstimmungen Teilerfolge. Verschiedentlich lehnten Bergarbeiter im Ruhrgebiet die Zehnstundenschicht ab. In einer Schachtanlage fuhren nach acht Stunden Arbeit 268 Kumpel aus. Widerstand setzten Arbeiter auch dem Zwangsabzug eines Stundenlohnes je Woche für das faschistische Winterhilfswerk entgegen. In manchen Betrieben nutzten sie die legalen Möglichkeiten in der Arbeitsfront aus und lehnten durch Abstimmungen in DAF-Versammlungen diese Maßnahme der Faschisten ab. Durch einen viertägigen Streik im Juni 1937 wiesen die Hamburger Fischdampferbesatzungen den Versuch zurück, ihre Heuer zu senken. Der Kampf der Matrosen und Heizer führte im September sogar zu einer Erhöhung der Heuer.

40 000 Bergarbeiter des Saargebietes erzwangen Anfang Januar 1938 in der Arbeitsfront eine Abstimmung über die von den Faschisten verfügte Sonntagsschicht, durch die ohne Zuschlag die Schichten nachgearbeitet werden sollten, die

durch das Weihnachtsfest und durch den Neujahrstag ausgefallen waren. Auf diese Schicht mußte verzichtet werden. Mit Streiks oder mit der bewußten Erhöhung der Ausschußquote wehrten sich 1938 Arbeiter gegen Lohnherabsetzungen, beispielsweise in Betrieben des Siemens-Konzerns in Berlin und Dresden, in der Ludwig Loewe AG Berlin und im Walzwerk in Laband/Oberschlesien. Vereinzelt erfolgten 1937 und 1938 auch Sabotageakte, beispielsweise bei der Produktion von Granatenrohlingen in der Krautheim AG in Chemnitz und bei der Herstellung von optischen Geräten für die Wehrmacht in den Zeiss-Werken in Jena.

Bei einer Anzahl dieser Aktionen waren die von der KPD ausgegebenen Losungen wie „Acht Stunden – genug geschunden!" oder „Wie der Lohn – so die Leistung" populäre Richtschnur für gemeinsames Handeln kommunistischer, sozialdemokratischer und christlicher Arbeiter. Doch auch in diesen Jahren beteiligten sich nur Teile der Belegschaften an solchen antifaschistischen Aktivitäten. Es wirkte sich aus, daß die Faschisten in den Betrieben ein enges Überwachungs- und Spitzelnetz geschaffen und dort dadurch neue Stützpunkte gefunden hatten, daß viele junge Menschen, die lange arbeitslos gewesen waren, und Zehntausende von Handwerkern und Gewerbetreibenden in der Industrie, besonders in der Rüstungsindustrie, die Arbeit aufnahmen. Diese Schichten waren von der faschistischen Ideologie beeinflußt, aus ihnen kamen viele aktive Anhänger des Naziregimes. Ferner wirkte sich aus, daß die meisten Sozialdemokraten infolge der Politik der rechten Führer nach wie vor passiv blieben.

Die KPD suchte auch Bauern in den Kampf gegen die Hitlerdiktatur einzubeziehen und verstärkte die antifaschistische Agitation auf dem Lande. Vor allem 1937 und 1938 gab sie eine Anzahl von speziellen Schriften für die Bauern heraus. Seit 1937 verbreitete sie im Rheinland den „Rheinischen Bauernbrief", seit 1938 in der Saarpfalz den „Saarpfälzischen Bauernbrief". In der ersten Nummer des „Saarpfälzischen Bauernbriefes" wurden die Zwangswirtschaft sowie die niedrigen Erzeugerpreise angeprangert und den Versprechungen gegenübergestellt, die die Nazis vor der Saarabstimmung 1935 gegeben hatten. Die KPD rief die Bauern zum gemeinsamen

Kampf mit den Arbeitern gegen das Hitlerregime auf. In anderen Gebieten verbreiteten die Kommunisten 1938 ähnliche Schriften unter den Bauern, beispielsweise den „Bauernbrief für das Weser-Ems-Gebiet", die Schrift „Der Bundschuh" in Süddeutschland, den „Märkischen Bauernbrief", die „Briefe für das Landvolk" in Norddeutschland. Jedoch gelang es nur vereinzelt, Bauern für den Kampf zu gewinnen.

Größere Aufmerksamkeit widmete die KPD nach der Brüsseler Konferenz der antifaschistischen Beeinflussung von Soldaten der Wehrmacht. Kommunisten und andere Antifaschisten legten beispielsweise im November 1935 auf einem Schießplatz der Wehrmacht in Berlin Flugblätter aus mit dem Titel „Hitler bringt uns Hunger und Krieg". Für junge Soldaten war die Schrift „Jahrgang 1914/15" bestimmt, die „Führerbriefe" wurden Offizieren zugestellt. Briefe, in denen das Hitlerregime verurteilt und zum Kampf gegen die Kriegsvorbereitung aufgerufen wurde, richteten Kommunisten und andere Antifaschisten an Wehrmachtsangehörige. Einzelne Kommunisten betrieben als Soldaten in Einheiten der Wehrmacht antifaschistische Agitation und suchten Rekrutenzirkel zu bilden. Die Gestapo meldete im Dezember 1936[41], daß im Gebiet von Frankfurt (Oder) ein Sanitätszug aufgelöst werden mußte. Die 24 Angehörigen dieses Zuges hatten antifaschistische Propaganda betrieben und den Moskauer Rundfunk gehört, sie wurden deswegen verhaftet. Auch in den folgenden Jahren unternahmen Kommunisten und andere mit ihnen verbündete Arbeiter große Anstrengungen, um Soldaten antifaschistisch aufzuklären. 1937 wurden beispielsweise in Würzburg deshalb mehrmals Arbeiter verhaftet.

Solidarität mit Volksfrontspanien

Vor allem der deutsche, aber auch der italienische Imperialismus unterstützten den faschistischen Militärputsch unter General Franco Mitte Juli 1936 in Spanien, der sich gegen die

Volksfront richtete. Das Hitlerregime half Franco mit Waffen und Truppeneinheiten, um den Faschismus in diesem rohstoffreichen und auch militärstrategisch wichtigen Land am Mittelmeer und am Atlantik zur Macht zu bringen und einen zuverlässigen Verbündeten für seine Aggressionen zu gewinnen. Zugleich ging es darum, die Kapitalanlagen deutscher Konzerne, wie der IG Farben, der AEG, von Krupp und Siemens, zu schützen. Die Intervention bot ferner günstige Möglichkeiten, neuentwickeltes Kriegsmaterial zu erproben. Die imperialistischen Westmächte verfolgten eine sogenannte Politik der Nichteinmischung, die in Wirklichkeit den faschistischen Putsch und die deutsch-italienische Intervention begünstigte.

Eine breite Bewegung der Solidarität mit der spanischen Volksfront entfaltete sich in der ganzen Welt. An der Spitze dieser Bewegung standen die Sowjetunion und die internationale kommunistische Bewegung unter Leitung der Komintern. Die UdSSR schickte dem republikanischen Spanien Panzer und Flugzeuge, Lebensmittel, Medikamente und Freiwillige. Die Komintern organisierte vielfältige Unterstützungsaktionen. Aus 53 Ländern kamen der spanischen Volksfront etwa 35 000 Kommunisten, aber auch Sozialdemokraten und andere Antifaschisten zu Hilfe, die sich in internationalen Brigaden zum bewaffneten antifaschistischen Kampf vereinten. So wurde der spanische Freiheitskrieg zu einem internationalen Kampf der Kräfte der Demokratie und des sozialen Fortschritts gegen die Kräfte der faschistischen Diktatur und des Krieges. Tausende deutscher Antifaschisten nahmen an dieser Auseinandersetzung teil, weil sie erkannt hatten, daß es in Spanien auch um Demokratie und Freiheit für das deutsche Volk ging, daß der Ausgang des Kampfes dort wesentliche Rückwirkungen auf den Kampf gegen die faschistische Diktatur in Deutschland haben würde.

Kurz nach dem Putsch, am 7. August 1936, beschloß das Politbüro des ZK der KPD[42], in der Propaganda der Partei die Hintergründe der Intervention des deutschen Imperialismus in Spanien aufzudecken, unter den deutschen Antifaschisten in den Emigrationsländern für die militärische Hilfeleistung zu werben und die Mitglieder und Führer der deutschen Sozialdemokratie für gemeinsame Hilfsaktionen zu gewinnen. Am gleichen Tage noch wandte sich das Politbüro mit dem Vorschlag an den sozialdemokratischen Emigrationsvorstand in Prag, in einem gemeinsamen Appell an das deutsche Volk und an die Völker der anderen Länder zur moralischen und materiellen Unterstützung der spanischen Republik aufzurufen. Die rechten sozialdemokratischen Führer lehnten diesen Vorschlag ab.

Hingegen riefen die sozialdemokratischen Mitglieder des Volksfrontausschusses in Paris gemeinsam mit den kommunistischen Mitgliedern am 15. August 1936 die deutschen Antifaschisten auf, die spanische Volksfront zu unterstützen. „In Spanien entscheidet sich in diesen Tagen zum großen Teil das Schicksal Europas, das Schicksal der europäischen Demokratie und Freiheit!"[43] hieß es in dem Aufruf, der auch als Flugblatt illegal in Deutschland verbreitet wurde. Andere sozialdemokratische Funktionäre wie Erich Kuttner, die Gruppe emigrierter Sozialdemokraten in Stockholm und einige Sozialdemokraten in Deutschland traten für gemeinsame Solidaritätsaktionen mit den Kommunisten ein und forderten den Emigrationsvorstand auf, entsprechende Schritte einzuleiten. Dessen Mitglieder Paul Hertz und Erich Ollenhauer sprachen sich bei einem Aufenthalt in Spanien im Sommer 1937 zwar für die internationale Aktionseinheit aus, jedoch wies der Vorstand auch in den kommenden Jahren alle Vorschläge des

---

Aus dem Aufruf des ZK der KPD
„An das spanische Volk, an die Soldaten und Milizen!"
vom September 1936

„Das wahre Deutschland in den Fabriken und Bergwerken steht auf eurer Seite. Das wahre Deutschland, das mit Todesverachtung gegen das Hitlerregime kämpft, wird repräsentiert durch Ernst Thälmann, der seit Jahren von den Schergen Hitlers im Gefängnis gehalten wird. Dieses Deutschland steht auf eurer Seite.

In den Betrieben, in den illegalen Zusammenkünften, überall in Deutschland geht von Mund zu Mund die Losung: Helft dem spanischen Volk! Alle Hilfe für die Freiheitskämpfer. Das wahre Deutschland versteht, daß euer Kampf unser Kampf, der Kampf aller Arbeiter, aller Friedens- und Freiheitsliebenden gegen die faschistische Barbarei und gegen die Kriegsanstifter ist."[44]

ZK der KPD für ein gemeinsames Vorgehen zurück. Nicht in einem einzigen Dokument nahm er zum Freiheitskampf des spanischen Volkes Stellung. Selbst in seinen internen Beratungen standen acht Monate lang die Ereignisse in Spanien nicht auf der Tagesordnung, wie Paul Hertz bemerkte.[45]

Aus den Emigrationsländern und selbst aus Deutschland eilten vor allem deutsche Kommunisten, aber auch Sozialdemokraten und bürgerliche Demokraten dem spanischen Volk zu Hilfe, vornehmlich Arbeiter, daneben Angehörige der Intelligenz, Ärzte, Schriftsteller, Komponisten, bildende Künstler. Ihr Weg nach Spanien war schwierig und gefahrvoll. Die französische Regierung sperrte die Grenze, um den Zustrom der Freiwilligen aufzuhalten. Rund 5000 deutschen Antifaschisten gelang es dennoch, sich in die Internationalen Brigaden einzureihen. Schon im Juli 1936 beteiligten sich deutsche Kommunisten an den Kämpfen der spanischen Milizen. In Barcelona bildeten sie die „Gruppe Thälmann", im Norden entstand aus belgischen, deutschen, italienischen, österreichischen und ungarischen Antifaschisten die „Gruppe Etkar André". An der Aragonfront kämpfte die „Centuria Thälmann", die auf Beschluß der Führung der KPD im August 1936 geschaffen worden war.

In den verschiedensten Truppeneinheiten und Waffengattungen der Internationalen Brigaden, besonders in der XI. Brigade, im Sanitätswesen, in den politischen Organen der Freiwilligenformationen, in der spanischen Verteidigungsindustrie, in den Rundfunkstationen Madrid und Barcelona sowie im Hinterland der Faschisten erfüllten während des 32 Monate dauernden national-revolutionären Krieges deutsche Antifaschisten an der Seite spanischer, sowjetischer, englischer, polnischer, französischer und anderer Kämpfer ihre internationalistische Pflicht und leisteten damit auch einen wichtigen Beitrag im Kampf gegen die Hitlerdiktatur in Deutschland. Zu ihnen gehörten Anton Ackermann, Wilhelm Bahnik, Willi Bredel, Franz Dahlem, Fritz Dickel, Gerhart Eisler, Arthur Dorf, Richard Gladewitz, Herbert Grünstein, Kurt Hager, Heinz Hoffmann, Hans Kahle, Otto Kühne, Hans Marchwitza, Karl Mewis, Erich Mielke, Alfred Neumann,

Heinrich Rau, Ludwig Renn, Albert Schreiner, Richard Stahlmann, Richard Staimer, Georg Stibi, Gustav Szinda, Herbert Tschäpe, Bodo Uhse, Paul Verner, Erich Weinert und viele andere.

In erbitterten Schlachten bei Madrid, Guadalajara, Brunete, Belchite und Teruel, am Manzanares, Jarama und Ebro bewährten sich auch die deutschen Interbrigadisten. Sie zeichneten sich durch Mut und eiserne Disziplin aus und vollbrachten wahre Heldentaten im Kampf gegen die faschistische Übermacht. 3000 fielen im Kampf, unter ihnen der kommunistische Politkommissar Hans Beimler, der kommunistische Bataillonsparteisekretär Artur Becker, der sozialdemokratische Kompanieführer Otto Jürgensen, der parteilose katholische stellvertretende Kompanieführer Dr. Albert Müller.

Im Kampf gegen den internationalen Faschismus in Spanien entwickelte sich die Kampfgemeinschaft deutscher kommunistischer, sozialdemokratischer, christlicher und bürgerlich-demokratischer Hitlergegner. „Wir, deutsche Sozialdemokraten, Kommunisten, freiheitlich gesinnte Republikaner, die wir hier die Volksfront als Kampfgemeinschaft erlebt haben, wissen, daß dieses Bündnis die entscheidende Kraft für die Niederringung des Faschismus ist", hieß es in einem von bürgerlich-demokratischen, sozialdemokratischen und kommunistischen Vertretern unterzeichneten Schreiben deutscher Interbrigadisten vom 8. April 1937 an die Tagung des Ausschusses zur Vorbereitung einer deutschen Volksfront am 10./11. April in Paris. „Wir führen auf spanischem Boden den Kampf nicht allein gegen Franco, für die demokratischen Freiheiten des spanischen Volkes, sondern genauso gegen Hitler, für ein neues, freies Deutschland. In diesem Kampf hat die Volksfront ihre Bewährungsprobe bestanden, und wir glauben, unser Einsatz wird dazu beitragen, die bisher noch einer Einigung aller deutschen antifaschistischen Kräfte entgegenstehenden Hemmungen zu überwinden."[46]

Am 8. Dezember 1937 konstituierte sich in Albacete ein Einheitskomitee deutscher Kommunisten und Sozialdemokraten, das sich zur Aufgabe stellte, in Verbindung mit den antifaschistischen Widerstandskämpfern in Deutschland und in den Emigrationsländern für die Schaffung einer deutschen Volksfront zu wirken. Auf der von einem Arbeitsausschuß der

XI. Internationalen Brigade einberufenen Einheitskonferenz deutscher Spanienkämpfer in Valencia am 13. März 1938 richteten 14 Kommunisten und 8 Sozialdemokraten einen Einheits- und Volksfrontappell an alle deutschen Hitlergegner, ein Schreiben an das ZK der KPD und den sozialdemokratischen Emigrationsvorstand sowie Briefe an Heinrich Mann und die Freundeskreise der deutschen Volksfront in Paris. In diesen Dokumenten riefen die deutschen Antifaschisten zum gemeinsamen Kampf für den Sturz der Hitlerdiktatur und für die Schaffung eines demokratischen Deutschlands auf. In den deutschen Einheiten der Internationalen Brigaden entwickelte sich eine Keimform jener antifaschistisch-demokratischen Volksarmee, die nach dem Sturz der faschistischen Diktatur die neue, demokratische deutsche Republik schützen sollte.

Die Führung der KPD befaßte sich ständig – in Abstimmung mit dem Zentralkomitee der Kommunistischen Partei Spaniens – mit allen wichtigen Fragen, die die deutschen Einheiten der Internationalen Brigaden berührten: mit der Rekrutierung, mit der politischen Information und Schulung, mit der Ausrüstung und Verpflegung, mit dem Sanitätsdienst, mit der antifaschistischen Propaganda, mit Solidaritätsaktionen. Sie ließ sich dabei von dem in ihrer Direktive „Alles für die Unterstützung des spanischen Volkes" vom 26. November 1936 niedergelegten Grundsatz leiten: „Der Kampf um die spanische Demokratie ist zur zentralen Frage des Kampfes zwischen Demokratie und Faschismus in der Welt geworden, zwischen den Kräften, die den Krieg wollen, und den Kräften, die den Frieden wollen. Der Sieg der spanischen Volksfront ist entscheidend abhängig von der unmittelbaren praktischen Unterstützung durch die antifaschistischen Kräfte in allen Ländern und von den Fortschritten des Kampfes um die Schaffung und Stärkung der Volksfront in allen Ländern."[47] Wie andere Parteien unterhielt die KPD eine Vertretung beim ZK der Kommunistischen Partei Spaniens. Von Ende 1936 bis 1938 war Franz Dahlem als Mitglied des Politbüros des ZK der KPD und als Vertreter des EKKI in der führenden politischen Kommission für sämtliche Internationalen Brigaden in Spanien tätig.

Im Januar 1937 richtete die Führung der KPD mit Hilfe des Zentralkomitees der spanischen Partei bei Madrid einen leistungsstarken geheimen Sender auf Kurzwelle 29,8 ein, den sie im April auch dem Ausschuß zur Vorbereitung einer deutschen Volksfront zur Verfügung stellte; als dessen Redakteure wirkten Erich Glückauf und Hans Teubner, Sprecher war Hanns Maaßen. Der Deutsche Freiheitssender verbreitete Nachrichten über den antifaschistischen Kampf in Spanien und – gestützt auf Berichte aus dem Land – in Deutschland; er setzte sich mit der faschistischen Ideologie auseinander und gab den Hitlergegnern in Deutschland Anleitung zum Kampf. Über den Sender wurden Beiträge nicht nur von Funktionären der KPD und Mitgliedern des Volksfrontausschusses in Paris, besonders von Heinrich Mann, ausgestrahlt, sondern auch von kommunistischen und progressiven bürgerlichen deutschen Schriftstellern wie Erich Weinert und Willi Bredel, Thomas Mann und Arnold Zweig, von Kulturschaffenden aus anderen Ländern, wie dem amerikanischen Negersänger Paul Robeson, dem belgischen Maler und Graphiker Frans Masereel, von führenden schwedischen, spanischen und französischen Sozialisten. Keinen Gebrauch von dem Angebot, über den Sender zu sprechen, machten die Mitglieder des sozialdemokratischen Emigrationsvorstandes in Prag. Die Sendungen wurden vielerorts in Deutschland gehört. Die Gestapo vermerkte in einem Bericht, daß das illegale Abhören „der sogenannten deutschen KPD-Sender zu einer Seuche geworden" sei, die „nicht allein die rein linksorientierten Kreise erfaßt"[48] habe. Die faschistischen Terrororgane belegten das Abhören dieser Sender mit schweren Strafen.

Auch der Ausschuß zur Vorbereitung einer deutschen Volksfront in Paris unterstützte Volksfrontspanien und die Internationalen Brigaden. Er beschloß Ende Dezember 1936 einen Aufruf, in dem das deutsche Volk zur Solidarität, zur Störung der Kriegsproduktion und der Waffentransporte nach Spanien aufgefordert wurde.[49] Der Ausschuß gab das von Heinrich Mann verfaßte Flugblatt „Deutsche Soldaten! Euch schickt ein Schurke nach Spanien!" heraus, das unter den faschistischen Interventionstruppen verbreitet und in dem aufgerufen wurde: „Weigert euch, gegen das spanische Volk zu kämpfen! Werft dem Schurken eure Waffen vor die Füße. Besser noch: geht hin und kämpft, aber auf der richtigen Seite, bei den spanischen Republikanern, mit dem spanischen Volke, bei euren heldenhaften deutschen Kameraden!"[50] Die Tagung des Volksfrontausschusses am 10./11. April 1937 forderte die Zurückziehung der faschistischen deutschen Truppen aus Spanien. Der Volksfrontausschuß und der Schutzverband Deutscher Schriftsteller in Paris organisierten Buch- und andere Geschenksendungen an deutsche und andere Interbrigadisten.

Solidaritätsaktionen für das kämpfende Volksfrontspanien führten Antifaschisten auch in Deutschland durch. In verschiedenen Gebieten warben die Organisationen der KPD Freiwillige. Antifaschisten, ob in Aachen, Berlin, Bremen, Essen, Frankfurt (Main), Hamburg oder in Schlesien, sammelten Geld. Im Leipziger Metallbetrieb Bleichert und Co. beispielsweise brachten Kommunisten, Sozialdemokraten und parteilose Arbeiter Anfang 1937 in kurzer Zeit 900 Mark auf, die dem Verbindungsmann der Internationalen Roten Hilfe übergeben wurden. Wegen Geldsammlungen für Spanien verhaftete die Gestapo viele Antifaschisten, die zu hohen Strafen verurteilt wurden. In Aachen zum Beispiel sprach die Nazijustiz Urteile, die die Solidarität mit Spanien mit acht Jahren Zuchthaus belegten.

Kommunisten und Sozialdemokraten riefen deutsche Werktätige in Flugblättern und Losungen zur Solidarität mit der spanischen Republik auf und verbreiteten – oftmals gestützt auf die Nachrichten des Deutschen Freiheitssenders – die Wahrheit über die von der Hitlerregierung geleugnete Intervention des deutschen Imperialismus in Spanien und seinen Terror gegen die Zivilbevölkerung. In den Berliner Stadtbezirken Mitte, Kreuzberg, Steglitz und Tempelhof wurden Flugblätter mit dem Aufruf des ZK der KPD von Anfang Dezember 1936[51] verbreitet, in dem die Führung der KPD vor der Gefahr warnte, die die faschistische Intervention für den Weltfrieden bedeutete, und dem sozialdemokratischen Emigrationsvorstand vorschlug, gemeinsame Aktionen für das republikanische Spanien einzuleiten.

Deutsche Seeleute und Hafenarbeiter an der Nord- und Ostseeküste richteten einen Signaldienst über Waffen- und

Truppentransporte nach Spanien ein, dessen Informationen an den Deutschen Freiheitssender weitergeleitet wurden. Beim Verladen von Kriegsmaterial im Hamburger Hafen führten die Schauerleute Sabotageakte durch. Im Stettiner Hafen arbeiteten sie beim Verladen von Waffen und Munition langsam; sie zerstörten auch Kisten mit Munition. Auf einigen deutschen Schiffen musterten die Seeleute ab, weil sie es ablehnten, sich am Transport von Kriegsmaterial für die spanischen Faschisten zu beteiligen.

Gestapoterror und faschistische Propaganda vermochten es nicht, den Geist des proletarischen Internationalismus in der deutschen Arbeiterklasse und das Solidaritätsgefühl in anderen Kreisen deutscher Werktätiger zu ersticken. Die Antifaschisten in Deutschland hatten erkannt: In Spanien ging es auch um die friedliche und demokratische Zukunft des deutschen Volkes. „Deutschlands Zukunft", hieß es in einem von Berliner Kommunisten und Sozialdemokraten gemeinsam unterzeichneten und herausgegebenen Flugblatt, „macht es uns allen zur heiligen nationalen Pflicht, mit der gleichen Leidenschaft und Hingabe für ein freies, demokratisches Deutschland zu kämpfen wie das spanische Volk. Die Einheits- und Volksfront ist der Weg zur Rettung Deutschlands für Frieden, Freiheit und Wohlergehen des Volkes!"[52]

Die Entwicklung der illegalen Organisationen der KPD

Im antifaschistischen Kampf wurden die Parteiorganisationen in Deutschland vom Politbüro über die Abschnittsleitungen angeleitet, denen Funktionäre wie Willi Adam, Hans Beimler, Conrad Blenkle, Philipp Daub, Erich Gentsch, Karl Mewis, Otto Niebergall, Siegfried Rädel, Sepp Schwab, Paul Verner und Herbert Warnke angehörten. Zu Parteiorganisationen in wichtigen Rüstungsbetrieben, zum Beispiel im Siemens-Konzern, in den Borsig-Werken und in anderen Betrieben Berlins, hatte die operative Auslandsleitung des Politbüros in Paris

179

direkte Verbindung. Im täglichen antifaschistischen Kampf erfolgte schrittweise – entsprechend den Beschlüssen der Brüsseler Konferenz – in Berlin, Hamburg, im Rhein-Ruhr-Gebiet, im Saargebiet, in Sachsen und anderen Teilen Deutschlands die Formierung von Parteiorganisationen in Betrieben und faschistischen Massenorganisationen sowie die Bildung von Gebieten. Diese Form der Organisation bedeutete eine größere Sicherheit vor Verhaftungen. Da von 1936 bis 1938 die Zahl der verhafteten Kommunisten geringer wurde, glaubten die faschistischen Terrororgane, die KPD zerschlagen zu haben.

Verhaftungen von Kommunisten und Sozialdemokraten		
	Kommunisten	Sozialdemokraten
1936	11 687	1 374
1937	8 068	733
1938	3 864	721

Tatsächlich jedoch wirkten sich die veränderte Struktur der Parteiorganisationen, die bessere Verbindung illegaler mit legalen Arbeitsmethoden und die Erfahrungen in der konspirativen Praxis aus. In Berlin wurden beispielsweise die Parteiorganisationen in den Betrieben des Siemens-Konzerns, unter anderem im Werner-, Schalt-, Elektromotoren- und Dynamowerk, und in der Berliner Verkehrsgesellschaft zu je einem Gebiet zusammengefaßt. Daneben gab es Gebiete, die Parteiorganisationen im Bereich mehrerer Stadtbezirke erfaßten. Die Gebietsleitungen standen – entsprechend der auf der Brüsseler Konferenz festgelegten Dezentralisierung – mit den Parteiorganisationen, die aus Gründen der Sicherheit keinen Kontakt untereinander hielten, direkt, nicht über Unterbezirks- oder andere Leitungen, in Verbindung. 1937 leiteten Gebietsleitungen mehr als 20 Parteiorganisationen in Betrieben und eine Anzahl von Verbindungsleuten zu weiteren Berliner Betrieben sowie Parteigruppen in Sportvereinen an.

Die Abschnittsleitung Mitte des ZK der KPD in Prag stand mit den Gebietsleitungen in Berlin in Verbindung. Sie übermittelte ihnen durch Kuriere Beschlüsse, weitere Materialien und Informationen der Parteiführung. Zu den Kurieren gehörten auch Frauen wie Minna Fritsch, die vierzigmal von der ČSR illegal die Grenze nach Deutschland überschritt. Instrukteure der Abschnittsleitung halfen den Parteiorganisationen bei der Organisierung des Kampfes. Mitglieder der Parteiorganisationen fuhren illegal in die Tschechoslowakei und berieten mit Funktionären der Abschnittsleitung über Fragen der Partei- und Massenarbeit. Bei Transporten illegaler Materialien und beim Grenzübergang von Instrukteuren und Kurieren der Abschnittsleitung halfen Arbeiter deutscher und tschechischer Nationalität aus den Grenzgebieten. Holzfuhrleute und Elbeschiffer brachten – unter ihren Ladungen versteckt – antifaschistische Druckerzeugnisse über die Grenze.

In Hamburg setzten nach den Verhaftungen im Jahre 1935 die nicht entdeckten Gruppen und Organisationen ihren Kampf fort. Neue Gruppen und Zellen entstanden. Im Jahre 1936 stellte die Gestapo in Hamburg fest: ,,Erstaunlich ist immer wieder das Einspringen von Ersatzmännern, wenn irgendwo der Apparat zunächst unschädlich gemacht werden konnte.''[53] In Bremen intensivierte die KPD die Arbeit in den Betrieben, stellte neue Verbindungen zu Sozialdemokraten, zu Sportlern und Jugendlichen her. Mitglieder und Instrukteure der Abschnittsleitung Nord hatten auf Beratungen in Kopenhagen und in norddeutschen Städten Funktionäre der Parteiorganisationen über die Beschlüsse der Brüsseler Konferenz informiert und mit ihnen die nächsten Aufgaben des antifaschistischen Kampfes und der Parteiarbeit beraten. Seit Ende 1936 gab die Abschnittsleitung die Zeitung ,,Norddeutsche Tribüne'' heraus, die neben der ,,Roten Fahne'', Flugblättern und anderen Schriften durch Kuriere, skandinavische Seeleute und die Post an Deckadressen in Deutschland gelangte und von dort an die Parteiorganisationen weitergeleitet wurde.

Die Leitungen der Gebiete im Rhein-Ruhr-Gebiet standen mit der Abschnittsleitung West des Zentralkomitees in Amsterdam in Verbindung. Von ihr erhielten sie und die Parteiorganisationen Kenntnis über die Beschlüsse des VII. Weltkongresses der KI sowie der Brüsseler Konferenz der KPD und bekamen Zeitungen und Zeitschriften, unter anderem die von

Unterstützung der antifaschistischen Propaganda der illegalen Parteiorganisationen durch die Abschnittsleitung Nord des ZK der KPD Mitte 1938 bis Mitte 1939			
gerichtet an	Flug-blätter	Rundfunk-vorträge	Briefe (gedruckt)
das deutsche Volk	18	40	5
Arbeiter	4	30	2
Bauern	5	9	1
Jugend	–	40	5
Frauen	–	14	4
Handwerker und Gewerbetreibende	1	7	–
kleine Unternehmer	–	4	2
Sportler	–	4	–
SA-Angehörige	1	1	–
	29	149	19

der operativen Auslandsleitung des Politbüros herausgegebene „Rote Fahne", „Die Internationale" und die von der Abschnittsleitung herausgegebene „Freiheit". Als Instrukteur der Abschnittsleitung für Dortmund kam Melchior Krämer seit April 1936 alle drei bis vier Wochen für mehrere Tage in diese Stadt, um den Parteiorganisationen Direktiven sowie Material zu übermitteln und Berichte entgegenzunehmen. Krämer traf auch mit dem Leiter einer sozialdemokratischen Gruppe im Dortmund-Hörder-Hüttenverein zusammen, die mit der Organisation der KPD gemeinsam kämpfte. Weitere Instrukteure der Abschnittsleitung West des ZK der KPD waren für die Gebiete Gelsenkirchen und Essen verantwortlich.

Nach der Verhaftung leitender Funktionäre der Parteiorganisation in Köln im Frühjahr 1936 stellten einzelne Mitglieder und Funktionäre der KPD sowie Parteigruppen Verbindungen untereinander her und schufen in den Betrieben neue Parteiorganisationen, beispielsweise in den Ford-Werken, der Deutzer Gasmotoren-Fabrik und in städtischen Betrieben, besonders bei der Straßenbahn.

Auch in Sachsen veränderten die Kommunisten seit 1936 entsprechend den Beschlüssen der Brüsseler Konferenz die

Struktur ihrer Organisation. In Leipzig wirkten sie in etwa 20 Großbetrieben, zum Beispiel der Hasag, den Köllmann-Werken, der Pittler AG. Hier wurden die kleinen kommunistischen Organisationen zum Kern von Widerstandsgruppen, denen meist Arbeiter, vereinzelt auch bürgerliche Hitlergegner angehörten. Daneben bildeten kommunistische und parteilose Künstler sowie andere Angehörige der Intelligenz, darunter eine Anzahl von Studenten, antifaschistische Widerstandsgruppen, beispielsweise um die Maler Alfred Frank und Karl Krauße. Die Leipziger Kommunisten standen mit der Abschnittsleitung Mitte des Zentralkomitees in Prag in Verbindung. Auf Treffs in Grenzstützpunkten hatten sie Informationen über die Beschlüsse des VII. Weltkongresses der Komintern und der Brüsseler Konferenz der KPD erhalten.

An der Organisierung der Parteiarbeit und des antifaschistischen Kampfes in Dresden hatten Herbert Bochow, Albert Hensel, das Künstlerehepaar Fritz und Eva Schulze sowie Karl Stein großen Anteil. Sie standen in der zweiten Hälfte der dreißiger Jahre mit über 100 Kommunisten in Verbindung und suchten vor allem in Betrieben den antifaschistischen Kampf zu entfalten und neben Sozialdemokraten auch bürgerliche Hitlergegner für Aktionen gegen die Hitlerdiktatur zu gewinnen. Herbert Bochow und Fritz Schulze hatten mit der Abschnittsleitung Mitte des Zentralkomitees Verbindung. In Chemnitzer Großbetrieben arbeiteten seit Ende 1935, Anfang 1936 antifaschistische Widerstandsgruppen, denen Kommunisten, Sozialdemokraten und parteilose Arbeiter angehörten.

Im Mansfelder Land wirkten kleine Organisationen der KPD unter anderem in der Zentralen Kochhütte und im Wolfschacht sowie in Helbra. Sie verbanden sich mit Sozialdemokraten und parteilosen Hitlergegnern zu gemeinsamen Aktionen. In Magdeburg bestanden Anfang 1936 in über 20 Betrieben und in fast allen Stadtteilen Parteiorganisationen. Nach Verhaftungen wurden neue Verbindungen geknüpft. Besonderen Anteil an der Parteiarbeit hatte hier Hermann Danz.

Georg Lechleiter, Jakob Faulhaber und weitere Funktionäre schufen in Mannheimer Betrieben kleine Parteiorganisationen und stellten Kontakt zu sozialdemokratischen und christlichen Arbeitern her. Georg Lechleiter stand von 1937 bis 1939 mit der operativen Auslandsleitung des Politbüros in Paris in Verbindung. Ewald Funke und andere Instrukteure der Abschnittsleitung Süd des ZK der KPD überbrachten Parteiorganisationen in Stuttgart, wo leitende Funktionäre verhaftet worden waren, die Beschlüsse des VII. Weltkongresses der KI und der Brüsseler Konferenz der KPD sowie die von der Abschnittsleitung herausgegebene „Süddeutsche Volksstimme". Die Kommunisten in den Bosch- und in den Daimler-Werken suchten die antifaschistische Tätigkeit in der DAF zu aktivieren. Infolge der Tätigkeit eines Spitzels gelang es der Gestapo 1936, zahlreiche Stuttgarter Kommunisten zu verhaften. In einigen Stadtteilen, wie Cannstatt, Heßbach und Untertürkheim, sowie in den Konzernbetrieben Bosch, AEG und Daimler setzten die Organisationen der KPD den Kampf fort. 1937/1938 konnte die zeitweilig unterbrochene Verbindung zur Abschnittsleitung Süd wieder hergestellt werden. In München wirkten 1936/1937 in den Agfa- und in den BMW-Werken kleine Organisationen der KPD, deren Mitglieder 1937 verhaftet wurden. Vereinzelte Gruppen setzten in der Stadt die antifaschistische Propaganda und die Unterstützung politischer Häftlinge sowie ihrer Familien fort. In Stettin arbeiteten Parteiorganisationen im Hafen, in den Oder-Werken und in einigen Stadtteilen. 1938 wurde eine Verbindung zur Abschnittsleitung Nord geschaffen.

In Schlesien wirkten Parteiorganisationen in Gleiwitz, Groß-Strehlitz, Kosel und weiteren Städten. Sie standen mit der Abschnittsleitung Mitte in Prag in Verbindung, die zum Teil durch Mitglieder der KPTsch aufrechterhalten wurde, die als Kuriere nach Schlesien kamen. Die Kommunisten suchten in diesem Gebiet unter anderem die Zusammenarbeit mit Katholiken zu festigen.

Deutsche und polnische Kommunisten nutzten vor allem die jährlich im Sommer stattfindenden Prozessionen von Zehntausenden Katholiken aus Polen und Deutschland zum Sankt Annaberg in Oberschlesien zu einer umfangreichen antifaschistischen Propaganda. So verbreiteten Ende August 1936 polnische Kommunisten unter den an der polnisch-deutschen

Grenze auf die Paßkontrolle wartenden Prozessionsteilnehmern ein Flugblatt des ZK der KPP, in dem es hieß: „Man schüchtert euch ein, die Sowjetunion bedrohe die Grenzen Polens. Das ist Lüge und Verleumdung! Gerade die Sowjetunion schlug und schlägt Polen, der Kleinen Entente und Frankreich den Ostpakt vor, d. h. einen Pakt der gegenseitigen Hilfe gegen jegliche Angreifer, zum Schutze der Integrität und Unantastbarkeit der Grenzen, zum Kampfe um den Frieden.

Die Sowjetunion ist der einzige Staat, der die Unabhängigkeit aller Nationen verteidigt.

Der Feind, der die nationale Unabhängigkeit Polens bedroht, ist das den Drang nach Osten vorbereitende dritte Reich des Räubers Hitler. Die einzige Politik zum Schutze der Unabhängigkeit ist die Politik der Annäherung an die Sowjetunion und ein gemeinschaftlicher Kampf um den Frieden und um die Unabhängigkeit der Völker."[54]

1937 verteilten deutsche Kommunisten unter den 150000 Teilnehmern der Prozession in großer Zahl antifaschistische Flugschriften und demonstrierten gemeinsam mit Katholiken in Hindenburg. Oftmals verbreiteten deutsche und polnische Kommunisten, die illegal die Grenze zwischen Polnisch- und Deutsch-Oberschlesien überschritten hatten, in den Gruben des oberschlesischen Industrierreviers gemeinsam Flugblätter. In Oberschlesien wurden auch Tarnschriften mit den Beschlüssen des VII. Weltkongresses der Komintern sowie mit Material über die Einheitsfront und über den Aufbau des Sozialismus in der Sowjetunion verteilt.

In stärkerem Umfange leisteten Mitglieder der KPD in den legalen Organisationen der polnischen Minderheit in Deutschland antifaschistische Arbeit, besonders in Oberschlesien, in der Lausitz und in Westpreußen.

Mit dem Schwerpunkt in Rüstungsbetrieben entwickelte sich die Parteiarbeit auch in Bitterfeld, Halle und im Saargebiet. In einer Anzahl von Städten mußten die Kommunisten nach schweren Verlusten durch Verhaftungen, die 1935/ 1936 erfolgt waren, mit der Neuformierung der Kräfte beginnen. In unermüdlicher Kleinarbeit knüpften sie abgerissene Verbindungen wieder an, nahmen neue auf und schufen allmählich kleine Parteigruppen, die Kontakte zu sozialdemokratischen und christlichen Arbeitern sowie Hitlergegnern aus dem städtischen Mittelstand suchten, beispielsweise in einigen Städten Bayerns, Hessens, Mecklenburgs und Ostpreußens.

Da die KPD viele Kader mit großen Erfahrungen im antifaschistischen Kampf verloren hatte, empfahl Georgi Dimitroff auf einer Beratung leitender Funktionäre der Komintern mit Vertretern des Politbüros des ZK der KPD am 17. Oktober 1937, Möglichkeiten zu schaffen, um die jüngeren Kader politisch und ideologisch zu stärken und ihnen noch besser Anleitung zu geben. Dafür sollte der Rundfunk mehr genutzt werden, über den Informationen und Anweisungen, aber auch Vorträge zur Geschichte der Arbeiterbewegung, zu Problemen der Volksfront, zur Entwicklung der Sowjetunion usw. gesendet werden könnten.

,,Die zentrale Frage unseres Kampfes ist der Kampf gegen die Kriegspolitik und Kriegsvorbereitungen des Faschismus"[55], erklärte Georgi Dimitroff. Noch sei das Mißtrauen zwischen Kommunisten, Sozialdemokraten und Katholiken nicht überwunden. Ihre Zusammenarbeit zu entwickeln sei ,,ein schwieriger, langer Prozeß, in dem wir Schritt für Schritt weiterkommen und den wir durch unsere Arbeit beschleunigen können"[56]. Die Zusammenarbeit sollte nicht abhängig gemacht werden von der Zustimmung aller zur Losung der demokratischen Republik. Es müsse jedoch Klarheit darüber geschaffen werden, wie man zur Volksfront komme. Die Verständigung von Kommunisten und Sozialdemokraten über den gemeinsamen Kampf sei der ,,Schlüssel zur Entfaltung der Volksfrontbewegung im Lande"[57]. Die Kommunisten dürften nicht nur die Losung der demokratischen Republik propagieren, sondern müßten detailliert erläutern, wie der Faschismus ausgerottet werden könne und wie die Werktätigen die künftige gesellschaftliche Ordnung bestimmen würden. Georgi Dimitroff forderte, die Verbindungen zwischen Führung und Parteiorganisationen weiter zu festigen, um die Anleitung des Kampfes in Deutschland zu sichern.

Die deutschen Kommunisten hatten immer die Hilfe der internationalen kommunistischen Bewegung erhalten, aber auch bürgerlich-demokratische Kräfte anderer Länder unterstützten den Kampf der Kommunisten und der mit ihnen verbündeten anderen Hitlergegner. So wurde auf der Europäischen Konferenz für Recht und Freiheit in Deutschland am 13. und 14. November 1937 in Paris, an der 169 Delegierte unterschiedlicher politischer und weltanschaulicher Auffassung aus vielen Ländern Europas teilnahmen, das faschistische Terrorregime angeklagt und zum Kampf um die Befreiung der politischen Gefangenen dieses Regimes aufgerufen. Jean Longuet, Marcel Cachin und Professor Albert Bayet forderten verstärkte Aktivität der internationalen Friedenskräfte gegen den zum Krieg treibenden deutschen Faschismus. Rechtsanwalt Vincent de Moro-Giafferi, der am Reichstagsbrandgegenprozeß teilgenommen hatte, analysierte die juristische Unhaltbarkeit der Haft Ernst Thälmanns. Mit großer Bewegung und Anteilnahme hörte die Konferenz die Rede der Frau Robert Stamms, des von den Faschisten am 4. November 1937 hingerichteten Funktionärs der KPD. Bürgerlichdemokratische Hitlergegner aus Frankreich, Großbritannien, Schweden, der Schweiz und weiteren Ländern verurteilten die faschistische Blutjustiz und die Unterdrückungspolitik der Hitlerdiktatur.

Die Konferenz gründete ein Internationales Zentrum für Recht und Freiheit in Deutschland. Ihm gehörten Vertreter von 84 verschiedenen Parteien, Gewerkschaften und religiösen Verbänden an. Es wurde geleitet von Marcel Cachin, Léon Jouhaux, André Malraux, Thomas Mann und Romain Rolland. Seine Aufgabe sah es darin, den Kampf der verschiedenen Kräfte gegen Hitlerterror und Verfolgung zu koordinieren und ihn dadurch wirksamer zu machen. In einem Appell erklärte die Konferenz: „Die unmenschliche Unterdrückung, die heute im Lande Goethes, Kants, Schillers herrscht, verschont keine der politischen Richtungen, keine Äußerung der freien Meinung und der Vernunft ... Von Ossietzky, Thälmann, Mierendorff, Rossaint, Niemöller, Lene Overlach und viele andere erwarten hinter den Gittern ihrer Zellen oder hinter dem Stacheldraht der Konzentrationslager, daß alle Menschen, für die Gerechtigkeit kein leeres Wort ist, fordern, daß Schluß gemacht wird mit dieser willkürlichen Haft, die eine Schande und ein Verbrechen ist.

Die Mißachtung des Rechtes wird zur Herausforderung der Menschheit. Das faschistische Beil hat Dutzende von Köpfen zu

Fall gebracht aus keinem anderen Grunde, als weil sie Gedanken dachten, die nicht nationalsozialistisch waren. Und heute ist zusammen mit anderen Oppositionellen gegen das Regime eine Frau, eine Mutter, Liselotte Herrmann, zu diesem furchtbaren Schicksal verurteilt.

Fordern wir von der augenblicklichen Regierung in Deutschland: Haltet ein mit der Kriegshetze, mit der Politik der Provokation und des Angriffs! Laßt die Geiseln frei! Genug der Verfolgungen gegen Freiheit, Glauben und ihre Vorkämpfer! Genug des edlen Blutes, vergossen auf dem Schafott!"[58]

Das Politbüro des ZK der KPD stand auch in der zweiten Hälfte der dreißiger Jahre mit Ernst Thälmann in Verbindung. Es informierte ihn über die Brüsseler Konferenz der KPD und über Dokumente der Kommunistischen Internationale. Der Führer der KPD, der im August 1937 von Berlin-Moabit in das Gefängnis nach Hannover überführt wurde, betrieb – wie seine Auszüge aus der faschistischen Presse und aus Büchern zeigen – umfangreiche politische Studien und gab der Führung der KPD Ratschläge, die durch Rosa Thälmann aus dem Gefängnis und über den Kurier Walter Trautzsch in die Hände des Politbüros gelangten. Die Parteiführung versuchte seit 1933 mehrmals, Ernst Thälmann aus dem Kerker zu befreien – jedoch ohne Erfolg. Er stand in Berlin-Moabit und in Hannover unter zusätzlicher Bewachung durch Spezialkommandos der SS beziehungsweise der Gestapo. 1934 waren bis ins Detail ein Fluchtplan und entsprechende Maßnahmen vorbereitet worden. Ein Spitzel verriet das Vorhaben, und die Gestapo verhaftete viele mit der Durchführung des Plans beauftragte Antifaschisten. 1937 verurteilte die faschistische Justiz einen Gefängniswärter zu 15 Jahren Zuchthaus wegen Beihilfe zu einer erneut vorbereiteten Flucht Ernst Thälmanns.

Der Volksfrontausschuß in Paris hatte auf seiner Tagung am 10./11. April 1937 über die Erhaltung des Friedens, die Wiedereroberung demokratischer Rechte und Freiheiten und die Durchsetzung sozialer Forderungen beraten. In seiner einleitenden Rede forderte Heinrich Mann die Hitlergegner auf, alles Trennende beiseite zu schieben und sich zu gemeinsamem Kampf zu vereinen. Er trat für die Schaffung einer demokratischen Volksrepublik ein, die den Faschismus mit der Wurzel ausrottet.

In einer „Botschaft an das deutsche Volk" rief die Tagung alle Hitlergegner auf, gemeinsam gegen die faschistischen Kriegsvorbereitungen zu kämpfen. „Wenn Hitler behauptet", stellte der Volksfrontausschuß fest, „Deutschland brauche neuen Raum, um neue Lebensmöglichkeiten für das deutsche Volk zu schaffen – so antworten wir: Unser Volk braucht den Frieden! Man braucht nur die Kriegszwangswirtschaft auf dem Lande zu beseitigen, und es gibt keinen Mangel an Lebensmitteln mehr. Würden nicht die wirtschaftlichen und finanziellen Kräfte des Landes für die Kriegsproduktion vergeudet, dann gäbe es alles Nötige für die Versorgung des Volkes ... Es ist nur die Politik der Vorbereitung des totalen Krieges, die dem deutschen Volk Kanonen statt Butter, Tanks statt Fleisch, minderwertigen Ersatz statt der notwendigen Rohstoffe für den Volksverbrauch beschert hat."[59] Abschließend wurde in dem Aufruf an alle, die den Frieden retten wollten, appelliert: „Sozialisten, Kommunisten, Demokraten, Angehörige aller Konfessionen, handeln wir gemeinsam, helfen wir uns gegenseitig, beenden wir jegliche Zersplitterung, die nur Hitler nützt! Schließen wir uns zusammen zur großen Deutschen Volksfront, die allein unser deutsches Volk zum Sturze Hitlers führen kann und führen wird."[60]

Im Jahre 1937 entwickelten sich Freundeskreise der deutschen Volksfront, in denen nach Paris emigrierte deutsche Hitlergegner verschiedener politischer und weltanschaulicher Richtung unter Leitung gewählter Arbeitsausschüsse zusammengefaßt waren. Vertreter des Volksfrontausschusses und seines im Frühjahr jenes Jahres unter Rudolf Breitscheid gebildeten Aktionsausschusses referierten wiederholt vor den Freundeskreisen, die eine rege antifaschistische Aufklärungsarbeit unter deutschen Emigranten entfalteten, sich an Solidaritätsaktionen für Volksfrontspanien beteiligten und Verbindung zu französischen Volksfrontkomitees aufnahmen.

In Stockholm berieten im Oktober 1937 auf Initiative des Askania-Kreises, den Vertreter der KPD, der SPD und der SAP, unter anderen Herbert Warnke, Fritz Schreiber und August Enderle, Anfang 1936 in der schwedischen Hauptstadt gegründet hatten, Kommunisten, Sozialdemokraten und Mitglieder der SAP aus Dänemark, Norwegen und Schweden auf der sogenannten Nordischen Herbstkonferenz darüber, wie die Volksfront geschaffen und die illegale Arbeit in den Betrieben und unter der Jugend in Norddeutschland gefördert werden konnten. Es wurde ein Zentraler Arbeitsausschuß für den Norden geschaffen, der bestehende Verbindungen zu Antifaschisten in Norddeutschland erweiterte.

Neben den Fortschritten, die es 1936/1937 in der Zusammenarbeit verschiedener Antihitlerkräfte gab, wurden besonders seit dem Frühjahr 1937 immer stärker Kräfte wirksam, die sich gegen die Kommunisten wandten und sie zu isolieren trachteten. Im Volksfrontausschuß in Paris suchten bürgerliche Hitlergegner aus antikommunistischer Haltung heraus unter Vorwänden die Zusammenarbeit zu sprengen, um besser Verbindung zu großbürgerlichen Kreisen zu finden. Leopold Schwarzschild war bereits 1936 aus dem Ausschuß ausgetreten und betrieb in der von ihm herausgegebenen Zeitschrift „Das neue Tage-Buch" eine antikommunistische Hetze. Bürgerliche Kräfte bemühten sich, Komitees von Hitlergegnern unter Ausschluß der Kommunisten zu schaffen. Auch sozialdemokratische Führer traten gegen die Zusammenarbeit mit der KPD im Volksfrontausschuß auf. Rudolf Breitscheid und Max Braun lehnten im Mai 1937 eine weitere Mitarbeit im Ausschuß unter dem Vorwand ab, daß sich das ZK der KPD in einem offenen Brief an die sozialdemokratische „Volksfrontgruppe" in Berlin und an den Emigrationsvorstand gewandt hatte, ohne sie vorher zu fragen. Erst wenn zugesichert würde, daß sich das nicht wiederhole, würden sie ihre Tätigkeit fortsetzen.

Sozialdemokratische Funktionäre und Vertreter der SAP im Volksfrontausschuß griffen die Freundeskreise der Volksfront als „kommunistisch majorisiert" an, obwohl der seit 1937 bestehende Zentrale Arbeitsausschuß der Freundeskreise aus 7 Kommunisten, 7 Sozialdemokraten und 6 parteilosen Hitlergegnern bestand. Der wahre Grund für diese Angriffe war, daß diese Kreise aktiv und einheitlich wirkten. Im Arbeitsausschuß zur Bildung der Volksfront im Saargebiet wirkten ebenfalls Kräfte, die immer mehr der politischen Linie der rechten Führer im sozialdemokratischen Emigrationsvorstand folgten, die 1937 im „Neuen Vorwärts" und in anderen Publikationsorganen einen entschiedenen Kampf gegen die KPD forderten.

Verschiedene bürgerliche und sozialdemokratische Gruppierungen bekämpften offen die Kommunisten. Dazu gehörten die „Deutsche Freiheitspartei", eine lose Vereinigung bürgerlicher Hitlergegner, deren führende Vertreter in Paris die ehemaligen Zentrumsmitglieder Otto Klepper, früher preußischer Finanzminister, und Karl Spiecker, in der Weimarer Republik zeitweilig Pressechef der Reichsregierung, waren, und die in Opposition zu Hitler stehende „Schwarze Front" des Faschisten Otto Strasser. Dazu gehörte auch die „Volkssozialistische Bewegung", in der sich rechte Sozialdemokraten wie Emil Franzel, Wenzel Jaksch und Wilhelm Sollmann vereinigten, die forderten, mit dem Klassenkampf Schluß zu machen, und gemeinsame Aktionen mit der „Schwarzen Front" propagierten.

Trotzkistische Elemente, Funktionäre der SAP und des ISK verleumdeten die KPD sowie die von ihr verfolgte Volksfrontpolitik. Sie erklärten die Losung des Kampfes um die demokratische Republik für opportunistisch; einige von ihnen forderten den Kampf um eine „deutsche Sowjetrepublik". Willi Eichler, der Vorsitzende der Auslandsleitung des ISK, bezeichnete in der „Sozialistischen Warte" die KPD als „das am meisten störende Element"[61] bei der Schaffung der Volksfront.

Diese Angriffe gegen die KPD, den Initiator und die aktivste Kraft des Kampfes um eine breite Volksfront, führten dazu,

daß bürgerlich-demokratische Mitglieder des Volksfrontausschusses zu schwanken begannen. Dazu trug auch das Verhalten Willi Münzenbergs bei. Er ignorierte Direktiven des
Politbüros, informierte bürgerliche Mitglieder des Volksfrontausschusses über interne Beratungen der Führung der KPD
und gab sich als eigentlicher „Führer" der KPD aus. Seinen
prinzipienlosen Kampf gegen das Politbüro nutzten sozialdemokratische und bürgerliche Mitglieder des Ausschusses für
ihre gegen die KPD gerichteten Ziele aus. Münzenberg stellte
sich außerhalb der Partei. Er arbeitete seit Sommer 1937 in
der Leitung der „Deutschen Freiheitspartei" mit und entwickelte sich zu einem extremen Antikommunisten.

So wurde der Pariser Volksfrontausschuß seit Frühjahr 1937
immer passiver, trotz aller Bemühungen von Heinrich Mann,
von Vertretern der KPD, einigen sozialdemokratischen Funktionären und bürgerlich-demokratischen Hitlergegnern um
sein einheitliches Auftreten und Wirken. Bürgerliche, sozialdemokratische und SAP-Vertreter verhinderten, daß er zu
wichtigen Ereignissen in Deutschland Stellung nahm. Sie
suchten die Verantwortung dafür, daß die Arbeit des Ausschusses lahmgelegt wurde, der KPD zuzuschieben. So konnte
der Ausschuß seine Aufgaben als ein Zentrum der deutschen
Volksfront immer weniger erfüllen.

Das wirkte sich auch auf die Widerstandsbewegung in
Deutschland aus. Unter den Bedingungen der Illegalität und
des brutalen faschistischen Terrors war es noch schwieriger,
die verschiedenen Hitlergegner zum gemeinsamen Kampf zu
einen. Nur langsam erreichte die KPD bei ihrem Bemühen
um die Schaffung der Volksfront in Deutschland Fortschritte.
Bedeutendere Ansätze entstanden mit der Entwicklung von
größeren Widerstandsorganisationen, die sich seit 1938/1939
um Organisationen der KPD herauszubilden begannen.

Die Führung der KPD suchte trotz der Schwierigkeiten
und Meinungsverschiedenheiten einheitliche Positionen und
Schritte der Mitglieder des Volksfrontausschusses herbeizuführen und seine Passivität zu überwinden. Am 16. Mai 1938
schlug Wilhelm Pieck in einem Schreiben an Heinrich Mann[62]
vor, die Zusammensetzung des Ausschusses durch weitere

Künstler, Wissenschaftler und Politiker zu verbreitern, gegen die Bestrebungen, die Kommunisten auszuschließen, aufzutreten, sich vor allem über Maßnahmen zur Sicherung des Friedens zu verständigen und die Hilfe für die antifaschistische Bewegung in Deutschland zu verstärken.

Im gleichen Monat appellierte das ZK der KPD an alle deutschen Katholiken, gemeinsam mit Kommunisten, Sozialdemokraten und Anhängern der protestantischen Bekennenden Kirche der Eroberungspolitik des Hitlerfaschismus entgegenzutreten. „Unsere brüderliche Bereitschaft zum gemeinsamen Kampf mit Euch gegen die braune Diktatur ist – wir versichern Euch das erneut – keine Angelegenheit kleinlicher und vorübergehender taktischer Überlegungen, wie es leider noch manche katholischen Führer annehmen ... Sie ist begründet in der Erkenntnis, daß ohne gemeinsamen Kampf es für niemanden Freiheit in Deutschland geben kann. Es ist darum unser unerschütterlicher Wille, mit allen Gegnern Hitlers zur Kampfgemeinschaft für die Erringung der demokratischen Freiheit zu gelangen!"[63]

Im August 1938 wandte sich das ZK der KPD an alle Sozialdemokraten, besonders auch an die Gruppen in der Emigration, alles zu tun, „damit die größtmögliche Zusammenfassung aller Kräfte der deutschen Arbeiterbewegung möglich werde", und „in Verhandlungen einzutreten, um die Aktionseinheit im Arbeiterlager für den Kampf um Frieden und Freiheit des deutschen Volkes herzustellen"[64]. Der „Vorschlag zur Einigung der deutschen Opposition" vom 16. September 1938 des ZK der KPD wies auf weitere Maßnahmen zur Einigung der Hitleropposition und zur Aktivierung des Volksfrontausschusses hin, die möglich und nötig wären. Das Zentralkomitee erklärte: „Nur wenn die deutsche Opposition einig ist, kann sie die Arbeit der Hitlergegner in Deutschland planmäßig und erfolgreicher unterstützen."[65] Die KPD entwickelte also vielfältige Initiativen, um ein gemeinsames Vorgehen der verschiedenen Kräfte der deutschen antifaschistischen Widerstandsbewegung – „und sei es zunächst nur zur Erfüllung minimalster Aufgaben"[66] – herbeizuführen, denn die Bedrohung des Weltfriedens durch das deutsche Finanzkapital gebot dringend gemeinsames Handeln.

193

Der faschistische deutsche Imperialismus war inzwischen zur Politik der offenen Aggression übergegangen. Damit sie durchgesetzt werden konnte, war am 24. Juni 1937 die „Weisung für die einheitliche Kriegsvorbereitung der Wehrmacht" ergangen, „um etwa sich ergebende politisch günstige Gelegenheiten militärisch ausnutzen zu können"[67]. Auf einer Beratung am 5. November 1937 hatten Hitler und führende Militärs als nächsten Schritt den Überfall auf Österreich und die Tschechoslowakei festgelegt. 1938 hatte das faschistische Regime den Anteil der Rüstungsausgaben am Gesamtstaatshaushalt auf 42,7 Prozent erhöht, 1937 hatte er 28,2 Prozent betragen. Ende 1937, Anfang 1938 war eine weitere Zentralisierung im faschistischen Staatsapparat erfolgt, und eine Anzahl hoher Militärs, wie der Reichskriegsminister, General Werner von Blomberg, und der Oberbefehlshaber des Heeres, General Werner Freiherr von Fritsch, waren entlassen worden, weil sie zu risikoloserem Vorgehen und zur Vermeidung eines Zweifrontenkrieges geraten hatten. Danach wurde am 4. Februar 1938 das Reichskriegsministerium aufgelöst, das Oberkommando der Wehrmacht geschaffen und Hitler unterstellt, der damit den Oberbefehl über die Wehrmacht selbst übernahm. Das ZK der KPD bezeichnete in einem Flugblatt die Ereignisse des 4. Februar 1938 als alarmierend, da sie „unmittelbar auf die Anzettelung von Kriegsprovokationen gerichtet sind. Der Sprung auf Österreich ist der Anfang."[68]

Tatsächlich marschierte die Wehrmacht am 12. März 1938 in Österreich ein, das als „Ostmark" Deutschland einverleibt wurde und dessen wirtschaftliche Ressourcen fortan der weiteren Stärkung des deutschen Imperialismus dienten. Die imperialistischen Westmächte betrachteten die Annexion Österreichs als den Beginn der faschistischen Aggression in Richtung nach Osten. Trotz ihrer Protestnoten anerkannten Frankreich und Großbritannien die Annexion und lösten ihre Botschaften in Wien auf. Die Sowjetunion schlug den Westmächten Kollektivmaßnahmen vor; sie wurden jedoch abgelehnt.

Aus der Erklärung des Volkskommissars für Auswärtige Angelegenheiten der UdSSR, M. M. Litwinow, vom 17. März 1938

„Die gegenwärtige internationale Lage stellt alle friedliebenden Staaten und insbesondere die Großmächte vor die Frage ihrer Verantwortung für das weitere Schicksal der Völker Europas und nicht nur Europas ... Darum kann ich im Namen der Sowjetunion erklären, daß sie ihrerseits nach wie vor zur Teilnahme an kollektiven Aktionen bereit ist, die gemeinsam mit ihr beschlossen werden und die das Ziel haben würden, der weiteren Verbreitung der Aggression Einhalt zu tun und die verstärkte Gefahr eines neuen Weltkrieges zu beseitigen. Sie ist bereit, unverzüglich mit anderen Staaten im Völkerbund oder außerhalb des Völkerbundes praktische Maßnahmen zu erörtern, die sich aus der gegenwärtigen Lage ergeben."[69]

Der Überfall auf Österreich „ist ein weiteres Glied in der Kette der unerhörten Kriegsprovokationen, mit denen Hitler die Welt in den Krieg treibt"[70], erklärte das ZK der KPD in einem illegal in Deutschland verbreiteten Flugblatt. Die Besetzung Österreichs, die als Befreiung hingestellt wurde, habe dem österreichischen Volk das Recht auf Selbstbestimmung geraubt und den blutigen Terror gebracht. Die Führung der KPD forderte die Zurückziehung der deutschen Truppen aus Österreich und die Wiederherstellung der völligen Unabhängigkeit dieses Staates. Sie appellierte an alle deutschen Hitlergegner sowie an alle Arbeiterorganisationen in der Welt, weitere Provokationen des Hitlerfaschismus, die zum Weltkrieg führen würden, zu verhindern. Organisationen der KPD und antifaschistische Widerstandsgruppen verurteilten in Flugblättern die Annexion und deckten die aggressiven, imperialistischen Hintergründe der von den Faschisten gepriesenen Schaffung der „Einheit der Nation" und eines „großdeutschen Reiches" auf. Aber Millionen Deutsche, irregeleitet durch die chauvinistische „Heim-ins-Reich"-Propaganda der Faschisten, stimmten dem gewaltsamen Anschluß Österreichs zu.

Nach dem offenen Übergang des deutschen Imperialismus und Militarismus zu Aggressionen tagte Mitte Mai 1938 die Führung der KPD in Moskau. Sie erklärte am 14. Mai, daß es dem Hitlerregime nicht – wie es vorgebe – um die Sicherheit, das Lebensinteresse und die nationale Ehre Deutschlands gehe, sondern um die Unterjochung anderer Völker und um die Vernichtung der Arbeiterbewegung und aller anderen demokratischen Kräfte in Europa. Diese Politik diene nur den Klassen- und Profitinteressen des deutschen Monopolkapitals. Dessen Pläne, Europa unter seine Herrschaft zu bringen, würden zum Kriege führen. „Es würde der furchtbarste aller Kriege werden. Er würde auf deutschem Boden ausgefochten werden ... Er würde unvermeidlich mit einer Niederlage Deutschlands enden"[71], hieß es in der Resolution. Das Zentralkomitee rief alle deutschen Hitlergegner auf, sich über den gemeinsamen Kampf um die Erhaltung des Friedens zu verständigen und den Rückzug der deutschen Truppen aus Österreich und aus Spanien, die Einstellung der Drohungen des Naziregimes gegen die ČSR sowie die Kündigung des Kriegspaktes mit Italien und Japan zu fordern. Die Führung der KPD appellierte an alle friedensgewillten Kräfte in Deutschland, gegen die antisowjetische Hetze aufzutreten und die auf kollektive Sicherheit in Europa gerichtete Politik der Sowjetunion zu unterstützen. Auf ihrer Tagung legte die Führung der KPD detailliert dar, wie die Einheitsfront und die antifaschistische Volksfront zum Kampf gegen die Kriegspolitik des deutschen Imperialismus geschaffen werden konnte.

Unmittelbar nach dieser Tagung berieten am 14. Mai 1938 die Mitglieder des Sekretariats des EKKI Georgi Dimitroff, Dimitri Manuilski und M. A. Moskwin mit Franz Dahlem, Philipp Dengel, Wilhelm Florin, Wilhelm Pieck und Walter Ulbricht Probleme des antifaschistischen Kampfes in Deutschland. Die Mitglieder des Sekretariats schlugen der Führung der KPD vor, noch stärker jede Möglichkeit zur Mobilisierung und Sammlung der Hitlergegner in Deutschland zu nutzen und den Kampf gegen die faschistische Aggressionspolitik mit dem Kampf gegen Ausbeutung und Knechtung der deutschen Werktätigen zu verbinden. Sie empfahlen, „Kurs auf die Verlegung der operativen Leitung ins Land"[72] zu nehmen. Diese Orientierung war von großer Bedeutung für die Entwicklung des antifaschistischen Kampfes in Deutschland. Sie wurde in den folgenden Jahren nach Überwindung erheblicher Schwie-

rigkeiten verwirklicht.

Nach der Annexion Österreichs wandte sich der deutsche Imperialismus gegen die ČSR: Er bereitete den militärischen Überfall vor. Führende Vertreter der Regierungen Großbritanniens und Frankreichs hatten sich bereits im November 1937 auf einer Konferenz geeinigt, gegen eine Annexion Österreichs und der Tschechoslowakei durch Hitlerdeutschland nichts zu unternehmen, sie hatten die faschistische Regierung darüber informiert. Imperialistische Kreise der USA hatten zur gleichen Zeit ihre Bereitschaft bekundet, mit Hitlerdeutschland gegen die Sowjetunion zusammenzuarbeiten. Am 29. September 1938 billigten die britische und die französische Regierung im Münchener Abkommen Hitlerdeutschland die Annexion tschechoslowakischen Territoriums, des sogenannten Sudetengebiets, zu und halfen die Zerschlagung der ČSR dadurch vorzubereiten, daß sie keine Garantie für die neuen Grenzen übernahmen. Am 1. Oktober begann die faschistische Besetzung des „Sudetengebiets". Die Naziregierung, die vor dem Münchener Abkommen mit der Aggression gegen die ČSR gedroht hatte, konnte sich nun infolge der Zugeständnisse der Westmächte in diesem Abkommen als „Retter des Friedens" preisen. Die Unterstützung des Hitlerregimes durch die Westmächte kam auch darin zum Ausdruck, daß auf der Grundlage der Münchener Verschwörung gegen die Sowjetunion die britische und die französische Regierung am 30. September beziehungsweise am 6. Dezember 1938 mit der Naziregierung Nichtangriffspakte abschlossen. Alle diese Schritte der Westmächte gaben dem deutschen Monopolkapital freie Hand für die Durchsetzung seiner Expansionsziele im Osten. Sie wurden in der Absicht getan, die Aggression des deutschen Imperialismus gegen die Sowjetunion zu lenken.

Während die imperialistischen Westmächte die faschistische Aggressionspolitik begünstigten, unternahm die sozialistische Sowjetunion auch in diesen Jahren große Anstrengungen, um den Weltfrieden zu sichern und vor allem Hitlerdeutschland zu zügeln. Die UdSSR hatte den Westmächten und der ČSR vor dem Münchener Abkommen vorgeschlagen, gemeinsame Maßnahmen zur Abwehr der faschistischen Provokationen festzulegen. Das war abgelehnt worden. Zugleich hatte sie im Juli 1938 im Fernen Osten den Überfall des japanischen Imperialismus, des Verbündeten Hitlerdeutschlands, zurückgeschlagen.

Die KPD stellte sich an die Seite der Kommunistischen Partei, der Arbeiterklasse und der Völker der Tschechoslowakei und trat für die Verteidigung der nationalen Unabhängigkeit, der Souveränität und Selbstbestimmung der ČSR ein. Der irreführenden, verleumderischen Nazipropaganda setzte sie die Verbreitung der Wahrheit über das Münchener Abkommen, sein Zustandekommen und seine Hintergründe entgegen. Die Partei der deutschen Arbeiterklasse erklärte in Flugblättern und über den Rundfunk, daß die Annexion tschechoslowakischen Territoriums durch den deutschen Imperialismus eine Herausforderung der friedliebenden Völker sei. Zugleich enthüllte sie die für die Erhaltung des Weltfriedens verhängnisvolle Rolle der imperialistischen Regierungen Großbritanniens und Frankreichs, die infolge ihrer antisowjetischen Grundlinie dem Hitlerregime jenen aggressiven Kurs ermöglichten.

In einer aus dem Gefängnis geschmuggelten Analyse des Münchener Abkommens bezeichnete es Ernst Thälmann als das „größte geschichtliche Drama", daß es Hitler und Mussolini durch dieses Abkommen gelang, „als Friedensmacher und Friedensförderer neben Chamberlain und Daladier in Erscheinung zu treten"[74]. Das Abkommen habe „den weiteren Aufstieg und die Festigung dieses Systems (der faschistischen Diktatur in Deutschland – *K. M.*) nicht unerheblich gefördert"[75]. Ernst Thälmann kam unter anderem zu dem Schluß: „Der geschichtliche Wendepunkt in Europa, der durch das Abkommen in München erreicht wurde und mit seinen Folgen signalisiert wird, kann nur durch eine offensiv angelegte, realistische und bewegliche konsequente Außenpolitik der Sowjetunion begegnet, aufgehalten und eventuell in andere Bahnen gelenkt werden ... Die schwierigste und zugleich brennendste Frage im Bereich der Gesamtaufgabe des Kampfes gegen das Münchener Abkommen und seine Folgen ist gegenwärtig für die Sowjetunion und ihre Freunde die Propaganda und der Kampf für den Frieden."[76]

In ihrer antifaschistischen Propaganda wies die KPD auf die Verantwortung der deutschen Hitlergegner hin. In einem ihrer Aufrufe stellte sie Anfang Oktober 1938 fest, daß es „die volksfremden Interessen des eroberungsgierigen deutschen Großkapitals und der neureichen Nazibonzen" seien, die zu immer neuen Provokationen führen würden. „Der Erfolg, den Hitlers Erpresserpolitik mit Unterstützung Chamberlains und Daladiers errungen hat, richtet sich nicht nur gegen die demokratischen Völker und die Sowjetunion, sondern in erster Linie gegen das deutsche Volk selbst. Gerade deshalb tragen wir als deutsche Antifaschisten vor unserem Volk und den anderen Völkern eine noch höhere Verantwortung. Wir müssen ihnen noch mehr als vorher zeigen, daß das deutsche Volk nicht identisch ist mit Hitlers Kriegswillen ... Schaffen wir jedoch das große Bündnis aller Deutschen, die Frieden und Freiheit wollen, vereinigen wir uns als Sozialdemokraten, Kommunisten, Demokraten, Katholiken, Protestanten, als Arbeiter, Angestellte, Bauern, Mittelständler und Intellektuelle zur Volksfront gegen Hitlers Gewaltherrschaft, dann werden wir auch wirkliche Verbündete in den demokratischen Kräften der anderen Völker finden."[77]

Ungebrochen hinter Gitter und Stacheldraht

Nachrichten über die Beschlüsse der Brüsseler Konferenz drangen auch in die faschistischen Zuchthäuser und Konzentrationslager und brachten Kommunisten und Sozialdemokraten

199

in engere Kampfgemeinschaft. Im Zuchthaus Oslebshausen bei Bremen schufen kommunistische Häftlinge 1935/1936 eine illegale Parteiorganisation, die mehrere Gruppen umfaßte. Geleitet von Matthias Thesen und Anton Saefkow, führte sie unter den politischen Gefangenen antifaschistische Aufklärungsarbeit durch und organisierte verschiedene Hilfsaktionen. Unter großen Gefahren wurden politische Schulungen durchgeführt. In den Zuchthäusern Fuhlsbüttel und Zwickau unterstützten die kommunistischen Organisationen – geschickt jede Möglichkeit nutzend – das schwere Los derer, die in Einzelhaft gehalten wurden.

Obwohl Ernst Thälmann durch besonders strenge Einzelhaft isoliert wurde, vermochten Mitgefangene im Moabiter Gefängnis, günstige Gelegenheiten auszunutzen und mit ihm einige Worte zu wechseln. Diese kurzen Gespräche gaben ihnen neue Kraft und zeugten von der ungebrochenen Haltung des Führers der KPD. Einer dieser Mitgefangenen berichtete über eine solche kurze Begegnung 1936: „Während der Hofrunde (20 Minuten, die einzige Zeit des Tages, um frische Luft zu atmen) muß Thälmann ganz allein marschieren. Eine strenge Überwachung der zum Hofe hinausführenden Zellenfenster verhindert auch den geringsten Gruß der Mitgefangenen an Thälmann. Kameraden, die als Kalfaktoren auf dem Revierbüro der Wachbeamten den Reinigungsdienst versahen, konnten folgendes feststellen: Thälmann bekommt zwei Nazizeitungen ausgehändigt. Aber selbst diese Zeitungen werden auf der Revierstube noch zensuriert. Alle Stellen, die von Auslandsstimmen gegen den Nationalsozialismus berichten, besonders auch Meldungen über Erfolge der französischen Volksfront, werden mit der Schere aus den Blättern herausgeschnitten ...

Ich selbst wurde in Oranienburg 11 Tage gequält. Man hat mir die Nieren zerschlagen. Im Moabiter Lazarett traf ich für eine Minute Ernst Thälmann. Er wurde zu einer ärztlichen Untersuchung vorgeführt. Das Zusammentreffen mit Thälmann werde ich nie vergessen. Ich flüsterte ihm über mein Schicksal in Oranienburg zu. Er hörte aufmerksam zu. Dann drückte er mir fest die Hand und fragte: ‚Halten sich die Genossen anständig?' Ich bejahte es. Teddy freute sich. Als er merkte, wie mich meine Verletzungen schmerzten, faßte er noch einmal meine Hände und sagte zu mir: ‚Beiß die Zähne zusammen, Genosse! Es wird schon noch alles besser werden. Nur Mut! Und grüße die anderen Kameraden!'

Als ich den übrigen Gefangenen des Lazaretts die Grüße Thälmanns übermittelte, haben sich alle mächtig gefreut. Der Gruß hat viele von ihnen wieder aufgerichtet. Wußten sie doch: Teddy ist immer noch der alte.'' [78]

Oftmals gelang es den Häftlingen in den Zuchthäusern, Verbindungen zur Außenwelt, zu Organisationen der KPD und anderen Antifaschisten, herzustellen. So gelangten Zeitungen und politische Informationen, unter anderem über den VII. Weltkongreß der KI und die Brüsseler Konferenz der KPD, beispielsweise in das Frauengefängnis Barnimstraße in Berlin und in das Zuchthaus Luckau. In der illegalen Organisation der KPD dieses Zuchthauses, der Hermann Dünow, Hans Jendretzky, Willy Sägebrecht, Hans Seigewasser, Robert Siewert und andere angehörten, kursierte eine Broschüre mit den Reden Wilhelm Piecks auf der Brüsseler Konferenz und mit deren Beschlüssen. In den Arbeitskommandos führten Häftlinge des Zuchthauses Luckau Sabotageakte durch. Zuweilen und unter Überwindung großer Schwierigkeiten gelang es den politischen Gefangenen, Detektorapparate zu basteln, mit denen Rundfunksendungen abgehört wurden.

Organisator des Widerstandskampfes im Zuchthaus Waldheim war Ernst Schneller. Er vermittelte politischen Häftlingen in Diskussionen und illegalen Schulungen marxistisch-leninistische Kenntnisse. Eng mit Sozialdemokraten arbeitete die illegale Organisation der KPD im Zuchthaus Brandenburg (Havel)-Görden zusammen, die sich seit 1937 herausbildete und zu der Erich Honecker, Albert Kayser, Bruno Leuschner, Max Maddalena und Kurt Seibt gehörten. Die politischen Häftlinge führten Schulungen durch und organisierten den Kampf gegen kriminelle Häftlinge bei der Besetzung von Funktionen als Kalfaktoren, sabotierten die Arbeit und stellten Verbindung zur Außenwelt her.

Auch in den Konzentrationslagern konnten Kommunisten und andere Antifaschisten zu Funktionen in der Häftlingsverwaltung gelangen, die es ihnen ermöglichten, Terrormaßnahmen der Bewachungsmannschaften entgegenzuwirken. Hier bildeten sich ebenfalls illegale Organisationen der KPD heraus. Im KZ Lichtenburg standen Albert Kuntz, Theodor Neubauer und Walter Stoecker an der Spitze der Parteiorganisation. Über illegale Verbindungen beschaffte Walter Stoecker die Resolution und das Manifest der Brüsseler Konferenz der KPD, die in kleinen Gruppen gelesen und erörtert wurden. Die Kommunisten kamen mit sozialdemokratischen Häftlingen, so mit dem ehemaligen hessischen Innenminister Wilhelm Leuschner und mit Carlo Mierendorff, früher Pressechef der hessischen Staatsregierung, zu Diskussionen zusammen. In diesem Konzentrationslager wie auch in Dachau, Sachsenhausen, das 1936 errichtet wurde, und in anderen Lagern gelang es den Kommunisten, Verbindungen zu Antifaschisten außerhalb des Stacheldrahtes herzustellen. Im KZ Sachsenhausen führte die illegale Organisation der KPD, zu deren leitenden Kadern Robert Abshagen, Bernhard Bästlein, Wilhelm Guddorf, Franz Jacob, Georg Schumann, Martin Schwantes und Martin Weise gehörten, Schulungen und Solidaritätsaktionen durch. Die SS suchte mehrmals durch drakonische Strafmaßnahmen die Aktionen der Parteiorganisation zu durchkreuzen.

Zahlreichen politischen Häftlingen im KZ Sachsenhausen konnte das Leben dadurch gerettet werden, daß Kommunisten

---

Aus dem Erlebnisbericht von Hans Hüttner über die Unterstützung jüdischer Häftlinge im KZ Sachsenhausen im Frühjahr 1939

„Umfangreiche Solidaritätsaktionen, gelenkt von der Leitung der Widerstandsorganisation im Lager, setzten ein. Es waren gefahrvolle Einsätze. Die SS durfte nichts merken. Spitzel gab es allerorts.

In den Abendstunden kamen unbemerkt Krankenpfleger aus dem Häftlingsrevier, ausgerüstet mit den zur Verfügung stehenden Medikamenten und Instrumenten, in unsere Baracken. Eine illegale fliegende Ambulanz. Viele konnten einstweilen gerettet werden. Die Moral stieg. Wir hatten Freunde, die sich für uns selbstlos in Gefahr begaben.

Hilfe kam aus dem Lebensmittelmagazin, aus der Bekleidungskammer, um uns die von der SS entzogene Zuteilung wieder zukommen zu lassen. Überall wurde die unsichtbare Front der Widerstandsorganisation durch wirksame Hilfe für uns spürbar."[79]

und andere Antifaschisten Funktionen als Lagerältester, in der Schreibstube, im Arbeitseinsatz, in der Lager- und Verpflegungsstatistik ausübten.

In dem 1937 errichteten KZ Buchenwald bildete sich unter Leitung von Albert Kuntz, Theodor Neubauer und Walter Stoecker eine illegale Organisation der KPD heraus, die besonders kranke und ältere Häftlinge sowie jüdische Gefangene unterstützte, die nach der sogenannten Kristallnacht 1938 in das Lager gebracht wurden. Die Kommunisten hörten ausländische Rundfunksender und organisierten den Aufbau eines Informationsdienstes im Lager. Illegal wurden Medikamente beschafft und Häftlinge gegen Typhus und Ruhr geimpft. Ähnlich entwickelte sich der antifaschistische Widerstandskampf in den 1938 und 1939 errichteten Konzentrationslagern Flossenbürg, Mauthausen und Ravensbrück.

In den Konzentrationslagern mußten die Häftlinge unsagbare Leiden durch die Quälereien der faschistischen Peiniger ertragen. Mißhandlungen und Totschlag sollten die Häftlinge psychisch und physisch vernichten. Jedoch ließ sich der Widerstandswille von Kommunisten, Sozialdemokraten, Christen und anderen Hitlergegnern nicht brechen. Ihr solidarisches Bemühen, das Leben zu schützen, konnten die Faschisten nicht unterdrücken. Der Kampf in den Zuchthäusern und Konzentrationslagern zeugte von der Gewißheit der politischen Gefangenen, daß die Ideen der Freiheit, der Demokratie und des sozialen Fortschritts unbesiegbar sind. Der Widerstand hinter Kerkermauern und Stacheldraht gehört zu den heroischen Traditionen des antifaschistischen Kampfes der besten Kräfte des deutschen Volkes.

Schriftsteller und Künstler an der Seite der KPD

In den Organisationen der KPD oder an ihrer Seite beteiligten sich sozialistische und andere progressive Schriftsteller und Künstler vom ersten Tage der faschistischen Herrschaft an 203 am Widerstandskampf. Bis zu seiner Auflösung 1935 bestanden in verschiedenen Städten illegale Gruppen des Bundes proletarisch-revolutionärer Schriftsteller Deutschlands. Einige seiner Mitglieder, wie Willi Bredel, Klaus Neukrantz, Ludwig Renn, wurden verhaftet; andere mußten emigrieren. Elfriede Brüning, Karl Grünberg, Jan Koplowitz, Paul Körner-Schrader, Jan Petersen, Berta Waterstradt und weitere Mitglieder publizierten in illegalen Zeitungen der KPD und im Organ des Bundes, „Stich und Hieb", das illegal bis Mitte 1935 erschien, Artikel und Erzählungen, in denen sie sich mit der faschistischen Demagogie auseinandersetzten und die aggressiven Ziele sowie den Terror der Hitlerdiktatur aufdeckten und anprangerten. Kurze Verse, Aufrufe zum Kampf, wurden auf Flugblättern und Klebezetteln verbreitet. Einige Schriftsteller, zum Beispiel Jan Petersen, verfaßten Beiträge für die in Prag von Anna Seghers, Wieland Herzfelde und anderen herausgegebenen „Neuen Deutschen Blätter".

Sozialistische bildende Künstler, wie Hermann Bruse, Alfred Frank, Hans und Lea Grundig, Fritz und Eva Schulze sowie Kurt Schumacher, arbeiteten in illegalen Organisationen der KPD, zum Teil als Funktionäre, und in antifaschistischen Widerstandsgruppen. Daneben schufen sie mit Plakaten und Illustrationen für die illegale Parteipresse sowie mit Zeichnungen und Lithographien Zeugnisse der politischen und moralischen Überlegenheit der Antifaschisten, brachten ihre Überzeugung von der Gewißheit des Sieges über die faschistische Diktatur zum Ausdruck und klagten, wie auch Fritz Cremer und Otto Nagel, das barbarische Hitlerregime an. Sozialistische und bürgerlich-humanistische Künstler, die die Faschisten oft schon früh mit Arbeits- und Ausstellungsverbot belegten und von denen sie 1939 über 1000 Gemälde und fast 4000 Aquarelle und Graphiken verbrannten, wurden verhaftet. Sie setzten ihren Kampf in Zuchthäusern und Konzentrationslagern fort.

Bald nach dem Januar 1933 trieb das Hitlerregime eine große Zahl sozialistischer und anderer progressiver Schriftsteller und Künstler in das Exil; sie emigrierten in die Sowjetunion, nach Frankreich, in die ČSR und andere Länder. Von besonderer Bedeutung für die Entwicklung der antifaschistischen deutschen Literatur war das Zentrum in Moskau, das sich in den dreißiger Jahren herausbildete und dem unter anderen Johannes R. Becher, Willi Bredel, Alfred Kurella, Erich Weinert, Friedrich Wolf angehörten. Hier schrieb Willi Bredel 1935 seinen Roman „Die Prüfung", in dem der Autor auf Grund seiner Erlebnisse der Weltöffentlichkeit über den faschistischen Terror im KZ Fuhlsbüttel berichtete; das Buch wurde in 17 Sprachen übersetzt. Ebenso weltbekannt wurde Friedrich Wolfs 1933 geschriebenes und 1938 in der Sowjetunion verfilmtes Schauspiel „Professor Mamlock", in dem Wolf am Schicksal eines jüdischen Arztes den Irrweg des größten Teils der deutschen Intelligenz dem antifaschistischen Kampf der Kommunisten gegenüberstellte und die Rassenhetze der Nazis anprangerte.

In Moskau erschienen mit sowjetischer Unterstützung bedeutende deutsche antifaschistische Literaturzeitschriften wie „Das Wort", von Bertolt Brecht, Willi Bredel und Lion Feuchtwanger herausgegeben, an dem auch Thomas Mann mitarbeitete, und „Internationale Literatur. Deutsche Blätter", geleitet von Johannes R. Becher. Diese Zeitschrift – sie erschien als einzige während der gesamten Zeit des Hitlerregimes – war Organisator und Forum der deutschen sozialistischen und bürgerlich-humanistischen Literatur. Sie veröffentlichte poetische, publizistische und literaturtheoretische Beiträge aller bedeutenden deutschen antifaschistischen Schriftsteller und bemühte sich um einen Beitrag zur Ausarbeitung der theoretischen Grundlagen des sozialistischen Realismus.

Eine wichtige Funktion bei der Zusammenführung der deutschen antifaschistischen Schriftsteller übte bis zum Beginn des zweiten Weltkrieges der Schutzverband Deutscher Schriftsteller aus, der seit Juli 1933, nach seiner Auflösung durch die Faschisten, in Paris seine Arbeit fortsetzte. Sein Ehrenpräsident war Heinrich Mann. Der Schutzverband organisierte die illegale Verbreitung antifaschistischer Literatur in Deutschland, zum Beispiel brachte er das 1934 wieder herausgegebene Organ des Verbandes, „Der deutsche Schriftsteller", ins Land, 1935 die Tarnschrift „Deutsch für Deutsche" mit Beiträgen von sozialistischen und bürgerlich-humanistischen Schriftstellern wie von Johannes R. Becher, Bertolt Brecht, Willi Bredel,

Lion Feuchtwanger, Egon Erwin Kisch, Heinrich Mann, Hans Marchwitza, Anna Seghers, Erich Weinert und Friedrich Wolf.

Die emigrierten Schriftsteller suchten auf vielfältige Weise den antifaschistischen Kampf in Deutschland und den Zusammenschluß von emigrierten Hitlergegnern in der Volksfront zu unterstützen. Sie verfaßten Artikel für Zeitungen und Zeitschriften, die zum Teil illegal nach Deutschland gelangten, führten Sammlungen durch, enthüllten auf internationalen Kongressen Wesen und Ziele der faschistischen Diktatur, forderten zur weltweiten Solidarität mit den Antifaschisten in Deutschland auf und beteiligten sich an der Rundfunkpropaganda. Schriftsteller und Künstler nahmen in den Internationalen Brigaden am Kampf der spanischen Volksfront

---

**Der spanische Freiheitskrieg
in der deutschen antifaschistischen Literatur**

Johannes R. Becher:	Der Glückssucher und die sieben Lasten, 1938 (Gedichtsammlung)
Bertolt Brecht:	Die Gewehre der Frau Carrar, 1937 (Schauspiel)
Willi Bredel:	Begegnung am Ebro, 1939 (Reportage)
Eduard Claudius:	Grüne Oliven und nackte Berge, 1945 (Roman)
Hermann Kesten:	Die Kinder von Guernica, 1939 (Roman)
Alfred Kurella:	Rosina, 1938 (Erzählung); Wo liegt Madrid?, 1938 (Erzählungen)
Rudolf Leonhard:	Spanische Gedichte und Tagebuchblätter, 1938; Der Tod des Don Quijote, 1938 (Erzählungen)
Heinrich Mann:	Spanische Lehren, 1939 (Essay)
Hans Marchwitza:	Araganda, 1939 (Erzählung)
Ludwig Renn:	Mein Maultier, meine Frau und meine Ziege, 1938 (Schauspiel); Der spanische Krieg, 1955 (Tagebuch-Roman)
Bodo Uhse:	Die erste Schlacht, 1938 (Erzählung); Leutnant Bertram, 1944 (Roman)
Erich Weinert:	Schlaflose Nacht in Barcelona, 1938 (Erzählung); Camaradas. Ein Spanienbuch, 1951 (Gedichte, Lieder, Berichte und anderes)
Franz Werfel:	Die arge Legende vom gerissenen Galgenstrick, 1937 (Erzählung)

gegen den Faschismus teil. Andere ergriffen öffentlich Partei für die spanischen Antifaschisten, wie Thomas Mann, der in einem Artikel in „Das Wort", Moskau, den Freiheitskampf des spanischen Volkes als einen „beispielhaften und ergreifenden Kampf" bezeichnete, der unabhängig von seinem Ausgang „moralisch gewonnen" sei und „von der Geschichte der Menschheit mit höchsten Ehren verzeichnet"[80] werde.

Unterstützt von sozialistischen Schriftstellern der Sowjetunion, von sozialistischen und progressiven bürgerlichen Schriftstellern Frankreichs, Großbritanniens und anderer Länder, entwickelte sich eine feste Kampfgemeinschaft von emigrierten deutschen sozialistischen und bürgerlich-humanistischen Schriftstellern. Sie hatten bedeutenden Anteil an der Herausbildung einer internationalen antifaschistischen Literatur. Davon zeugen beispielsweise solche in den dreißiger Jahren entstandenen Werke wie Bertolt Brechts Schauspiel „Die Rundköpfe und die Spitzköpfe", das sich mit der faschistischen Rassentheorie auseinandersetzte, Anna Seghers' Roman „Die Rettung", der sich mit der Frage beschäftigte, warum die faschistische Diktatur in Deutschland nicht hatte verhindert werden können, Heinrich Manns Roman „Henri Quatre", in dem sich der Autor zum kämpferischen Humanismus bekannte. In ihren Werken klagten die deutschen antifaschistischen Schriftsteller nicht nur die Hitlerdiktatur, ihre Unterdrückungs- und Kriegspolitik an. Sie gaben vor allem ihrer Überzeugung vom Triumph des gesellschaftlich Fortschrittlichen über alles Reaktionäre und Unmenschliche Ausdruck.

Das galt auch für emigrierte Sänger und Schauspieler wie Ernst Busch, für Komponisten wie Paul Dessau und Hanns Eisler, für bildende Künstler wie Theo Balden, John Heartfield, Will Lammert, Heinz Lohmar, Johannes Wüsten, Heinrich Vogeler und andere, die in der Sowjetunion, in der ČSR, in Frankreich und weiteren Ländern Zuflucht gefunden hatten und sich von dort aus am Kampf gegen den Faschismus beteiligten. Einen Beitrag zur Sammlung emigrierter Künstler leisteten progressive bürgerliche Künstler, wie der Maler Oskar Kokoschka, der in Prag wirkte. Durch das Bündnis mit Kommunisten und sozialistischen Schriftstellern und Künstlern, durch die Teilnahme am Kampf gegen das faschistische Regime wurden bei bürgerlich-humanistischen Schriftstellern und Künstlern neue Erkenntnisse über die Rolle der Arbeiterklasse, der KPD und der Sowjetunion sowie über die Gesetzmäßigkeiten der gesellschaftlichen Entwicklung gefördert und eine Änderung beziehungsweise Weiterentwicklung ihrer politischen und ästhetisch-künstlerischen Auffassungen bewirkt.

Widerstandsaktionen sozialdemokratischer und gewerkschaftlicher Gruppen 1936–1938

1935 und 1936 waren zahlreiche Mitglieder sozialdemokratischer Gruppen verhaftet worden, besonders in Düsseldorf und anderen Städten des Ruhrgebiets, in Köln, Worms, im Gebiet Halle-Merseburg, in Hamburg, Kaiserslautern, Leipzig, Magdeburg, Nürnberg, Stuttgart, Wiesbaden. Nach diesen Verhaftungen arbeiteten fast nur noch jene Sozialdemokraten weiter, die gemeinsam mit Kommunisten und anderen Hitlergegnern kämpften; die meisten anderen beschränkten sich – sofern sie sich nicht völlig passiv verhielten – auf Diskussionen im kleinen Kreis und auf die Berichterstattung an den Emigrationsvorstand in Prag. Das entsprach der Orientierung der rechten sozialdemokratischen Führer, abzuwarten und die Sozialdemokraten für die Zeit nach dem Sturz Hitlers zu sammeln. So wandte sich auf einer Zusammenkunft mit Sozialdemokraten aus Deutschland im August 1936 in den Niederlanden der dortige Grenzsekretär des Emigrationsvorstandes, Ernst Schumacher, dagegen, daß im Lande Sozialdemokraten organisatorische Bindungen aufrechterhielten und schriftliche Materialien herstellten und verbreiteten; sie sollten nur in kleinen Zirkeln ihre Meinung austauschen.[81] Das war die Anweisung, jede Aktion gegen die faschistische Diktatur zu unterlassen.

Aktive, organisiert arbeitende Gruppen von Sozialdemokraten, die sich nicht an die Anweisungen der rechten Führer hielten, gab es nur noch wenige. Die „Sozialistische Front" 209 in Hannover betrieb im ersten Halbjahr 1936 antifaschistische Propaganda; durch Verrat konnte die Gestapo im Sommer 1936 die „Sozialistische Front" zerschlagen. 289 ihrer Mitglieder sowie Empfänger der „Sozialistischen Blätter" wurden verhaftet. Bis 1937 kämpften einige sozialdemokratische Gruppen in Hamburg. Sie betrieben – wie auch einige Reichsbannergruppen – antifaschistische Propaganda und halfen gefährdeten Hitlergegnern, ins Ausland zu fliehen. In Berlin-Neukölln arbeitete eine Gruppe der Revolutionären Sozialisten, die mit Kommunisten in Verbindung stand. Weitere kleine Gruppen in Berlin hielten 1936 Kontakt miteinander. Sie sammelten für die Unterstützung politisch Verfolgter Geld, ließen Zeitungen des Emigrationsvorstandes in ihren Reihen kursieren und führten einzelne Streuzettelaktionen durch.

In Berlin wirkte unter Leitung von Otto Brass eine Gruppe von ehemaligen sozialdemokratischen Reichstags- und Landtagsabgeordneten sowie Gewerkschafts- und Genossenschaftsfunktionären, die als „Volksfrontgruppe" bekannt wurde und zu der unter anderen Hermann Brill, Oskar Debus, Johannes Kleinspehn, Fritz Michaelis, Franz Petrich und Karl Siegle gehörten. Schon während der Jahre zuvor hatte die „Volksfrontgruppe" in Flugblättern zum Kampf gegen das Hitlerregime aufgerufen. Sie trat unter dem Eindruck des VII. Weltkongresses der KI und der Brüsseler Konferenz der KPD sowie der Tagung des Lutetia-Kreises am 2. Februar 1936 in Paris für die Einheitsfront und die antifaschistische Volksfront ein und unterhielt seit 1935 Kontakt zu Organisationen der KPD. Mehrmals trafen 1936 Otto Brass und Elli Schmidt zusammen, die im Auftrage des ZK der KPD die Parteiorganisationen in Berlin anleitete. Beide erörterten ein gemeinsames Vorgehen und Grundzüge eines Aktionsprogramms. Am 21. Dezember 1936 formulierte die Gruppe ein Zehnpunkteprogramm, in dem sie den Sturz der faschistischen Diktatur, „volle Selbstregierung" des deutschen Volkes „in einem erneuerten Reich der politischen, sozialen und wirtschaftlichen Demokratie"[82], die Enteignung des Großgrundbesitzes und die Verstaatlichung der Schwer- und Chemieindustrie sowie der Banken forderte und zum Zusammenschluß aller Hitlergegner in der

Volksfront aufrief. Dieses Programm, dem auch Franz Künstler, ehemaliger Vorsitzender des Bezirks Groß-Berlin der SPD, zugestimmt hatte, verschickte die Gruppe an Vertrauensleute in anderen Städten Deutschlands.

Mitglieder der Gruppe übergaben es im Januar 1937 in Prag dem sozialdemokratischen Emigrationsvorstand und dem Zentralkomitee der KPD. Die Verhandlungen mit Hans Vogel, Friedrich Stampfer und anderen Vertretern des Emigrationsvorstandes verliefen ergebnislos. Stampfer sprach sich gegen ein Zusammengehen mit der KPD aus und verleumdete die vom VII. Weltkongreß der KI und von der Brüsseler Konferenz der KPD ausgearbeitete Strategie und Taktik zum Sturz der faschistischen Diktatur als einen Ausdruck der Schwäche. Otto Brass hingegen forderte: ,,Ihr müßt Euch mit den Kommunisten verständigen, wir wollen es und die Illegalen auch. Es gibt keinen anderen Weg, als durch die Volksfront den Faschismus zu stürzen."[83]

Anton Ackermann, der im Auftrag des ZK der KPD die Verhandlungen führte, bezeichnete das Programm als bedeutsamen Schritt zur Zusammenfassung der Hitlergegner in Deutschland und sagte eine ausführliche Antwort der Führung der KPD zu. In der Unterredung wurde deutlich, daß es in der ,,Volksfrontgruppe" unterschiedliche Standpunkte gab. Während Otto Brass und Fritz Michaelis erklärten, sie würden trotz des Widerstandes des Emigrationsvorstandes für die Einheitsfront eintreten, wandte sich Karl Siegle dagegen. Im März 1937 begrüßte das ZK der KPD, das das Programm über den Deutschen Freiheitssender verbreiten ließ, in einem an den Emigrationsvorstand und an die Verfasser des Programms gerichteten offenen Brief die Volksfrontvorschläge der Gruppe und legte Gedanken zu ihrer Verwirklichung vor allem durch gemeinsames Handeln von Kommunisten und Sozialdemokraten dar. Die Führung der KPD ging davon aus, daß ,,die Schaffung der deutschen Volksfront die Lebensfrage des deutschen Volkes"[84] war.

Der Emigrationsvorstand suchte die Bemühungen der ,,Volksfrontgruppe" dadurch zu torpedieren, daß er es ihr verwehrte, in seinen Zeitungen ihre Ansichten darzulegen, und verhinderte, daß das Programm dem Exekutivkomitee der SAI vorgelegt wurde. Die Gruppe, die keine finanzielle Unterstützung vom Emigrationsvorstand erhielt, setzte jedoch ihre Tätigkeit fort. Sie wandte sich gegen verschiedene vom Emigrationsvorstand vertretene Auffassungen und propagierte in den von ihr herausgegebenen Materialien die Volksfront. Im September 1938 wurden alle Mitglieder der „Volksfrontgruppe" verhaftet und die leitenden Funktionäre zu Zuchthaus verurteilt.

In diesen Jahren bestanden in verschiedenen Gebieten Deutschlands einige Gruppen von Neu Beginnen, deren Mitglieder den Verhaftungen Ende 1935, Anfang 1936 hatten entgehen können. Die bedeutendste dieser Gruppen arbeitete in Berlin. Sie stand mit dem Auslandsbüro in Prag in Verbindung und nahm zur „Volksfrontgruppe" Kontakt auf mit dem Ziel, sie von der Zusammenarbeit mit der KPD zurückzuhalten. Beide Gruppen gaben gemeinsam einige Schriften heraus. Im Herbst 1938 wurde die Berliner Neu-Beginnen-Gruppe von der Gestapo zerschlagen. Gruppen von Neu Beginnen bestanden unter anderem auch in Stuttgart und einigen Städten Schlesiens sowie Bayerns. Ihre Aufgabe sahen sie darin, die Entwicklung der politischen Lage zu verfolgen und ihre Mitglieder auf die Zeit nach dem Sturz Hitlers vorzubereiten. Antifaschistische Propaganda und Aktionen lehnten sie ab. Die Gruppen in Bayern unter Leitung von Josef Wager und Hermann Frieb existierten bis 1941/1942, wurden aber bereits seit 1936 von der Gestapo beobachtet.

Verhaftungen von Gruppen der SAP erfolgten 1936 unter anderem in Breslau, Dresden, Hannover, Frankfurt (Main) und Nürnberg. Verbindung zu Gleichgesinnten in süddeutschen Städten nahm eine Gruppe der SAP in Mannheim auf. Einige ihrer Mitglieder arbeiteten mit Kommunisten zusammen. Die Gruppe verteilte antifaschistische Schriften, die sie aus dem Ausland erhielt, sammelte Geld für die Unterstützung von Familien eingekerkerter Hitlergegner und gab Informationen an die Auslandsleitung der SAP in Paris. Die Mitglieder dieser Gruppe wurden im Frühjahr 1938 verhaftet. Seit dieser Zeit gab es fast keine aktiven Gruppen der SAP mehr in Deutschland, nur noch kleine Zirkel von zwei bis drei Mitgliedern.

Unter den Funktionären der „Roten Kämpfer" kam es 1936

zu Differenzen über organisatorische Fragen und zu persönlichen Rivalitäten, die zur Bildung von Oppositionsgruppen führten. Ende 1936 und Anfang 1937 konnte die Gestapo infolge von Spitzeltätigkeit rund 150 Mitglieder der „Roten Kämpfer" in Berlin, Dresden, Düsseldorf, Essen, Hamburg, Stuttgart und anderen Städten verhaften und damit diese Organisation zerschlagen.

Kleine Gruppen des ISK verfaßten und verbreiteten zu verschiedenen politischen Ereignissen Flugblätter, in denen die faschistische Politik verurteilt und auf die Kriegsgefahr hingewiesen wurde, sammelten Geld zur Unterstützung des Freiheitskampfes des spanischen Volkes und tauschten mit Organisationen der KPD antifaschistische Materialien aus. In Westdeutschland nahmen Gruppen des ISK Verbindung zu illegal wirkenden sozialdemokratischen Eisenbahnergewerkschaftern auf. 1936 und besonders 1937/1938 wurden die Gruppen des ISK in Augsburg, Berlin, Bremen, Frankfurt (Main), Hamburg, Hannover, Köln und weiteren Städten verhaftet. Damit endete jeglicher organisierter Widerstand des ISK. So verloren diese in Opposition zum Emigrationsvorstand stehenden Organisationen weitestgehend ihre Basis in Deutschland. Fortan konnten sie sich nur noch auf kleine Zirkel emigrierter Anhänger stützen.

Der sozialdemokratische Emigrationsvorstand bemühte sich nach wie vor, die Schaffung der Einheitsfront in Deutschland und in der Emigration zu verhindern, und selbst Ansätze dazu bekämpfte er. Im Januar 1936 hatte er seine Grenzsekretäre angewiesen, jegliche Zusammenarbeit mit Kommunisten zu untersagen und die Sozialdemokraten zum Austritt aus jenen Organisationen zu veranlassen, in denen Kommunisten mitarbeiteten. Kennzeichnend für die verschärfte antikommunistische Spalterpolitik der rechten sozialdemokratischen Führer war die Behauptung Rudolf Hilferdings in einem Brief an Paul Hertz vom 21. Oktober jenes Jahres, daß „eine Einheitsfront mit den Kommunisten keine Schwächung, sondern eine Stärkung des Faschismus ist. Das Ziel kann nicht die Einheitsfront und auch keine Einheitspartei mit Forderung der Diktatur sein, sondern die Liquidierung der kom[munistischen] Parteien in West- u[nd] Zentraleuropa."[85] Der Emigrationsvorstand forderte, die verschiedentlich von Sozialdemokraten gemeinsam mit Kommunisten organisierte Hilfe für politische Gefangene und ihre Familien einzustellen. Sozialdemokratischen Emigranten, die sich nicht seiner Politik unterwarfen, sperrte er die Flüchtlingsunterstützung. Zugleich aktivierte er auch öffentlich die antikommunistische und antibolschewistische Hetze. Sein Aufruf vom 30. Januar 1936 „Für Deutschland – gegen Hitler" bedeutete eine endgültige und völlige Abkehr vom Prager Manifest. Unter dem Druck des Emigrationsvorstandes löste sich am 2. September 1937 die Gruppe Revolutionärer Sozialisten auf, nachdem sie vorher Max Seydewitz und Willi Lange wegen ihres Eintretens für die Schaffung der Einheitsfront mit der KPD ausgeschlossen und Karl Böchel seine Funktion als Vorsitzender der Gruppe niedergelegt hatte. Die Mehrheit der Mitglieder folgte wieder der politischen Linie des Emigrationsvorstandes.

Da der Emigrationsvorstand, der antifaschistische Aktionen der Arbeiter in Deutschland ablehnte, die Auffassung vertrat, daß die faschistische Diktatur nur durch oppositionelle Kräfte der Wehrmacht und gewisse Kreise des Monopolkapitals beseitigt werden könne, nahm er in der zweiten Hälfte der dreißiger Jahre beispielsweise Verbindung zu Heinrich Brüning auf, einem führenden Politiker der ehemaligen Zentrumspartei, der als Reichskanzler in den letzten Jahren der Weimarer Republik die Faschisierung betrieben hatte, und zu dem Faschisten Otto Strasser, dem Führer der „Schwarzen Front". Das Ziel von Otto Wels und anderen rechten sozialdemokratischen Führern war es, im Bündnis mit diesen Kräften und mit Militärs „über das Durchgangsstadium eines militärisch-konservativen Regimes"[86] zur bürgerlichen Demokratie nach Weimarer Muster zurückzukehren und die Fortdauer der Herrschaft des Monopolkapitals zu sichern. Seit 1938, nachdem Hitler einige ihm nicht zuverlässig erscheinende Generale abgesetzt hatte, neigte der Emigrationsvorstand immer mehr zu der Auffassung, die faschistische Diktatur könne nur noch von außen beseitigt werden, durch eine von den Westmächten herbeigeführte militärische Niederlage in einem Krieg.

Diese Auffassung kam auch in seiner Haltung zur Annexion Österreichs durch Hitlerdeutschland zum Ausdruck. Er verurteilte diesen Schritt des deutschen Imperialismus. Da sozial-demokratische Führer aber schon lange für den staatlichen Anschluß Österreichs an Deutschland eingetreten waren, sprach sich der Emigrationsvorstand nicht für den Kampf des österreichischen Volkes um nationale Unabhängigkeit und Souveränität aus. Er appellierte an die „demokratischen West-mächte", sich energisch gegen Hitler zu wenden, denn es liege nicht mehr in „der Hand des deutschen Volkes noch in der Hand der illegalen Parteien"[87], die faschistischen Aggres-sionen zu stoppen. Auch das Auslandsbüro Neu Beginnen in Prag wandte sich gegen die Annexion. Wie der Emigrations-vorstand trat es aber auch nicht für die Unabhängigkeit Öster-reichs ein; vielmehr propagierte es im „Sozialdemokratischen Informationsbrief" den Kampf „für ein sozialistisches Groß-deutschland in einer freien Föderation"[88].

Im Juni 1938 übersiedelte der Emigrationsvorstand ange-sichts der zunehmenden Drohungen des faschistischen Re-gimes gegen die ČSR von Prag nach Paris. Er verlor dadurch weitere Möglichkeiten zur direkten Einflußnahme auf Sozial-demokraten in Deutschland. „So blieb dem Vorstand nichts anderes übrig, als im *Neuen Vorwärts* den stürmischen Ab-lauf der Ereignisse zu begleiten und sich mit gedruckten Auf-rufen an die Welt und an das deutsche Volk zu wenden, ohne viel Aussicht, die Stellen zu erreichen, für die sie bestimmt waren"[89], erklärte Friedrich Stampfer rückblickend.

Um seine Isolierung auch in der Emigration zu durchbre-chen, suchte der Emigrationsvorstand 1938 Einfluß zu ge-winnen auf die Bemühungen verschiedener zu ihm in Oppo-sition stehender Gruppen, vor allem des Auslandsbüros Neu Beginnen, die Zersplitterung der Sozialdemokratie zu über-winden. Die Konzentrationsbestrebungen scheiterten jedoch an den widersprüchlichen Auffassungen der verschiedenen Gruppen emigrierter Sozialdemokraten und an der Weigerung des Emigrationsvorstandes, seinen Anspruch, alleiniges Füh-rungsorgan der Sozialdemokratie zu sein, aufzugeben und die anderen Gruppen als gleichberechtigt zu betrachten.

Dem Emigrationsvorstand gelang es nicht, seinen Einfluß auf die anderen Richtungen in der Sozialdemokratie auszu-dehnen. Vielmehr schlossen sich am 16. September 1938 das

Auslandsbüro Neu Beginnen, die Auslandsleitung der SAP und die Auslandsvertretung der Revolutionären Sozialisten Österreichs zu einer Arbeitsgemeinschaft für Inlandsarbeit – die sich bald darauf Arbeitsausschuß deutscher Sozialisten und der Revolutionären Sozialisten Österreichs nannte – zusammen, der auch die Auslandsvertretung des ISK beitrat. Dadurch wurde der Emigrationsvorstand noch mehr isoliert. Die Wirksamkeit der in der Arbeitsgemeinschaft beziehungsweise im Arbeitsausschuß zusammengeschlossenen Gruppen war allerdings begrenzt, da sie ihre organisatorische Basis in Deutschland 1938 weitestgehend verloren.

Im Gegensatz zum Emigrationsvorstand hatte das Auslandsbüro Neu Beginnen darauf orientiert, Hitler durch antifaschistische Kräfte in Deutschland, vor allem durch die Arbeiterklasse, zu stürzen und mit Organisationen der KPD in bestimmten Bereichen der illegalen Tätigkeit zusammenzuarbeiten, zum Beispiel bei der Unterstützung politischer Häftlinge und ihrer Familien. Allerdings lehnte das Auslandsbüro Angebote des ZK der KPD zu gemeinsamem Handeln ab. Es hatte sich auch nicht am Pariser Volksfrontausschuß beteiligt. Nach dem Münchener Abkommen jedoch, das nach Auffassung des Auslandsbüros Neu Beginnen das Hitlerregime gestärkt hatte und ihm neue Aggressionen ermöglichen würde, setzte das Auslandsbüro – wie der Emigrationsvorstand – seine Hoffnungen auf die Westmächte. Bei der ,,Bourgeoisie der demokratischen Westmächte und vor allem Englands"[90] liege die Entscheidung über das Schicksal des Faschismus, hieß es in völliger Verkennung der Rolle dieser imperialistischen Kreise. Im Sturz der faschistischen Diktatur durch einen Krieg sah das Auslandsbüro die Voraussetzung für eine revolutionäre Erhebung der Arbeiterklasse in Deutschland. Diese Orientierung war Ausdruck des Unglaubens an die Kraft der Arbeiterklasse und widerspiegelte die Tatsache, daß diese sozialdemokratische Gruppe – wie auch andere Richtungen emigrierter Funktionäre – keine organisatorische Basis mehr in Deutschland und kaum noch Einfluß auf die kämpfenden Antifaschisten im Lande hatte.

Ähnlich wie das Auslandsbüro Neu Beginnen argumentierte die Auslandsleitung der SAP, von der sich – wie auch von einigen Gruppen emigrierter Mitglieder der SAP – im Februar 1937 trotzkistische Elemente abgespalten hatten, die eine neue Splitterorganisation, „Neuer Weg", bildeten und eine militant antikommunistische und antisowjetische Politik verfolgten. Die Auslandsleitung unter Jacob Walcher sah ebenfalls in einem Krieg die Lösung. Sie erklärte jedoch anläßlich des Münchener Diktats, daß das Schicksal der internationalen Arbeiterklasse mit dem der Sowjetunion untrennbar verbunden sei[91], während Mitglieder des Emigrationsvorstandes wie Friedrich Stampfer und Curt Geyer gerade aus Furcht vor der wachsenden Rolle der Sowjetunion und ihrem zunehmenden internationalen Einfluß die Westmächte wegen der Zugeständnisse, die sie im Münchener Abkommen Hitler gemacht hatten, kritisierten[92].

Kreise von Gewerkschaftern in Deutschland, die unter dem Einfluß emigrierter rechter Gewerkschaftsführer standen, suchten zum Teil entgegen der Orientierung dieser Führer Verbindung zu Kommunisten. 1936 schufen der Leiter der in Amsterdam gebildeten Reichsleitung zum Aufbau des Einheitsverbandes der Eisenbahner Deutschlands, der Sozialdemokrat Hans Jahn, ehemaliges Mitglied des Hauptvorstandes des Eisenbahnerverbandes, und Karl Molt, ehemaliger Bezirksleiter des Eisenbahnerverbandes in Württemberg, ein Netz von Verbindungsleuten; Jahn vor allem in Westdeutschland, Molt von der Schweiz aus in Süddeutschland. Die Verbindungsleute beschafften Informationen aus den Betrieben, die an Hans Jahn und von ihm an die Internationale Transportarbeiter-Föderation weitergeleitet wurden. Die Verbindungsleute erhielten aus Amsterdam die maschinenschriftlich vervielfältigten Zeitungen „Fahrt frei" und „Schiffahrt", die Hans Jahn mit Unterstützung der Internationalen Föderation herausgab und in denen die Informationen verarbeitet wurden. Während Jahn die Aufnahme von Verbindungen zu Kommunisten untersagte, stellte Karl Molt in Süddeutschland solche Kontakte her. Auch einer seiner Verbindungsleute, das frühere Mitglied des Vorstandes der Eisenbahnergewerkschaft Fridolin Endrass, arbeitete in Friedrichshafen mit Kommunisten zusammen.

In Rheinland-Westfalen nahmen Eisenbahner Verbindung

mit Vertretern des ISK auf, um einen Materialaustausch zu vereinbaren. Von der Schweiz aus wurden unter anderem die Zeitschrift des Emigrationsvorstandes „Sozialistische Aktion" und die ISK-Zeitschrift „Sozialistische Warte" nach Süddeutschland gebracht. Verbindungsleute und Gruppen von Hafen- und Transportarbeitern wirkten ähnlich in Hamburg und einigen anderen Küstenstädten. 1936 wurden hier Verbindungsleute verhaftet, im Frühjahr 1937 und im Sommer 1938 auch zahlreiche Eisenbahner. Bis zum März 1939 konnte Hans Jahn wieder einige Verbindungen herstellen.

Gewissen Einfluß auf Gewerkschafter, die losen Kontakt miteinander hielten, übte auch die ADG in Komotau/ČSR aus, die seit Mitte 1938 von Fritz Tarnow geleitet wurde. Sie suchte den Zusammenhalt von Gewerkschaftern in Deutschland zu fördern, emigrierte Gewerkschafter zu sammeln und den Wiederaufbau reformistischer Gewerkschaften nach dem Sturz Hitlers vorzubereiten. Antifaschistische Aktionen in Deutschland wie auch Kontakte zu Kommunisten lehnte sie ab. Mit dem sozialdemokratischen Emigrationsvorstand eng verbunden, arbeitete die ADG mit dem Internationalen Gewerkschaftsbund in Paris zusammen, der sie finanziell unterstützte. Unter Ausschluß von Kommunisten schuf die ADG Landesgruppen emigrierter deutscher Gewerkschafter in Belgien, Dänemark, Frankreich, Großbritannien, Luxemburg und in Schweden. Sie konzentrierte ihre Arbeit immer stärker auf die Emigration und auf die Ausarbeitung von Plänen zum Aufbau reformistischer Gewerkschaften nach dem „Zusammenbruch" des Hitlerregimes.

Antinazistische Haltung und Handlung christlicher, kleinbürgerlicher und bürgerlicher Hitlergegner

Von den mehreren Millionen Christen beider Konfessionen in Deutschland beteiligte sich nur eine kleine Zahl Laien und niederer Geistlicher an der antifaschistischen Widerstandsbewegung. Sie widersetzte sich damit dem Willen der Kirchenführungen. Meist handelten diese Hitlergegner individuell oder in kleinen Gruppen, um Eingriffe der Faschisten in das Kirchenleben abzuwehren. Sie protestierten auf verschiedene Weise gegen Maßnahmen des Naziregimes. Einige ihrer Aktionen richteten sich gegen die Verfolgung von Hitlergegnern und gegen die Kriegsvorbereitung. Diese Christen standen nicht in Verbindung mit den entschiedenen Antifaschisten, während hingegen ein Teil der christlichen, vor allem der katholischen Arbeiterschaft gemeinsam mit Kommunisten, Sozialdemokraten und Gewerkschaftern am organisierten Kampf teilnahm.

Seit 1934/1935 sammelten sich protestantische Geistliche in der Bekennenden Kirche, die zur protestantischen Staatskirche in Opposition stand. Ihre entschiedensten Kräfte traten offen nicht nur gegen die faschistische Ideologie, sondern auch gegen die Hitlerdiktatur auf und sammelten gleichgesinnte Gläubige um sich. Zu diesen Kräften gehörten die Repräsentanten der Bekennenden Kirche Karl Barth und Martin Niemöller. Karl Barth, der bald emigrieren mußte, verfaßte 1934 eine Erklärung gegen das Führerprinzip und gegen jeglichen Versuch reaktionärer Kirchenkreise, die faschistische Ideologie zu rechtfertigen. 1935 verlasen Pfarrer der Bekennenden Kirche eine von Heinrich Vogel ausgearbeitete Kanzelabkündigung gegen die völkisch-rassistische Weltanschauung der Nazis. Mehr als 700 von ihnen wurden dafür zeitweilig eingekerkert.

Im Juni 1937 prangerte Pastor Martin Niemöller in einer Predigt den Gestapoterror gegen Anhänger der Bekennenden Kirche an. Daraufhin verhafteten ihn die Faschisten und hielten ihn bis 1945 im Konzentrationslager gefangen. Dietrich Bonhoeffer trat im Kreis seiner Kollegen im Predigerseminar für das Spanien der Volksfront ein. Wegen seiner Proteste gegen Maßnahmen der Nazipartei wurde Pfarrer Paul Schneider nach mehrmaliger Haft 1937 in das KZ Buchenwald gebracht und dort zwei Jahre später zu Tode gequält. Das letzte bedeutende Auftreten der Bekennenden Kirche war ihre Gebetsliturgie, die sie im September 1938 an ihre Gemeinden versandte und in der sie vor dem drohenden Krieg warnte und zum Frieden mahnte. Bald darauf, am 31. Mai 1939, riefen die Vertreter des rechten Flügels der Bekennenden Kirche, darunter eine Anzahl von Landesbischöfen, die Protestanten auf, sich in „das völkisch-politische Aufbauwerk des Führers mit voller Hingabe einzufügen"[93].

Ein Büro für Rassenverfolgte, Ende 1938 von Probst Heinrich Grüber eingerichtet, unterstützte Juden. Der emigrierte protestantische Theologieprofessor Fritz Lieb, der im Dezember 1936 den Aufruf des Volksfrontausschusses in Paris mit unterzeichnete, gründete zur Unterstützung des Kampfes gegen das Hitlerregime in Paris eine „Freie deutsche Akademie". Er arbeitete seit 1937 in der Schweiz mit Karl Barth zusammen und gab seit Oktober 1938 die „Schweizer Zeitung am Sonntag" heraus, die wegen ihrer antinazistischen Haltung von den Schweizer Behörden im Juli 1939 verboten wurde.

Katholische Christen setzten sich für das Recht auf Glaubensfreiheit ein und wandten sich gegen Angriffe der Faschisten auf ihre Kirche. Nur wenige jedoch führten einen organisierten Kampf wie Josef Rossaint und seine Anhänger oder wie der Arbeitskreis katholischer Antifaschisten Westdeutschlands. Dieser unterstützte gemeinsam mit Kommunisten und

Sozialdemokraten die Familien von politischen Häftlingen und stellte Material über die Verfolgung katholischer und evangelischer Geistlicher und Laien zusammen, das als Tarnbroschüre „Der barmherzige Samariter. Praktische Ratschläge für erste Hilfe bei Unglücksfällen" gedruckt, illegal nach Deutschland gebracht und verbreitet wurde. In dieser Broschüre mahnten die Verfasser zur Einigkeit im Kampf gegen den faschistischen Terror. In Mönchen-Gladbach und Rheydt betrieben katholische und kommunistische Arbeiter gemeinsam Propaganda gegen das Naziregime. 1933/1934 verbreiteten sie unter anderem Zigarettenbilder, deren Rückseite sie mit der Losung „Heraus mit Ernst Thälmann!" beschriftet hatten, den „Rundbrief katholischer Antifaschisten" und „Die Rote Fahne". Sie standen mit dem katholischen Jugendfunktionär Theodor Hespers von der ehemaligen Christlich-Sozialen Reichspartei in Verbindung, der im April 1933 in die Niederlande emigriert war und von dort aus die Flucht gefährdeter Hitlergegner unterstützte.

Hilfsmaßnahmen für verfolgte Juden leitete seit 1938 der katholische Dompropst Bernhard Lichtenberg ein, der in Berlin ein entsprechendes Büro einrichtete. In seinen Predigten in der Hedwigs-Kathedrale betete er für die Häftlinge der Konzentrationslager. Gegen den faschistischen Terror gegen Gläubige wandten sich von der Kanzel auch einige katholische Geistliche. Die Faschisten brachten eine Anzahl von Geistlichen wegen ihres Auftretens gegen Maßnahmen der Naziregierung in das Konzentrationslager Dachau. In Prozessionen und ähnlichen Aktionen protestierten 1937/1938 Katholiken gegen Verleumdungen von Priestern und gegen Prozesse, die die Nazijustiz gegen sie führte. Mitglieder katholischer Jugendorganisationen, die in der zweiten Hälfte der dreißiger Jahre verboten wurden, wehrten Überfälle der Hitlerjugend ab und fanden sich weiterhin illegal zusammen. Einige katholische Jugendgruppen verteilten Flugschriften gegen das Regime.

Antifaschistische Flugblätter verbreiteten in München Karl Zimmet und die ehemaligen Mitglieder der Christlich-Sozialen Reichspartei Rupert Huber, Hans und Emma Hutzelmann. 1937 wandte sich Karl Zimmet, der Kontakt zu Kommunisten und zu Mitgliedern der SAP unterhielt, in einem Flugblatt gegen die faschistische Intervention in Spanien. Im August

1939 rief er in einem Flugblatt Arbeiter und Bauern auf, den Krieg zu verhindern. Besonders gegen die Aufrüstung und die Kriegsvorbereitung protestierten in der mündlichen und der schriftlichen Propaganda Anhänger verschiedener religiöser Sekten, so der „Zeugen Jehovas". Quäker unterstützten rassisch und politisch Verfolgte des Naziregimes.

Einige Angehörige der Mittelschichten und des Bürgertums, soweit sie nicht an dem von der KPD geführten organisierten Kampf teilnahmen oder in den ersten Jahren des faschistischen Regimes vereinzelt in sozialdemokratischen Gruppen mitarbeiteten, brachten – oftmals unter dem Eindruck der antifaschistischen Propaganda der KPD – auf verschiedene Weise ihre Opposition gegen die Hitlerregierung zum Ausdruck. Überwiegend handelten sie spontan und einzeln, wie Bauern in einigen Gebieten Deutschlands, die sich in den Jahren von 1936 bis 1938 gegen die Zwangsablieferung ihrer Erzeugnisse durch Boykott, Ablehnung von Kontrollen durch den Reichsnährstand und andere Proteste zur Wehr setzten.

Nur wenige Hitlergegner aus den Mittelschichten und dem Bürgertum organisierten sich in kleinen Gruppen und gingen zielgerichtet vor. So verbreitete in Bremen eine Gruppe von Mitgliedern der bürgerlich-antimilitaristischen Deutschen Friedensgesellschaft seit Ende 1938 Flugblätter gegen Krieg und Rassenhaß. In Bayern beschriftete seit 1937 eine Gruppe, die sich nach der Ziffer des Wehrkreiskommandos „Organisation 7" nannte, Mauern und Straßen mit Losungen gegen Hitler, verbreitete selbsthergestellte Flugblätter und unterstützte politische und rassisch Verfolgte. In Berlin verteilten Studenten die Vervielfältigung eines Briefes, den Thomas Mann am 1. Januar 1937 von der Schweiz aus an den Dekan der Philosophischen Fakultät der Bonner Universität richtete, als die Universität Mann aus der Ehrendoktorliste gestrichen hatte. In diesem Brief verurteilte Thomas Mann die Kräfte, „die Deutschland moralisch, kulturell und wirtschaftlich verwüsten"[94]. Auf die Frage, wohin das faschistische Regime Deutschland in vier Jahren gebracht hatte, antwortete er: „Ruiniert, seelisch und physisch ausgesogen, von einer Kriegsaufrüstung, mit der es die ganze Welt bedroht, die ganze Welt aufhält und an der Erfüllung ihrer eigentlichen Aufgaben,

222

ungeheurer und dringender Aufgaben *des Friedens*, hindert ..."[95]

Bürgerliche Jugendgruppen, die aus verschiedenen Organisationen der verbotenen Bündischen Jugend hervorgingen, wahrten ihren Zusammenhalt, wenngleich die meisten Führer bei der Auflösung beziehungsweise beim Verbot den Mitgliedern empfohlen hatten, im „neuen Staat" mitzuarbeiten. Einige dieser Gruppen handelten organisiert gegen das faschistische Regime, vor allem aber gegen die Hitlerjugend, und verbreiteten Flugblätter sowie andere Schriften, die von emigrierten führenden Vertretern der Bündischen Jugend verfaßt worden waren. So gab Hans Ebeling, Leiter des „Jungnationalen Bundes – Deutsche Jungenschaft", in Brüssel und Amsterdam zusammen mit Theodor Hespers „Rundbriefe", die Zeitschrift „Kameradschaft" und die „Sonderinformationen deutscher Jugend" heraus. Sie sollten im Ausland auf die Lage der deutschen Jugend unter der faschistischen Diktatur aufmerksam machen und die in Deutschland bestehenden Gruppen informieren. Gleichzeitig klagten sie das Hitlerregime an. Im „Rundbrief" vom September 1937 beispielsweise hieß es: „Die Bündische Jugend sieht, daß im ‚Nationalsozialismus' nur die alten Mächte, die Deutschland schon einmal in einen Krieg hineinschlittern ließen, wiederum Deutschland nur zu einem sinnlosen Krieg führen, der das Ende des Volkes und der Nation bedeutet."[96]

Einzelne Angehörige des Kleinbürgertums und auch des Bürgertums unterstützten politisch und rassisch Verfolgte, gewährten Kommunisten illegale Unterkunft, halfen ihnen bei der Flucht oder stellten ihnen ihre Wohnungen als Anlaufstellen zur Verfügung. Sie weigerten sich, für die Sammlungen der Faschisten zu spenden und jüdische Geschäfte zu boykottieren. Einige kritisierten in öffentlichen Gesprächen einzelne Naziführer und Maßnahmen der Hitlerregierung. Wegen „Verächtlichmachung des Führers", abfälliger Bemerkungen über die faschistische Presse, die SA und die SS, wegen Kritik an der Verschlechterung der sozialen Lage und anderer ähnlicher Äußerungen wurde eine Anzahl deutscher Bürger verhaftet und abgeurteilt. Selbst bestimmte gemachte oder unterlassene Gesten waren der Gestapo Anlaß, einzugreifen. In Köln

223

beispielsweise wurde ein Bürger verhaftet, weil er einer heranmarschierenden Fahnenkolonne von Faschisten in – wie die Gestapo feststellte – „böswillig verächtlichmachender Weise den Rücken"[97] zukehrte.

Einige Rechtsanwälte übernahmen kostenlos die Verteidigung politischer Gefangener. Einzelne Polizeibeamte warnten Hitlergegner vor der bevorstehenden Verhaftung. Mutig setzten sich einige Angehörige der Intelligenz bei den faschistischen Behörden für rassisch Verfolgte ein. So verwandte sich die Hamburger Universitätsdozentin Dr. Margarethe Adam wiederholt für einen jüdischen Kollegen und protestierte in Schreiben an Justizorgane gegen den Terror. In der Hoffnung, daß sich Wehrmachtsgeneräle bereitfinden würden, Hitler zu stürzen, verfaßte sie Aufrufe, die sie selbst vervielfältigte und verteilte. 1937 wurde sie verhaftet und zu 9 Jahren Zuchthaus verurteilt.

Gegen das Hitlerregime traten auch bürgerliche Schriftsteller auf. Ernst Wiechert, der im Appell an das Gewissen, nicht im organisierten Kampf einen Ausweg aus der faschistischen Barbarei sah, kritisierte 1935 in einer Rede vor Studenten der Münchener Universität den Hitlerstaat. Die Veröffentlichung dieser Rede wurde verboten, Studenten verbreiteten sie jedoch in Abschriften. Im Frühjahr 1938 lehnte es Wiechert ab, Beiträge für das Winterhilfswerk der Nazis zu zahlen, solange Pastor Niemöller widerrechtlich in Haft gehalten würde. Daraufhin verhafteten die Faschisten Wiechert und brachten ihn in das Konzentrationslager Buchenwald. Seine literarischen Arbeiten aber mißbrauchten sie. Andere bürgerliche Schriftsteller, die das Regime ablehnten, zogen sich zurück oder traten nur im engsten Freundeskreis auf. Das private Tagebuch wurde eine der wesentlichsten Formen ihrer Äußerungen.

Ehm Welk, der 1934 in einem Artikel gegen Goebbels aufgetreten und dafür in ein Konzentrationslager gebracht worden war, durfte nach seiner Freilassung „unpolitische" Bücher veröffentlichen. Er zeichnete in ihnen ein humanistisches Menschenbild, auf den Gegensatz zu den faschistischen Idealen durfte er nicht hinweisen. Hans Fallada stellte in seinem die Inflationszeit schildernden Roman „Wolf unter Wölfen", der 1937 erschien, die Schuldigen am Elend der Werktätigen bloß.

Bald mußte das Buch aus dem Buchhandel entfernt werden. Fallada verfiel in völlige Hoffnungslosigkeit.

Auch bürgerliche Künstler, die zum Teil Arbeits- und Ausstellungsverbot erhielten und deren Werke das Hitlerregime als „entartet" diffamierte, zogen sich zurück. Einige, wie Ernst Barlach, Otto Dix, Carl Hofer und Otto Pankok, schufen anklagende, aussagekräftige Werke gegen Faschismus und Krieg, die aber nur einem kleinen Kreis von Freunden zugänglich waren. Einzelne Künstler halfen politisch und rassisch Verfolgten.

Emigrierte bürgerliche Hitlergegner, wie Anhänger der Deutschen Liga für Menschenrechte und der Internationalen Frauenliga für Frieden und Freiheit, trugen in Frankreich, Großbritannien, der Schweiz und anderen Ländern dazu bei, die Wahrheit über das Naziregime und seine Kriegsvorbereitung zu verbreiten. Einige bürgerliche Opponenten, wie die der „Deutschen Freiheitspartei" in Paris und London, verurteilten in verschiedenen Presseerzeugnissen und Flugblättern, die zum Teil nach Deutschland gelangten, die Regierung, suchten aber gleichzeitig auf Grund ihrer antikommunistischen Position das Zustandekommen einer einheitlichen Front aller Antihitlerkräfte zu verhindern.

Die Opposition christlicher, kleinbürgerlicher und bürgerlicher Hitlergegner gegen das Naziregime wurde meist individuell zum Ausdruck gebracht, gab sich überwiegend unorganisiert und spontan kund und war oft durch den Antikommunismus eingeschränkt und behindert. Deshalb blieb ihr Wirkungskreis und -grad in relativ engen Grenzen. Diese Opposition richtete sich vornehmlich gegen einzelne Erscheinungen und Vertreter des Regimes. Waren diese Kräfte auch nicht der vorwärtstreibende, ausschlaggebende Faktor der deutschen antifaschistischen Widerstandsbewegung, so bewiesen diese Hitlergegner doch durch Haltung und Handlung ihren Mut, ihren Humanismus und ihre persönliche Opferbereitschaft.

Die Berner Konferenz der KPD

Nachdem mit Hilfe der Französischen Kommunistischen Partei notwendige Sicherungsmaßnahmen getroffen worden waren, fand vom 30. Januar bis 1. Februar 1939 in Draveil, südlich von Paris, die Parteikonferenz statt, die die Führung der KPD seit November 1938 vorbereitet hatte und die aus konspirativen Gründen Berner Konferenz genannt wurde. An ihr nahmen 22 Funktionäre teil, darunter Mitglieder des Politbüros und des Zentralkomitees, alle Abschnittsleiter, Instrukteure der Abschnittsleitungen, je ein Vertreter der Zeitung „Die Rote Fahne", der Zeitschrift „Die Internationale", der kommunistischen Jugend und der Kommunistischen Partei Österreichs, unter anderen Alexander Abusch, Anton Ackermann, Paul Bertz, Franz Dahlem, Gerhart Eisler, Arthur Emmerlich, Erich Gentsch, Walter Hähnel, Erich Jungmann, Wilhelm Knöchel, Johann Koplenig, Johann Mathieu, Paul Merker, Karl Mewis, Otto Niebergall, Wilhelm Pieck, Siegfried Rädel, Elli Schmidt, Willi Seng und Josef Wagner.

Den Bericht über „Die gegenwärtige Lage und die Aufgaben der Partei"[98] gab Wilhelm Pieck. Im Verlauf der Diskussion[99] hielten Franz Dahlem über die Einheits- und die Volksfront, Paul Merker über die Lage der Arbeiterklasse und die wirtschaftlichen Kämpfe, Paul Bertz über Fragen der Parteiarbeit, Gerhart Eisler über die faschistische Wirtschafts- und Außenpolitik und Anton Ackermann über die Schulungsarbeit der Partei Ergänzungsreferate. Aus den Erfahrungen der illegalen Parteiorganisationen und der mit ihnen verbündeten Kräfte im antifaschistischen Kampf berichteten in der Diskussion Abschnittsleiter, so Erich Gentsch, Karl Mewis, Otto Niebergall und Josef Wagner, sowie die Instrukteure Arthur Emmerlich und Willi Seng. Die Ergebnisse der Konferenz fanden in der Resolution „Der Weg zum Sturze Hitlers und der Kampf um die neue, demokratische Republik" ihren Ausdruck. Ferner richtete die Konferenz einen Aufruf „An die deutschen Schriftsteller, Künstler und Wissenschaftler", in dem sie deren „Kampf gegen die Unkultur des Nationalsozialismus, für die Freiheit von Literatur, Kunst und Wissenschaft"[100] würdigte. Sie beschloß die neue Zusammensetzung des Zentralkomitees, dem 17 Mitglieder und 3 Kandidaten angehörten.

Ausgehend von der Analyse der faschistischen Innen- und Außenpolitik, stellte die Konferenz fest, daß der deutsche Imperialismus und Militarismus beabsichtige, andere Staaten zu überfallen, in einem Blitzkrieg zu besiegen und sie zu unterjochen. Sie rief dazu auf, alle Kräfte zum Kampf um die Erhaltung des Friedens zu vereinen, und wies den Weg, wie die drohende Kriegskatastrophe abgewendet werden konnte. Dabei setzte sie sich mit der vom sozialdemokratischen Emigrationsvorstand und anderen Gruppen emigrierter sozialdemokratischer Funktionäre verbreiteten und auch von Antifaschisten in Deutschland vertretenen Auffassung auseinander, daß angesichts der schwierigen Kampfbedingungen ein Krieg das einzige Mittel zur Beseitigung der Hitlerdiktatur sei. Eine solche Auffassung mußte den Kampf gegen den Faschismus lähmen. Die Konferenz hob demgegenüber in ihrer Resolution nachdrücklich hervor, „daß der Kampf gegen den Krieg, für den Sturz des Kriegstreibers Hitler, die höchste nationale Aufgabe aller Deutschen"[101] sei. Sie setzte sich mit den chauvinistischen beziehungsweise demagogischen Losungen der Faschisten vom „Großdeutschland" und vom „Selbstbestimmungsrecht der Deutschen" auseinander und wies nach, daß sie ideologischer Bestandteil der Kriegsvorbereitung seien. Die Konferenz orientierte darauf, den Hauptstoß des Kampfes nicht nur gegen Hitler, sondern gleichzeitig auch gegen das nach

Weltherrschaft gierende deutsche Monopolkapital zu richten und stets den Zusammenhang zwischen der Kriegspolitik der Hitlerregierung und den imperialistischen Zielen der aggressiven Monopole aufzudecken.

Ausführlich begründete die Berner Konferenz die Rolle der Sowjetunion als Freund des deutschen Volkes und als Friedensmacht. Sie verurteilte die antisowjetischen Provokationen des deutschen Imperialismus als Katastrophenpolitik: „Die Berner Konferenz der KPD erklärt, daß die Politik des Hitlerregimes gegen die Sowjetunion der niederträchtigste Verrat an den nationalen Interessen Deutschlands ist."[102] Zugleich wies sie auf die antisowjetischen Ziele der Politik der Westmächte hin: Die reaktionären Kräfte Großbritanniens und Frankreichs würden versuchen, „Hitler als Gendarm und das deutsche Volk als Kanonenfutter gegen die Sowjetunion zu benützen, mit der Absicht, nicht nur die Sowjetunion, sondern auch Deutschland zu schwächen"[103]. Sollte es nicht gelingen, den Krieg zu verhindern, müßten alle Mittel angewendet werden, um im Bunde mit der Sowjetunion den Faschismus zu stürzen und den Frieden wieder herzustellen. Die Konferenz betrachtete den Kampf gegen die Kriegspolitik des deutschen Monopolkapitals und die Unterstützung des Freiheitskampfes der von ihm unterworfenen oder bedrohten Völker durch die deutschen Antifaschisten als eine Einheit. Sie trat für die Wiederherstellung der Souveränität und Unabhängigkeit der vom deutschen Imperialismus annektierten Staaten ein.

Gerade angesichts der drohenden Gefahr, daß der deutsche Imperialismus und Militarismus einen Krieg anzetteln würde, betonte die KPD auf ihrer Berner Konferenz, wie notwendig es sei, die Einheitsfront der Arbeiterklasse zu schaffen. Tausende Kommunisten, Sozialdemokraten, katholische und parteilose Arbeiter würden bereits Schulter an Schulter kämpfen, aber ihre Aktionen hätten insgesamt noch einen zu geringen Umfang und erfolgten überwiegend unabhängig voneinander. Die Konferenz orientierte die Parteiorganisationen darauf, ausgehend vom Kampf um die täglichen Interessen der Arbeiter in den Betrieben und auch in den faschistischen Massenorganisationen schrittweise die Aktionseinheit in größerem Rahmen herzustellen. Sie legte verschiedene Methoden dar, durch die das zu erreichen sei; sie müßten entsprechend der Lage und den Bedingungen im jeweiligen Betrieb beziehungsweise Gebiet angewandt werden.

Hatte bereits die Brüsseler Konferenz den Charakter definiert, den eine einheitliche Partei der Arbeiterklasse haben müsse, die zu schaffen antifaschistische Arbeiter in Deutschland forderten, so präzisierte die Berner Konferenz den Weg zu dieser Partei. Vor allem im Referat Wilhelm Piecks wurde hervorgehoben, daß sich eine solche Partei nur im gemeinsamen Kampf von Kommunisten und Sozialdemokraten herausbilden werde. In ihm würde sich immer größere politische Übereinstimmung in den entscheidenden Fragen entwickeln, und die politischen und organisatorischen Voraussetzungen würden wachsen, um endgültig die Spaltung der Arbeiterklasse durch die Vereinigung von Kommunisten und Sozialdemokraten zu überwinden. Nur über die Einheitsfront führte der Weg zur einheitlichen Partei.

Angesichts der Verleumdungen der KPD durch bürgerliche und sozialdemokratische Kräfte, der Zersplitterung der Hitleropposition und des Zerfalls des Ausschusses zur Vorbereitung einer deutschen Volksfront in Paris betonte das ZK der KPD auf der Berner Konferenz, „daß die Politik der Kommunistischen Partei Deutschlands fest und gradlinig darauf gerichtet ist, in engster Gemeinschaft mit allen fried- und freiheitliebenden Deutschen Hitler zu stürzen und an die Stelle der Hitlerdiktatur eine vom ganzen Volk frei gewählte Volksregierung in einer neuen, demokratischen Republik zu setzen. Die Berner Konferenz der KPD erklärt, daß die Rettung Deutschlands vor der Katastrophenpolitik des Hitlerregimes die Unterordnung der Sonderinteressen aller Hitlergegner unter das Gesamtinteresse der deutschen Nation erheischt."[104]

In Auseinandersetzung mit den Behauptungen einiger Funktionäre der SAP, Volksfrontpolitik sei Koalitionspolitik nach Weimarer Muster, kennzeichnete die Konferenz das Wesen der Volksfront: Sie sei ein Bündnis der Arbeiterklasse, der Bauern, der Intelligenz und des Mittelstandes, das nicht etwa nur bis zum Sturz des faschistischen Regimes durch den gemeinsamen Kampf bestehen solle, damit dann von der Arbeiterklasse die Diktatur des Proletariats errichtet werden könnte, wie einige Hitlergegner besonders in der Emigration behaupteten. Dieses Bündnis müsse – getragen von den gemeinsamen Interessen – auch nach dem Sturz des Regimes fortbestehen und gefestigt werden, um eine antifaschistisch-demokratische Umwälzung der gesellschaftlichen Verhältnisse möglich zu machen. Auf der Berner Konferenz wurde hervorgehoben, daß die Arbeiterklasse und die anderen Werktätigen im Kampf zum Sturz Hitlers Verbündete in Teilen des Bürgertums hätten, mit denen sie so lange zusammengehen würden, wie die Interessen dieser antinazistischen Kräfte mit dem Kampf und den Zielen der Werktätigen übereinstimmten. Die Konferenz arbeitete so den Unterschied zwischen Volksfrontpolitik und Koalitionspolitik Weimarer Stils heraus und wies auf die vielfältigen objektiven Möglichkeiten hin, die in Deutschland zur Schaffung der antifaschistischen Volksfront genutzt werden konnten.

Ausgehend von den Grundsätzen eines neuen, demokratischen deutschen Staates, wie sie die Richtlinien der KPD zur Ausarbeitung einer politischen Plattform der deutschen Volksfront vom Juni 1936 enthielten, und von den Diskussionen mit sozialdemokratischen und bürgerlichen Hitlergegnern im Volksfrontausschuß in Paris, definierte die Berner Konferenz den Charakter der neuen, demokratischen Republik und arbeitete ein zusammenhängendes Programm dieses Staates aus. Der künftige demokratische deutsche Staat dürfe den Feinden des Volkes keinerlei Möglichkeiten zur wirtschaftlichen und politischen Einflußnahme lassen. Er müsse den Faschismus mit der Wurzel ausrotten, das faschistische Trustkapital enteignen, eine Bodenreform durchführen und eine Wirtschaftspolitik betreiben, die der Sicherung der materiellen Lebensbedürfnisse der Werktätigen diene. In einer frei gewählten Volksregierung, in der die Arbeiterklasse entscheidenden Einfluß besitzen würde, sollte Platz für alle demokratischen Kräfte sein, die bereit wären, am Aufbau eines neuen Deutschlands mitzuwirken. Nach der Zerschlagung des faschistischen Regimes müsse ein neuer, demokratischer Staatsapparat geschaffen werden, der die Rechte und Freiheiten der Werktätigen wirksam schütze. Die Freundschaft mit der Sowjetunion und mit anderen Völkern, die Sicherung der Einheit und Unabhängigkeit Deutschlands, die Erhaltung des Friedens und die Völkerverständigung sollten die Prinzipien der Außenpolitik des künftigen deutschen Staates sein.

Das Programm der neuen, demokratischen Republik zu verwirklichen bedeutete, eine antifaschistische, demokratische Ordnung zu schaffen. In ihrer Resolution erklärte die Konferenz: „Die Politik der Volksfront und die Schaffung einer neuen, demokratischen Republik bedeuten nicht den Verzicht der Arbeiterklasse auf den Kampf um den Sozialismus. In einem Volksfrontdeutschland werden die sozialistischen und kommunistischen Arbeiter und ihre Organisationen die volle Freiheit haben, die Mehrheit des Volkes für das sozialistische Ziel zu gewinnen."[105] In dieser Orientierung widerspiegelte sich das Verständnis vom Zusammenhang des Kampfes um Demokratie mit dem Kampf um den Sozialismus, wie ihn W. I. Lenin begründet hatte.

Information leitender Organe der KI und der KPD über die Berner Konferenz

27. Februar 1939	Wilhelm Pieck berichtet vor den Mitgliedern des Präsidiums des EKKI Georgi Dimitroff, Wilhelm Florin und Dimitri Manuilski
1. März 1939	Wilhelm Pieck berichtet vor den Mitgliedern des Politbüros des ZK der KPD Wilhelm Florin, Walter Ulbricht und weiteren Funktionären
25. März 1939	Dem Sekretariat des EKKI und der Vertretung der KPD beim EKKI werden das Referat Wilhelm Piecks, sein der Konferenz vorgelegter Artikelentwurf „Wie kann und muß der Hitlerfaschismus gestürzt und die demokratische Republik verwirklicht werden?" und die Resolution der Konferenz übermittelt
13. April 1939	Das Politbüro des ZK der KPD legt fest, für das Sekretariat des EKKI einen Bericht über die Konferenz vorzubereiten

---

Dieses Programm wies den Ausweg aus faschistischer Diktatur und Kriegsgefahr. Es entsprach den tatsächlichen Interessen der Arbeiterklasse und aller anderen werktätigen Klassen und Schichten. Es gab dem deutschen Volk eine echte Perspektive. Die Konzeption der rechten sozialdemokratischen Führer für eine „militärisch-konservative Lösung" oder für eine „autoritäre Demokratie"[106], für die Friedrich Stampfer und Wilhelm Sollmann eintraten, bot eine solche Perspektive nicht. Das gleiche galt für Vorstellungen großbürgerlicher Kreise, die sich der Person Hitler entledigen wollten, da er ihrer Meinung nach eine für das deutsche Monopolkapital gefährliche Situation heraufbeschwor. Die für eine künftige Regierung skizzierten wirtschaftlichen Aufgaben und außenpolitischen Ziele des „Friedensprogramms", das ein Exponent jener Kreise, der Preiskommissar Carl Goerdeler, im Winter 1938/1939 aufstellte, ließen erkennen, daß jene großbürgerlichen Kräfte, denen Hitlers Politik mit zu viel Risiken verbunden war, nichts an der Herrschaft des Imperialismus und dessen aggressiver Politik ändern wollten, sondern nur eine Wandlung der Form monopolkapitalistischer Machtausübung und damit deren Sicherung anstrebten.

Die Berner Konferenz orientierte darauf, die Kräfte der Partei stärker zusammenzufassen, die Parteiorganisationen auszubauen und noch mehr in den Betrieben und faschistischen Massenorganisationen zu verankern. Ein Netz von Verbindungen, Leitungen und Stützpunkten sollte geschaffen und die politisch-ideologische Schulung intensiviert werden, um die Kader noch besser zu befähigen, selbständig entscheiden zu können. Für die antifaschistische Arbeit in der Wehrmacht sollten die Parteiorganisationen Vertrauensleute gewinnen und Freundeskreise bilden. Es wurde festgelegt, Beauftragte des Zentralkomitees zur ständigen Arbeit nach Deutschland zu entsenden. Die Führung der KPD nahm Kurs darauf, Voraussetzungen zu schaffen, um erneut eine operative Leitung der Partei in Deutschland selbst zu bilden.

Die deutsche antifaschistische Widerstandsbewegung im Kampf gegen die unmittelbar drohende Kriegsgefahr im Frühjahr und Sommer 1939

Angesichts der immer aggressiveren Politik des deutschen Imperialismus und Militarismus – Zerschlagung der ČSR durch die Annexion Böhmens und Mährens als „Protektorat", Bildung eines slowakischen Marionettenstaates Mitte März 1939, Annexion des Memelgebietes am 23. März 1939 – setzte die KPD alles daran, den antifaschistischen Kampf zu verstärken. Instrukteure der Abschnittsleitungen fuhren illegal nach Deutschland und informierten die Kommunisten über die Beschlüsse der Berner Konferenz. Bereits 1938 hatte der Prozeß der Zusammenfassung der bis dahin weitestgehend nicht miteinander in Verbindung stehenden kleinen Parteiorganisationen zu größeren begonnen. Nach der Berner Konferenz verstärkten die leitenden Kader in Deutschland, unterstützt von den Abschnittsleitungen, diese Bemühungen, da die dezentralisierten Formen der Parteiarbeit nicht mehr den Erfordernissen entsprachen. Verbindungen zwischen den Parteiorganisationen sollten eine umfangreichere Information und eine bessere Koordinierung des Kampfes ermöglichen und dadurch die Schlagkraft der Partei erhöhen.

Bis zum Sommer 1939 bildeten sich in Berlin Parteiorganisationen verschiedener Größe heraus, die Parteigruppen in Wohngebieten und faschistischen Massenorganisationen sowie Betriebszellen in verschiedenen Stadtbezirken zusammenfaßten und von fünf Gebietsleitungen angeleitet wurden, die mit Instrukteuren der Abschnittsleitung Mitte des ZK der KPD in Schweden in Verbindung standen[107], unter anderem mit Arthur Emmerlich, Willi Gall, Rudolf Hallmeyer und Heinrich Schmeer. Arthur Emmerlich hielt Verbindung zur Gebietsleitung in Berlin-Spandau, die die Parteiorganisation im Siemens-Konzern, die aus Zellen in 17 Betriebsabteilungen bestand, und weitere Gruppen und Zellen in Spandau anleitete und der Johannes Gloger, Alfred Grünberg und Kurt Steffelbauer angehörten. Rudolf Hallmeyer stand über einen Verbindungsmann mit der von Robert Uhrig geleiteten Parteiorganisation in Verbindung, die sich seit 1938 entwickelte und zu der Zellen in Großbetrieben sowie Parteigruppen in verschiedenen Stadtteilen gehörten und die Kontakte zu Gruppen in Sportvereinen hatte. Diese Berliner Parteiorganisation stellte Verbindung zu Parteiorganisationen in Hamburg, Leipzig und Mannheim her. Eine andere größere Parteiorganisation bildete sich in Berlin-Neukölln unter Leitung von John Sieg heraus. Sie hatte Kontakt mit Heinrich Schmeer. Die von Otto Nelte geleitete Parteiorganisation in den Berliner Stadtteilen Adlers-

---

Gebietsleitungen der KPD in Berlin 1937/38–1939

Gebietsleitung Spandau: Parteiorganisation im Siemens-Konzern, Zellen und Parteigruppen im Spandauer Industriegebiet
    Instrukteur der Abschnittsleitung Mitte: Arthur Emmerlich

Gebietsleitung Adlershof: Parteigruppen und Zellen in Adlershof, Altglienicke, Bohnsdorf, unter anderem Zellen in den Betrieben Dürener Metallwerke AG, Henschel Flugzeugwerke AG in Schönefeld, Schering AG, Berliner Maschinenbau AG
    Instrukteur der Abschnittsleitung Mitte: Willi Gall

Gebietsleitung Prenzlauer Berg: Parteiorganisationen in diesem Stadtteil
    Instrukteur der Abschnittsleitung Mitte: Georg Gläser

Gebietsleitung Moabit: Parteiorganisation in Moabit, unter anderem Zellen in den Betrieben Ludwig Loewe & Co., AEG Turbinenfabrik, Osram, Werk A, Daimler-Benz AG in Marienfelde und Genshagen, BVG
    Instrukteur der Abschnittsleitung Mitte: Rudolf Hallmeyer

Gebietsleitung Reinickendorf: unter anderem Zellen in den Betrieben Argus, Deutsche Waffen- und Munitionsfabriken, Borsig-Werke, Veltener Maschinenfabrik AG
    Instrukteur der Abschnittsleitung Mitte: Heinrich Schmeer

hof, Altglienicke und Bohnsdorf wurde von Willi Gall angeleitet. Alle diese Parteiorganisationen arbeiteten mit Sozialdemokraten oder sozialdemokratischen Gruppen zusammen.

1938/1939 entstand durch die Zusammenfassung von Gruppen antifaschistischer Kräfte meist aus der Intelligenz, die sich
in den Jahren zuvor um Arvid Harnack, Regierungsrat im
Reichswirtschaftsministerium, und um Harro Schulze-Boysen,
Oberleutnant im Reichsluftfahrtministerium, gesammelt hatten[108], und der von John Sieg geleiteten Organisation der KPD
eine antifaschistische Widerstandsorganisation, der sich weitere Hitlergegner verschiedener sozialer Herkunft sowie politischer und weltanschaulicher Auffassung anschlossen.

In Hamburg-Harburg wirkten im ersten Halbjahr 1939 –
wie aus einem Bericht der Abschnittsleitung Nord des ZK der
KPD hervorgeht[109] – neun Parteiorganisationen, in deren Leitungen zwei bis drei Funktionäre tätig waren. Diese Organisationen umfaßten Zellen in einer Anzahl von Rüstungsbetrieben sowie Parteigruppen in Wohngebieten und unterhielten Verbindungen zu kleinen Geschäftsleuten und Bauern
der Umgebung. In Leipzig entstand 1938/1939 unter Leitung
von Arthur Hoffmann, Georg Schwarz und William Zipperer
sowie – seit Sommer 1939 – Georg Schumann eine größere
Parteiorganisation, die mit Sozialdemokraten, Mitgliedern der
SAP und mit einigen Angehörigen der Intelligenz zusammen-
arbeitete. In Dresden setzten Herbert Bochow, Albert Hensel,
Fritz Schulze und Karl Stein, in Frankfurt (Main) Anton
Breitinger, Otto Häuslein und Adam Leis ihre Bemühungen
fort, die Parteigruppen und Betriebszellen zusammenzufassen.
In Stettin widmeten sich Werner Krause und Walter Em-
pacher dieser Aufgabe, und gleiche Anstrengungen unternahmen die Kommunisten auch in anderen Städten, unter
anderem im Rhein-Ruhr-Gebiet.

In der Freien Stadt Danzig war vom reaktionären Senat am
26. Mai 1934 die KPD, Bezirk Danzig, für aufgelöst erklärt
worden; doch die Kommunisten kämpften weiter. Es entstand
eine aktiv tätige illegale Organisation. In einem Flugblatt vom
5. Mai 1939 erklärten die Danziger Antifaschisten: „Die von
Hitler ausgesprochene Kündigung des deutsch-polnischen
Nichtangriffspaktes ist ein Alarmsignal! Während an der pol-

nischen Grenze die deutschen Truppen aufmarschieren, rüsten die Nazis in Danzig zum Staatsstreich, um die bewaffnete Aktion des Hitlerfaschismus gegen Polen auch von innen heraus vorzubereiten. Krieg gegen Polen aber bedeutet Krieg gegen England und Frankreich, gegen die Sowjetunion und die Vereinigten Staaten Amerikas! Die bewaffnete Aktion des Hitlerfaschismus gegen Polen wäre ein neuer Schritt zur Entfachung des Weltbrandes, zur Auslösung eines mörderischen Weltkrieges, der unsere Heimat zum Kriegsschauplatz machen und unsere Stadt der sicheren Zerstörung preisgeben würde. Gerade wir Danziger, als Bürger einer Freistadt, mit einem der wichtigsten Häfen des Ostseegebietes, wissen aus eigener bitterer Erfahrung, daß nur durch friedliche Beziehungen zwischen Völkern, d.h. bei uns in erster Linie durch gute Beziehungen zum polnischen Nachbarvolk, unserer Stadt Nutzen, der Bevölkerung Wohlstand erwachsen kann. Ein Krieg aber würde unseren Hafen schließen und furchtbares Elend mit sich führen. Darum protestieren wir gegen diese Kriegsprovokationen des deutschen Faschismus! Darum fordern wir die Bevölkerung Danzigs auf, mit allen Mitteln dem Kriegskurs Hitlers und seiner Danziger Trabanten entgegenzuwirken."[110]

Die Kommunisten in Danzig bereiteten sich auf Aktionen gegen einen vom deutschen Imperialismus entfesselten Weltkrieg vor. Gemeinsam mit Kommunisten in Deutschland und Polen legten sie auf deutschem, Danziger und polnischem Gebiet Lager mit Sprengstoff an, den sie für Sabotageakte verwenden wollten, um Truppen- und Waffentransporte der Hitlerwehrmacht zu behindern. Die Danziger Polizei und die Gestapo entdeckten jedoch diese Lager.

Die Bemühungen der KPD um die Schaffung größerer, schlagkräftigerer Parteiorganisationen beunruhigten die faschistischen Machthaber; angesichts der unmittelbaren Kriegsvorbereitung verstärkten sie den Terror gegen die Partei.

Unter den im April und Mai 1939 verhafteten 835 Hitlergegnern befanden sich 486 Kommunisten und 92 Sozialdemokraten. Dennoch standen die Kommunisten auch im ersten Halbjahr 1939 an der Spitze verschiedener Aktionen der antifaschistischen, klassenbewußten Kräfte der Arbeiterklasse. So wehrten sich die zum Bau von Befestigungsanlagen

Verhaftungen von Antifaschisten					
	ins-gesamt	KPD	SPD	SAP	andere Hitler-gegner
Januar 1938	562	496	42	3	21
Februar 1938	470	386	61	1	22
März 1938	555	303	90	–	162
September 1938	611	326	45	14	226
Oktober 1938	1630	683	83	19	845
November 1938	527	276	55	5	191
Dezember 1938	416	256	36	1	123
April 1939	357	223	35	2	97
Mai 1939	478	263	51	4	160

an der Westgrenze, dem sogenannten Westwall, eingesetzten Arbeiter mit Streiks und anderen Maßnahmen erfolgreich gegen zu hohe Lohnabzüge für Verpflegung und Unterkunft. Sie erkämpften im Juni 1939 die rückwirkende Auszahlung von Trennungszulagen für 250 000 Mann; die DAF mußte die Kosten für Verpflegung und Unterkunft übernehmen. Im Bergbau an der Saar, aber auch im Ruhrgebiet und in Oberschlesien verweigerten Kumpel die Sonntagsarbeit, streikten vereinzelt gegen niedrige Löhne, protestierten auf verschiedene Weise gegen die Verlängerung der Schichten, lehnten Überstunden ab, dehnten wie die Westwallarbeiter die Pausen aus, ließen sich krank schreiben, kamen später zur Arbeit oder verließen früher den Betrieb. Ein Teil der Arbeiterschaft folgte den Losungen der KPD: „Langsamer arbeiten!", „Weniger Kohle – weniger Kanonen!". Nach Angaben der „Frankfurter Zeitung" vom 13. August 1939 ging die tägliche Förderleistung von 1627 kg 1938 auf 1547 kg 1939 je Bergarbeiter zurück. Die Hamburger Werftarbeiter, unter anderem bei Blohm & Voß, setzten im Juli gegen die Anordnung der faschistischen Regierung mit ihrem Kampf eine Stundenlohnerhöhung von 10 Prozent durch.

Neben diesen größeren Bewegungen, die die KPD vorbereitete und beeinflußte, gab es eine Anzahl von betrieblich oder lokal begrenzten, oft auch spontanen Aktionen. Vereinzelt wurden auch Sabotageakte durchgeführt. In einem Bericht der Gestapo vom Juli 1939 über den Kampf der KPD im ersten Halbjahr 1939 hieß es: „Hervorzuheben ist hierbei, daß diese Propagandatätigkeit zu Arbeitsniederlegungen und zu Sabotageakten in Form von Beschädigungen von Werkzeugen und Maschinen führt."[111]

In diesen und anderen Aktionen, an denen insgesamt nur ein kleiner Teil der Arbeiterklasse beteiligt war, festigte sich die Kampfgemeinschaft von Kommunisten mit Sozialdemokraten. Angesichts der drohenden Kriegsgefahr lebten verschiedentlich die Verbindungen zwischen kommunistischen Parteiorganisationen und einzelnen Sozialdemokraten sowie sozialdemokratischen Gruppen wieder auf, die infolge von Verhaftungen oder auf Grund von Anweisungen des Emigrationsvorstandes in den Jahren zuvor unterbrochen worden waren. So nahmen in einem Betrieb der Siemens-Werke in Berlin Kommunisten und Sozialdemokraten Anfang 1939 die Zusammenarbeit wieder auf. Sie führte im Mai zur Bildung eines Einheitsfrontkomitees, das sich auf Vertrauensleute in 16 Abteilungen des Betriebes stützte. Das Komitee gab im gleichen Monat ein Flugblatt heraus, in dem es hieß: „Die deutschen Imperialisten wollen die Welt beherrschen. Ihnen bringt der Krieg neue Millionen – wir aber sollen bluten. Deutschland wird von keinem anderen Lande bedroht, aber Hitler bedroht die friedliebenden Staaten. Wir erklären: Hitler schändet das Ansehen des deutschen Volkes. Das deutsche Volk will keinen Krieg. Heute gilt nach wie vor das Wort unseres Karl Liebknecht: Der Feind steht im eigenen Lande! Nieder mit dem Krieg!"[112]

Im April verfaßten und verbreiteten in Berlin Kommunisten und diejenigen Sozialdemokraten, die sich seit 1936/1937 im Marxistischen sozialdemokratischen Arbeitskreis zu regelmäßigen Diskussionen trafen, ein Flugblatt, in dem sie vor der drohenden Kriegsgefahr warnten und zur einheitlichen Aktion der Arbeiterklasse gegen die faschistische Diktatur aufriefen, weil man „nicht tatenlos auf ein Wunder von außen warten"[113] dürfe. Im Mai gaben sie gemeinsam die erste von insgesamt drei Nummern des „Freiheitsbriefes" heraus, in dem sie zum Widerstand gegen die Kriegspolitik aufforderten und sich für die Schaffung einer demokratischen Volksrepublik aussprachen, die aus dem Kampf der antifaschistischen Volksfront hervorgehen müsse. In Hamburg verbreiteten Kommunisten und die Sozialdemokraten der Mahnruf-Gruppe antifaschistische Materialien, in denen sie die Kriegspolitik des deutschen Imperialismus enthüllten und die Rolle der Sowjetunion im Kampf um den Frieden würdigten. Auch in Bielefeld, Dortmund, Düsseldorf, Essen und anderen Städten arbeiteten Kommunisten und einzelne Gruppen von Sozialdemokraten zusammen. Zuweilen unterstützten Sozialdemokraten Instrukteure der Abschnittsleitungen des ZK der KPD, wie in Hamburg, Oberhausen und Recklinghausen.

Am Kampf gegen den drohenden Krieg beteiligten sich junge Kommunisten und Sozialdemokraten, denen sich vereinzelt auch Jugendliche mit anderen politischen und weltanschaulichen Auffassungen, wie Angehörige katholischer und bündischer Jugendgruppen, anschlossen. Sie verbreiteten Flugblätter, trafen sich zu Diskussionen und Wanderungen und boykottierten den im März 1939 gesetzlich zur Pflicht erhobenen Dienst in den faschistischen Jugendorganisationen. In einigen Städten führten sie Protestaktionen gegen das Haushaltspflichtjahr und den Arbeitsdienst durch.

1938 hatten die Faschisten die junge Kommunistin Liselotte Herrmann aus Stuttgart als erste deutsche Frau und Mutter zusammen mit drei Kampfgefährten wegen ihrer Antikriegsarbeit hingerichtet. In ihrem letzten Brief bekannte sie: „Ich sterbe gern für unsere Sache, wenn unser Volk sich bessere und glücklichere Verhältnisse schafft."[114] Gleich ihr kämpfte in Berlin die von dem jungen kommunistischen Arbeiter Heinz Kapelle geleitete antifaschistische Gruppe von 60 kommunistischen, sozialdemokratischen und katholischen Jugendlichen gegen den Krieg. Ihre Mitglieder verbreiteten Flugblätter der KPD und stellten im Sommer 1939 selbst Flugblätter gegen die Kriegsvorbereitungen des Hitlerregimes her.

Das ZK der KPD gab auch in dieser Periode den Parteiorganisationen Anleitung für den antifaschistischen Kampf. Es appellierte immer wieder an das deutsche Volk, gegen die Kriegsgefahr anzukämpfen, enthüllte die aggressiven Ziele des deutschen Imperialismus und setzte sich mit der faschistischen Ideologie und Propaganda auseinander. Davon zeugen viele Aufrufe, die über die Abschnittsleitungen nach Deutschland gelangten. Im November 1938 hatte die Führung der KPD gegen die Judenpogrome protestiert und sie als Bestandteil der ideologischen und materiellen Kriegsvorbereitung charakterisiert. „*Der Kampf gegen die Judenpogrome*", erklärte das Zentralkomitee, „*ist deshalb ein untrennbarer Teil des deutschen Freiheits- und Friedenskampfes gegen die nationalsozialistische Diktatur* ...

Die Kommunistische Partei wendet sich an alle Kommunisten, Sozialisten, Demokraten, Katholiken und Protestanten, an alle anständigen und ehrbewußten Deutschen mit dem Appell: *Helft unsern gequälten jüdischen Mitbürgern mit allen Mitteln!*"[115] Organisationen und Gruppen der KPD verbreiteten Flugblätter gegen die Judenverfolgung, wie Kommunisten in Rostock, die in einem Flugblatt gegen Judenpogrome und Kriegsvorbereitung zum Kampf aufriefen[116], und unterstützten gemeinsam mit anderen Antifaschisten vom Naziregime drangsalierte jüdische Bürger.

Im März 1939 hatte der deutsche Imperialismus die ČSR zerschlagen. Das ZK der KPD verurteilte die Vergewaltigung der Tschechen und Slowaken in dem Aufruf „Nieder mit Hitlers Verbrechen an der Tschechoslowakei!". Es erklärte: „Hitler hat stets das Wort von dem ‚Selbstbestimmungsrecht der Völker' im Munde geführt und immer wieder beteuert, daß er ‚nur die Deutschen befreien' wolle, aber jetzt hat sich klar herausgestellt, daß noch nie lügenhafter, brutaler und schamloser das Selbstbestimmungsrecht und die Freiheit fremder Nationen niedergetrampelt wurden, als dies jetzt durch Hitlers Armeen in der Tschechoslowakei geschieht."[117]

Aus dem gleichen Anlaß riefen die KPD, die KPÖ und die KPTsch gemeinsam zum einheitlichen Kampf der Arbeiterklasse und anderer Hitlergegner in ihren Ländern gegen den Faschismus, für selbständige demokratische Republiken auf. Sie gaben der Gewißheit Ausdruck, daß die Völker in diesen Ländern „mit der Unterstützung der Werktätigen aller Länder, mit der Hilfe der großen und mächtigen Sowjetunion ihre Freiheit erringen werden"[118]. In einem gemeinsamen

Aufruf forderten die KPD und die IKP am 16. Mai 1939 zum Kampf gegen die aggressiven Ziele des deutschen und des italienischen Faschismus, zur Rettung des Friedens auf.[119] Als das Hitlerregime die Angliederung des Freistaates Danzig und polnischer Gebiete verlangte, appellierte das ZK der KPD im Juni an alle Antifaschisten in Deutschland, Danzig und Polen, ein enges Bündnis zu schließen.[120]

Die Führung der KPD setzte nach der Berner Konferenz ihre Bemühungen fort, mit Gruppen emigrierter Sozialdemokraten eine Verständigung herbeizuführen und auch dadurch den gemeinsamen Kampf von Kommunisten, Sozialdemokraten und anderen Hitlergegnern in Deutschland zu fördern. Im Februar 1939 wandte sie sich deshalb an den Emigrationsvorstand und an den Arbeitsausschuß deutscher Sozialisten und der Revolutionären Sozialisten Österreichs. Während der Vorstand wiederum ablehnte, befürwortete der Arbeitsausschuß Verhandlungen. So trafen sich am 22. März 1939 Vertreter des ZK der KPD und der KPÖ sowie des Arbeitsausschusses in Paris. Als Ergebnis mehrerer Beratungen erschien am 30. März 1939 ein gemeinsamer Aufruf „An die Arbeiter Deutschlands und Österreichs", in dem die Annexion Österreichs und die Zerschlagung der Tschechoslowakei als Etappen imperialistischer Eroberungspolitik verurteilt und Kommunisten wie Sozialdemokraten aufgerufen wurden, „das Regime zu schwächen und auszuhöhlen, die Kluft zwischen Volksmassen und Diktatur zu erweitern, die Kriegsvorbereitung zu stören und zu hindern"[121]. Es gelte „alle vom Hitlerfaschismus unterdrückten fremden Völker in ihrem nationalen Freiheitskampf zu unterstützen"[122]. Dieser Appell erschien in verschiedenen, in Emigrationsländern herausgegebenen Zeitungen, wurde über die Sender Moskau und Strasbourg verbreitet und als Flugblatt in Deutschland verteilt. Kommunisten und Sozialdemokraten in Deutschland wie in der Emigration stimmten ihm zu. Angeregt durch diesen Appell, entstand ein „Arbeitsausschuß deutscher Sozialisten und Kommunisten des Rheinlands", der unter den Westwallarbeitern wirkte.

Während vor allem Franz Dahlem und andere Vertreter des ZK der KPD sowie des ZK der KPÖ, Jacob Walcher von der Auslandsleitung der SAP und Julius Deutsch von den

Revolutionären Sozialisten Österreichs zum Zustandekommen des gemeinsamen Aufrufs beigetragen hatten, erhob Karl Frank vom Auslandsbüro Neu Beginnen gegen die Zusammenarbeit mit der KPD Einwände. Er wies im April 1939 die Anhänger von Neu Beginnen in den verschiedenen Emigrationsländern an, keine Vereinbarungen mit Kommunisten zu treffen und keine gemeinsamen Aufrufe zu veröffentlichen. Das ZK der KPD unterbreitete dem Arbeitsausschuß im April weitere Vorschläge, dieser aber erklärte sich zu neuen gemeinsamen Schritten nicht bereit. Die antikommunistische Obstruktion der Vertreter von Neu Beginnen und auch einiger Vertreter der SAP hatte ihr Ziel erreicht.

Die Arbeit des Volksfrontausschusses in Paris setzte seit März 1939 ein Aktionsausschuß Deutscher Oppositioneller fort, dessen Vorsitz Heinrich Mann innehatte und dem Kommunisten, Sozialdemokraten und bürgerlich-demokratische Hitlergegner angehörten, unter anderen Georg Bernhard, Präsident der Vereinigung deutscher Emigranten in Frankreich; Hermann Budzislawski, Chefredakteur und Herausgeber der „Neuen Weltbühne"; die Schriftsteller Lion Feuchtwanger, Leonhard Frank, Kurt Kersten, Rudolf Leonhard; Paul Merker, Mitglied des Politbüros des ZK der KPD; der Historiker Alfred Meusel; Siegfried Rädel, Leiter der Organisation der KPD in Frankreich; Sekretär war Albert Norden. Der Arbeitsausschuß deutscher Sozialisten und der Revolutionären Sozialisten Österreichs hatte es abgelehnt, Vertreter in den Aktionsausschuß zu entsenden.

Dieser stützte sich auf die Freundeskreise der Volksfront in Paris, auf Mitglieder des Schutzverbandes Deutscher Schriftsteller, Mitglieder und Anhänger des Koordinationsausschusses deutscher Gewerkschafter sowie auf die Organisation emigrierter deutscher Kommunisten in Frankreich. Er übernahm die Pressekorrespondenz „Deutsche Informationen" und verbreitete in verschiedenen Publikationen, die illegal nach Deutschland gebracht und zum Teil auch in der Wehrmacht verteilt wurden, die Wahrheit über das faschistische Regime sowie über seine Kriegspolitik und rief zur Einigung der deutschen Hitleropposition auf. Der Aktionsausschuß nahm Verbindung zu emigrierten österreichischen, tschechischen und italienischen Hitlergegnern verschiedener politischer Richtungen auf.

Am Kampf gegen die faschistische Diktatur und die Kriegsvorbereitungen des deutschen Imperialismus und Militarismus nahmen die Organisationen der KPD in den Emigrationsländern teil. Angeleitet vom Politbüro des ZK der KPD und fest verbunden mit den kommunistischen Parteien und anderen demokratischen Kräften in diesen Staaten, von denen sie große Unterstützung erhielten, leisteten sie einen wichtigen Beitrag zur antifaschistischen Aufklärung der „deutschen Kolonie" wie der Bevölkerung in den jeweiligen Ländern. Von ihnen gingen vielfältige Initiativen aus, um eine Einigung der verschiedenen emigrierten deutschen Hitlergegner herbeizuführen.

Den rund 500 Mitgliedern der Organisation der KPD in der ČSR, von denen sich viele im Mai und September 1938 an der Seite tschechischer Kommunisten und der staatlichen Organe am Wach- und Patrouillendienst zur Sicherung der Staatsgrenze und zum Schutz des antifaschistischen Teils der Bevölkerung der tschechischen Grenzgebiete gegen den Terror der sudetendeutschen Faschisten beteiligt hatten, war angesichts des Einmarsches der Wehrmacht im März 1939 nur unter großen Schwierigkeiten die zweite Emigration gelungen, meist nach Großbritannien. Hier entstand nun eine fast 400 Kommunisten umfassende Organisation unter Leitung Wilhelm Koenens, Jürgen Kuczynskis und weiterer Funktionäre. Der von Alfred Meusel geleitete Ausschuß der Freunde einer deutschen Volksfront in Großbritannien, dem Kommunisten und andere politische Emigranten angehörten, informierte die britische Öffentlichkeit über die Lage und den antifaschistischen Kampf in Deutschland sowohl in der Zeitschrift „Germany Today" wie in Flugblättern und Bulletins für die englische Presse. Der im Dezember 1938 in London auf Initiative deutscher Kommunisten von emigrierten Schriftstellern und Künstlern gegründete „Freie Deutsche Kulturbund" entwickelte sich bald zum kulturellen Zentrum der deutschen Emigranten in Großbritannien. Sein Präsident war der Schriftsteller und Theaterkritiker Alfred Kerr, der Komponist Ernst Hermann Meyer war einer der Vorsitzenden.

243

An der Spitze der Organisation der KPD in Frankreich stand seit Dezember 1936 Siegfried Rädel, der auch Vizepräsident der Vereinigung deutscher Emigranten war. Die Organisation umfaßte Parteigruppen in Paris, Toulouse, Montauban und weiteren Städten. Die Kommunisten beteiligten sich an der Arbeit verschiedener Einrichtungen der deutschen Emigration und unterstützten den antifaschistischen Kampf in Deutschland wie in Spanien. Die Leitung der Organisation stellte auch Verbindung zu den seit Frühjahr 1939 in verschiedenen Lagern in Frankreich internierten deutschen Spanienkämpfern her. Am 30. August begann die französische Polizei, deutsche Emigranten zu verhaften.

Die Organisation der KPD in Belgien bestand aus Parteigruppen in Antwerpen, Brügge, Brüssel, Gent, Liège, Ostende und anderen Städten. Auch diese Organisation führte eine umfangreiche antifaschistische Propaganda durch. In Flugblättern nahm sie zum Beispiel Stellung gegen die Zerschlagung der Tschechoslowakei, gegen die Kriegspolitik der Hitlerregierung und gegen die faschistische Propaganda unter den Deutschen in Belgien. Auf einer Delegiertenkonferenz am 18. Februar 1939 in Brüssel wertete die Organisation die Beschlüsse der Berner Konferenz der KPD aus.

In der Schweiz bestand die Organisation der KPD aus Parteigruppen in Basel, Bern, Genf, St. Gallen, Zürich und einigen anderen Städten. Die meisten Kommunisten mußten illegal leben, da die Schweizer Behörden nur wenigen eine Aufenthaltsgenehmigung erteilten. Den Illegalen drohte ständig die Ausweisung aus der Schweiz. Die Organisation der KPD suchte die Zusammenarbeit mit emigrierten Sozialdemokraten. Aber nur wenige waren dazu bereit. Funktionäre wie Otto Braun, Arthur Crispien und Wilhelm Dittmann verharrten auf antikommunistischen Positionen. Hingegen entwickelte sich die Zusammenarbeit mit dem Theologieprofessor Karl Barth und mit anderen Christen.

Die Organisation der KPD in Dänemark, die seit Ende 1938 von Hermann Schuldt geleitet wurde, unterhielt Verbindung zu sozialdemokratischen Emigranten, beispielsweise zu Otto Buchwitz, bis 1933 Sekretär des Bezirks Niederschlesien der SPD, und beteiligte sich – neben ihrer antifaschistischen Aufklärungsarbeit unter den über 1000 deutschen Emigranten, unter der dänischen Bevölkerung und unter Touristen aus Deutschland – an der Tätigkeit eines Hilfskomitees, das dänische Sozialisten und bürgerliche Demokraten, unter anderen Martin Andersen Nexö, zur Unterstützung deutscher Emigranten gebildet hatten. Die Leitungen der Organisationen der KPD in Dänemark, Schweden und Norwegen kamen Ende 1938 in Helsingborg zu einer Tagung zusammen, auf der Conrad Blenkle von der Abschnittsleitung Nord des ZK der KPD über die Annexion Österreichs und das Münchener Abkommen referierte und die Vertreter der einzelnen Leitungen ihre Erfahrungen bei den Bemühungen um die Schaffung der Einheitsfront und der antifaschistischen Volksfront austauschten. So berichtete Herbert Warnke über die Zusammenarbeit mit Sozialdemokraten und Mitgliedern der SAP in Stockholm.

An der Seite der Organisationen emigrierter deutscher Kommunisten kämpften Jungkommunisten, die in Paris Anfang 1936 gemeinsam mit Vertretern der SAJ, des SJV, der Jugend des ISK und mit katholischen Jugendlichen die „Freie deutsche Jugend" gegründet hatten. Im Mai 1938 war auch in der Tschechoslowakei von 85 emigrierten Jugendlichen – sie gehörten den gleichen Organisationen an, die sich in Paris zusammengeschlossen hatten, ferner Neu Beginnen, der Bündischen Jugend sowie jüdischen Jugendorganisationen – die „Freie deutsche Jugend" gebildet worden. Ein Teil ihrer Mitglieder emigrierte Anfang 1939 nach Großbritannien. Antifaschistische Jugendgruppen entstanden außerdem in Belgien, den Niederlanden und der Schweiz.

Im ersten Halbjahr 1939 verstärkte die Sowjetunion ihr Bemühen, den faschistischen Aggressor zu zügeln und ein System kollektiver Sicherheit zu schaffen. In einer Note an die Hitlerregierung verurteilte die UdSSR die Zerschlagung der ČSR und erklärte, daß sie die Annexion Böhmens und Mährens nicht anerkenne. Gemeinsam mit Truppen der Mongolischen Volksrepublik wehrten sowjetische Einheiten die Aggression des japanischen Imperialismus im Fernen Osten ab, die im Mai 1939 begonnen hatte. Seit dem Frühjahr verhandelte die Regierung der Sowjetunion mit den Regierungen Großbritanniens und Frankreichs über einen Beistandspakt gegen die faschistische Kriegsprovokation. Die Regierungen dieser beiden imperialistischen Staaten hatten unter dem Druck der Volksmassen, der angesichts der Aggressionsakte des deutschen und des japanischen Imperialismus gewachsen war, einem entsprechenden sowjetischen Vorschlag zugestimmt. Während sich die Verhandlungen in die Länge zogen und schließlich infolge der Haltung der Westmächte, die Deutschland in einen Krieg gegen die Sowjetunion zu treiben suchten, ergebnislos endeten, führte Großbritannien geheime Verhandlungen mit der Hitlerregierung über ein Abkommen auf politischem, wirtschaftlichem und militärischem Gebiet. Es scheiterte an den Gegensätzen des deutschen und des britischen Imperialismus. Aus taktischen Gründen bot die Hitlerregierung Mitte August der Sowjetunion einen Nichtangriffsvertrag an, um die Verhandlungen der UdSSR mit den Westmächten zu torpedieren und jede Chance eines Sicherheitspaktes zunichte zu machen. Die sowjetische Regierung lehnte ab, da sie noch auf einen erfolgreichen Ausgang der Verhandlungen hoffte. Erst als eindeutig war, daß die Regierungen Frankreichs und Großbritanniens keine festen Abmachungen mit der UdSSR wünschten, nahm die Sowjetunion den Vorschlag der Hitlerregierung an und unterzeichnete am 23. August 1939 einen Nichtangriffsvertrag mit Deutschland. Damit durchkreuzte die UdSSR, die keine Illusionen über die Ziele des faschistischen deutschen Imperialismus hatte, den Versuch der Westmächte, den sozialistischen Staat in einen Krieg mit Deutschland zu verwickeln, und vereitelte eine antisowjetische Koalition der mächtigsten imperialistischen Staaten und einen möglichen Zweifrontenkrieg.

Die Führung der KPD wies die Parteiorganisationen in Deutschland und in den Emigrationsländern im Juni 1939 darauf hin, sich bei der Einschätzung der Lage, bei der Propaganda und im antifaschistischen Kampf an der Lehre Lenins über den Imperialismus zu orientieren. In einem Rundbrief vom 27. Juni 1939 an die Abschnittsleitungen stellte Wilhelm Pieck fest, daß es angesichts der Verhandlungen der Sowjetunion und der Westmächte erforderlich sei, die Grundlinie der sowjetischen Außenpolitik zu propagieren und sich nicht von

Spekulationen in der bürgerlichen Presse beeinflussen zu lassen. Die Partei müsse überzeugend nachweisen, „daß die Interessen des deutschen Imperialismus unvereinbar sind mit den Interessen der Mehrheit des deutschen Volkes, daß die Expansion des deutschen Imperialismus – gleichgültig, ob sie durch Krieg oder auf Münchener Art erfolgt – unvereinbar ist mit den Gesamtinteressen der deutschen Nation"[123].

Bereits Anfang Mai 1939 hatte sich das ZK der KPD in seinen Thesen „Zur Lage" mit dem Argument der Faschisten auseinandergesetzt, ihre Politik sei eine „Verteidigung der Lebensinteressen der deutschen Nation". Das Zentralkomitee hatte nachgewiesen, daß sich der deutsche Imperialismus auf den Überfall auf Polen und auf die militärische Auseinandersetzung mit den Westmächten vorbereitete. Zugleich hatte es die Ziele der imperialistischen Westmächte aufgedeckt: „Die reaktionären Kräfte in den kapitalistischen Ländern haben noch immer nicht die Hoffnung aufgegeben, die imperialistischen Eroberungsabsichten Hitlers und der Kriegsachse gegen die Sowjetunion abzulenken, sie hoffen immer noch darauf, die Sowjetunion in einen Krieg mit dem deutschen, italienischen und japanischen Imperialismus zu verwickeln, um dann in einem solchen Kriege eine ähnliche Haltung gegen die Sowjetunion einzunehmen, wie sie sie gegen die spanische Republik eingenommen haben. Die reaktionäre Bourgeoisie Englands und Frankreichs ist nicht für die Schaffung einer internationalen Friedensfront gegen den Faschismus, sondern für den Krieg des Faschismus gegen die erste sozialistische Macht der Welt."[124]

Deshalb stimmte die Führung der KPD dem deutsch-sowjetischen Nichtangriffsvertrag zu. Das ZK der KPD bezeichnete in einer Erklärung vom 25. August, die in der „Rundschau" veröffentlicht wurde, die Unterzeichnung des Vertrages als eine „erfolgreiche Friedenstat von seiten der Sowjetunion"[125]. Zugleich betonte es, daß vor allen deutschen Antifaschisten nach wie vor große Aufgaben stehen, „die im verstärkten Kampf gegen die Nazidiktatur gelöst werden müssen"[126]. Das Zentralkomitee warnte vor der Illusion, daß das Hitlerregime nun etwa eine Politik im Interesse des deutschen Volkes verfolgen würde. „Das ganze deutsche Volk muß der Garant für die Einhaltung des Nichtangriffspaktes zwischen der Sowjetunion und Deutschland sein. Nur wenn das deutsche Volk selbst das Schicksal der deutschen Nation in seine Hände nimmt, wird der Friede gesichert sein."[127]

Gab es zunächst unter Hitlergegnern und auch aktiven Antifaschisten in Deutschland, selbst unter Kommunisten, Unverständnis und zum Teil Verwirrung angesichts dieses Vertrages, so reagierten doch viele Organisationen und Gruppen der KPD sofort völlig richtig. In Berlin beispielsweise verbreiteten Ende August 1939 Kommunisten das von ihnen verfaßte Flugblatt „Arbeiter, Mitbürger, Soldaten! An die Bevölkerung Berlins!", in dem es hieß: „Der Nichtangriffsvertrag zwischen der Sowjetunion und der Hitlerregierung ist ein außerordentlicher Beitrag der Sowjetunion zur Aufrechterhaltung des Friedens."[128] Die Sowjetregierung habe diesen Vertrag wegen der Ablehnung der kollektiven Sicherheit durch die Westmächte abgeschlossen. „Die kluge Friedenspolitik der Sowjetunion hat die Pläne der französischen und englischen Reaktionäre vernichtet …, aber die Kriegsgefahr besteht weiterhin, solange es einen raublüsternen deutschen Imperialismus und eine faschistische Diktatur gibt." Die Berliner Bevölkerung wurde zum Kampf für den Frieden aufgerufen. „Unsere Parole lautet unter allen Umständen, im Krieg wie im Frieden: Nieder mit Hitler und den Kriegsbrandstiftern in Deutschland."[129] Abschließend wurde in dem Flugblatt festgestellt, daß ein freies, demokratisches Deutschland nach dem Sturz Hitlers ein festes Kampfbündnis mit der Sowjetunion schließen werde.

Ähnlich beurteilte die von Willi Gall und Otto Nelte geleitete Parteiorganisation im Südosten Berlins Anfang September in dem Informationsmaterial „Die Außenpolitik der Sowjetunion" den Vertrag. Dieser habe die Absichten der englischen Imperialisten vereitelt, Hitler für die eigenen antisowjetischen Ziele auszunutzen. „Auch wir als deutsche Arbeiter haben ein Interesse daran, daß die Sowjetunion sich nicht in einen isolierten Krieg treiben läßt und diese Pläne der Chamberlains durchkreuzt wurden."[130] In der „Süddeutschen Volksstimme", die die Abschnittsleitung Süd in der Schweiz herausgab und illegal in Bayern und Württemberg verbreitete, wurde am 25. August unter der Überschrift „Die Politik der

Sowjetunion ist die Politik des Friedens. Der Nichtangriffspakt ist kein Bündnis- und kein Beistandspakt" festgestellt: „Die Sowjetunion ist bereit, eine wirkliche Verteidigungsfront des Friedens zu schaffen, aber sie muß lückenlos sein, damit keine Münchener Ratten durchschlüpfen können. Die Verhinderung des Krieges liegt in erster Linie jetzt an den Westmächten. Die Sowjetunion hat getan, was sie für die Erhaltung des Friedens tun konnte."[131]

Seit Ende 1938 gab es außer denjenigen Sozialdemokraten und sozialdemokratischen Gruppen, die gemeinsam mit der KPD den antifaschistischen Kampf führten, fast keine aktiv tätigen sozialdemokratischen Gruppen mehr. Resigniert wartete die Mehrheit der Sozialdemokraten darauf, daß das Naziregime im Ergebnis eines Krieges beseitigt würde.

Charakteristisch für die Haltung vieler sozialdemokratischer Funktionäre in Deutschland waren die Auffassungen Wilhelm Leuschners und der sozialdemokratischen und Gewerkschaftsfunktionäre, mit denen er in Verbindung stand. Sie zweifelten im Sommer 1939 an jeglicher Erfolgsaussicht des Widerstandskampfes und hofften, daß der Krieg die faschistische Diktatur stürzen werde. Nach dem Kriege, so schrieb Wilhelm Leuschner Ende August 1939 an Freunde in Großbritannien, „werden wir wieder beginnen aufzubauen, ohne durch den Vorwurf von dem Dolchstoß im Rücken gehindert zu sein"[132]. Das bedeutete: keine Aktionen, abwarten! Die sozialdemokratischen Bekannten- und Freundeskreise wurden immer zurückhaltender. Verbindungen von Sozialdemokraten in Deutschland zu Gruppen emigrierter Führer bestanden kaum noch.

Obwohl durch die unmittelbare Kriegsvorbereitung des deutschen Imperialismus und Militarismus die Situation für das deutsche Volk äußerst gefährlich geworden war, ließ der sozialdemokratische Emigrationsvorstand den Vorschlag des Politbüros des ZK der KPD vom 3. April 1939 unbeantwortet, „eine Verständigung herbeizuführen, um gemeinsam oder, wenn das von Euch nach wie vor abgelehnt werden sollte, um parallel einheitliche Schritte im Kampfe der deutschen Antifaschisten gegen die das Leben des deutschen Volkes und die Existenz der deutschen Nation gefährdende Kriegspolitik Hitlers festzulegen"[133]. Er erklärte Mitte Juni in seinen „Informationsblättern", daß er „an seinem bisherigen Standpunkt der Ablehnung jeder Zusammenarbeit mit der KPD unverändert"[134] festhalte. Der Emigrationsvorstand hatte sich völlig darauf eingestellt, daß der Krieg das Mittel zum Sturz Hitlers wäre. Große Sorgen bereitete es ihm jedoch, daß die Sowjetunion zu den Siegermächten gehören würde. Deshalb ergriff der Emigrationsvorstand verstärkt Partei für die imperialistischen Regierungen der Westmächte und verschärfte die antisowjetische und antikommunistische Hetze.

Schon im Januar 1939 hatte Rudolf Hilferding in der Exekutive der SAI erklärt, es gebe „nur den Weg des Zusammengehens mit den jetzigen Regierungen (der Westmächte – K. M.) bei kompromißlosem Kampf gegen den Bolschewismus und gegen jene Linkssozialisten, die mit den Kommunisten Einheitsfront machen"[135]. Auf der Sitzung des Emigrationsvorstandes am 26. April 1939 kündete Erich Rinner an, daß nach dem Krieg „zwischen uns und den Kommunisten ein Kampf auf Leben und Tod folgen wird"[136] und daß man zur Vorbereitung auf diese Auseinandersetzung die nichtkommunistischen emigrierten Hitlergegner zusammenfassen müsse. Fritz Tarnow, der Vorsitzende der ADG, die sich auch in dieser Zeit strikt gegen die Zusammenarbeit mit kommunistischen Gewerkschaftern aussprach, wandte sich dagegen, daß der Vorstand im Kriegsfall „zum Kampf mit der Waffe in der Hand gegen das Regime"[137] oder zur Sabotage auffordere. Auf welche Weise ein Sozialdemokrat sich am Kampf gegen den Krieg beteilige, müsse er mit sich selbst abmachen. In seinen Publikationsorganen trat der Emigrationsvorstand im Frühjahr 1939 gegen ein Bündnis der deutschen Hitleropposition mit der Sowjetunion auf.

Statt alle Kräfte gegen die faschistische Diktatur und den drohenden Krieg zu mobilisieren, befaßten sich die rechten sozialdemokratischen Führer damit, die KPD zu bekämpfen und die Sowjetunion, den einzigen konsequenten Friedensstaat in der Welt, zu verleumden. Den rechten sozialdemokratischen Führern ging es darum, wirksame Vorkehrungen zu treffen, die eine revolutionäre Umwälzung in Deutschland nach dem Kriege verhindern sollten. Diese Ziele begründete

Curt Geyer in der im Juli 1939 auf Beschluß des Emigrationsvorstandes publizierten Schrift „Die Partei der Freiheit".

**Aus Protokollnotizen über die Sitzung des sozialdemokra-
tischen Emigrationsvorstandes am 26. April 1939**

„Tarnow: Zu der Frage der Beteiligung der Emigration am Kriege
(gegen Deutschland – K. M.) weist er auf die entstehenden Schwierigkeiten hin. Er zieht es vor, daß jeder das mit sich selbst abmachen muß und hält es für unzweckmäßig, eine Entscheidung des
Parteivorstandes herbeizuführen. Er befürchtet von einer Entscheidung des Parteivorstandes, daß sie die Bewegung sehr schädigen
könnte und möglicherweise eine Keimzelle für eine neue Dolch-
stoßlegende bilden würde. Er empfiehlt für den Fall einer Publi-
kation vorsichtige Formulierung und schlägt vor, nichts in einen
solchen Aufruf hineinzuschreiben, was so ausgelegt werden könne,
als ob der Parteivorstand zum Kampf mit der Waffe in der Hand
gegen das Regime auffordern würde. Er empfiehlt, sich um die
Beantwortung der Frage, ob die deutschen Soldaten kämpfen sollen
oder nicht, herumzudrücken... Wir müssen uns auf die These fest-
legen, daß wir bereit sind, für ein neues Deutschland zu arbeiten,
aber dürfen nicht so weit gehen, die deutschen Soldaten aufzufordern, die Waffen niederzulegen und Sabotage an der deutschen
Kriegführung zu üben. Die Gefahr, sich für die Zeit nach dem
Kriege selbst zu erledigen, ist zu groß und steht in keinem Verhältnis zu dem möglichen Nutzen."[138]

Der Emigrationsvorstand steigerte noch seine antikommunistische und antisowjetische Hetze nach dem deutsch-
sowjetischen Nichtangriffsvertrag. Die rechten sozialdemokratischen Führer diffamierten die Sowjetunion, sie hätte die
Verhandlungen mit den Westmächten über kollektive Sicherheit sabotiert. Diese Behauptung sollte die wachsende internationale Autorität der Sowjetunion untergraben und Mißtrauen gegen die konsequent antifaschistische Position der
UdSSR schüren. Gleichzeitig diente diese Diffamierung der
Reinwaschung der imperialistischen Regierungen der Westmächte. Deren antisowjetische Haltung, deren Duldung und
Unterstützung des faschistischen Regimes in Deutschland sollten vertuscht werden. Um ihre die deutschen Antihitlerkräfte
spaltende, antikommunistische Politik zu rechtfertigen, forderten die rechten sozialdemokratischen Führer eine „Reini-

gung der deutschen Arbeiterbewegung und der deutschen politischen Emigration" von den Kommunisten "als Voraussetzung des Sieges der Freiheit"[139].

Unmittelbar am Vorabend des zweiten Weltkrieges war der Emigrationsvorstand politisch und organisatorisch isoliert. Er verfügte über keine nennenswerten Verbindungen zu Sozialdemokraten in Deutschland mehr. Die anderen Gruppen emigrierter sozialdemokratischer Führer und Funktionäre mieden ihn weitestgehend; gemeinsam war ihnen jedoch der Antikommunismus.

Die im Arbeitsausschuß deutscher Sozialisten und der Revolutionären Sozialisten Österreichs zusammengefaßten Gruppen wandten sich gegen die Schrift "Die Partei der Freiheit". Vertreter des Auslandsbüros Neu Beginnen, der Auslandsleitungen der SAP und der Revolutionären Sozialisten Österreichs setzten ihr im Juli 1939 die Schrift "Der kommende Weltkrieg. Aufgaben und Ziele des deutschen Sozialismus" entgegen. Darin traten sie für die Zerschlagung des faschistischen Staatsapparates, für die Enteignung der Industrie- und Bankmonopole sowie des Großgrundbesitzes ein. Die entscheidende Rolle in diesem Kampf zur sozialen Umgestaltung müsse die Arbeiterklasse spielen. Diese Ziele waren jedoch nicht zu verwirklichen, wenn die Spaltung der Arbeiterklasse bestehen blieb, und diese Spaltung zu beseitigen, dazu trugen auch diese Gruppen emigrierter sozialdemokratischer Funktionäre nichts bei, denn sie hielten an antikommunistischen Vorbehalten fest und lehnten die Zusammenarbeit mit der KPD nach wie vor ab. Der Antikommunismus der im Arbeitsausschuß zusammengefaßten Gruppen kam in der Diffamierung der Sowjetunion in verschiedenen Publikationen zum Ausdruck. Damit arbeiteten – wie der Emigrationsvorstand – auch diese Gruppen sozialdemokratischer Funktionäre der internationalen Reaktion in die Hände.

Zum Charakter und zur Rolle der deutschen antifaschistischen Widerstands- bewegung

1933–1939

Der antifaschistische Widerstandskampf war seinem Wesen nach Klassenkampf zwischen der Arbeiterklasse sowie anderen Werktätigen und dem Monopolkapital. Als Hauptkraft im Kampf gegen die faschistische Diktatur der aggressivsten Kräfte des Finanzkapitals und gegen die von ihr ausgehende Kriegsgefahr erwies sich die Arbeiterklasse. Unter den Bedingungen der faschistischen Diktatur in Deutschland erkannte jedoch nur ein Teil der Klasse die eigene Rolle und Aufgabe und handelte entsprechend. Dieser klassenbewußte Teil unterwarf sich weder dem ideologischen Druck und der sozialen Demagogie der Nazis, noch ließ er sich durch den Terror der faschistischen Diktatur vom Kampf abhalten.

Wenn bürgerliche Historiker entgegen der historischen Wahrheit behaupten, daß es der deutschen Arbeiterklasse nicht gelang, ,,auf irgendeine wirksame Weise Widerstand zu leisten"[1], so ist das nichts weiter als Ignoranz und Verleumdung – publiziert mit der Absicht, Verschwörerpläne bestimmter Kreise des Monopolkapitals und der Militärs aufzuwerten und diese Kreise als die Träger und ausschlaggebenden Kräfte des antifaschistischen Widerstandes auszugeben. Diese Kräfte hatten jedoch nichts mit Antifaschismus gemein. Sie waren gegen Hitler, aber nicht für echte Demokratie, für Frieden und sozialen Fortschritt, sondern nur für eine risikolosere aggressive Politik im Interesse der imperialistischen Herrschaft. 255

Die Tatsachen beweisen: Aus den Reihen der Arbeiterklasse kamen die meisten, aktivsten und bewußtesten Antifaschisten, die vom ersten Tage der faschistischen Diktatur an den Kampf führten, während sich Hitlergegner anderer sozialer Herkunft meist erst später der Widerstandsbewegung anschlossen. Unter Führung der marxistisch-leninistischen Partei, der KPD, wirkte der bewußte Teil der Arbeiterklasse als Initiator, Organisator und Motor der deutschen antifaschistischen Widerstandsbewegung, als hauptsächlicher Träger des Kampfes für die Beseitigung der faschistischen Herrschaft des Monopolkapitals und ihrer sozialen Wurzeln, für ein antiimperialistisches, demokratisches Deutschland, das dem sozialen Fortschritt den Weg öffnete, als eine Kraft, deren Wirken alle anderen Richtungen der Widerstandsbewegung beeinflußte.

An dieser Bewegung waren – wenn auch in unterschiedlichem Umfang – Vertreter fast aller Klassen und Schichten des deutschen Volkes beteiligt: Arbeiter, Angestellte, Bauern, Intellektuelle, Gewerbetreibende und andere Angehörige des Mittelstandes sowie Vertreter des Bürgertums. Zu ihr gehörten Kommunisten, Sozialdemokraten und Gewerkschafter, bürgerliche Demokraten, Christen, Pazifisten, Jugendliche und Frauen verschiedener Weltanschauung und sozialer Herkunft. Allen gemeinsam war die Ablehnung der faschistischen Willkürherrschaft und das Streben nach demokratischen Verhältnissen.

Die Motive, aus denen heraus sie handelten, unterschieden sich. Der auf der Grundlage der marxistisch-leninistischen Weltanschauung mögliche Einblick in die gesellschaftlichen Triebkräfte und in die Gesetzmäßigkeiten der Entwicklung war die Quelle der politischen Überzeugungskraft, der Moral und des entschlossenen Handelns der Kommunisten. Sie leitete proletarisches Klassenbewußtsein und proletarischer Internationalismus, andere Hitlergegner bürgerlich-demokratisches Rechtsempfinden, wieder andere religiöser Glaube oder allgemeinmenschliches Denken oder Gewissensnot.

Unterschiedlich war das Erkenntnisvermögen über Ursachen und Charakter der faschistischen Diktatur, die Einsicht in das Wesen der Politik dieses Regimes. Oftmals richtete sich die Opposition von Hitlergegnern nur gegen einzelne Äußerungsformen oder Vertreter des Naziregimes, nicht aber gegen das faschistische System des deutschen Imperialismus, das die Kommunisten und die mit ihnen verbundenen Antifaschisten bekämpften. Unterschiedlich waren die Konsequenz im Handeln und die Kampfformen, die von öffentlichen Äußerungen gegen das Hitlerregime, vom Abhören ausländischer Sender und von der Verbreitung der gehörten Nachrichten über die Hilfe für politisch und rassisch Verfolgte, die illegale antifaschistische Propaganda, die Organisierung von Streiks und die Sabotage der Aufrüstung bis zum Kampf mit der Waffe in der Hand gegen den internationalen Faschismus in Spanien reichten. Unterschiedlich waren auch die Zielsetzungen, vor allem die Vorstellungen über die künftige gesellschaftliche Gestaltung Deutschlands. Neben den in Organisationen und Gruppen wirkenden Antifaschisten und Hitlergegnern gehörten zur deutschen antifaschistischen Widerstandsbewegung auch Einzelpersonen, die, auf sich allein gestellt, oft nur durch Haltung und Gesten ihr humanistisches Denken bewiesen.

Einen entschiedenen Kampf um den Zusammenschluß aller dieser verschiedenen Kräfte zu gemeinsamen, koordinierten Aktionen führte allein die KPD. Als konsequenteste politische Kraft der deutschen antifaschistischen Widerstandsbewegung führte sie vom ersten Tage der faschistischen Diktatur an organisiert und zentral geleitet den Kampf, in dem sie von der Kommunistischen Internationale und den Bruderparteien unterstützt wurde und in den sie immer neue Bundesgenossen einzubeziehen suchte. Sie wies dem Widerstand gegen das Hitlerregime ein Ziel, das realistisch war und objektiv den Interessen des deutschen Volkes entsprach. Sie zeigte den Weg, der gegangen werden mußte, um dieses Ziel zu erreichen, und schritt auf ihm voran. Allein die KPD erarbeitete – mit Hilfe der Kommunistischen Internationale – ein antifaschistisches, demokratisches Programm, das eine echte Alternative zu faschistischer Barbarei und Krieg darstellte.

Imperialistische und rechtssozialdemokratische Historiker und andere Ideologen aus der BRD und angelsächsischen Ländern kolportieren immer wieder die Zwecklüge, die einst die Gestapo erfand, daß die KPD in den dreißiger Jahren zerschlagen worden wäre. Sie behaupten, daß nur versprengte

Reste ohne Anleitung durch das Zentralkomitee gekämpft hätten, daß es nicht gelungen wäre, ein zentral geleitetes Netz von Parteiorganisationen in Deutschland zu schaffen, usw. Die historische Wahrheit allerdings ist: Die KPD, gegen die sich der Hauptstoß des faschistischen Terrors richtete, war die einzige politische Kraft, die als intakte Partei trotz vielfacher Zerschlagung von Organisationen und Leitungen einheitlich und geschlossen in Deutschland und in der Emigration unter der Leitung ihres Zentralkomitees den antifaschistischen Kampf führte und an der Spitze der deutschen Widerstandsbewegung stand. Sie verfolgte eine marxistisch-leninistische Strategie und Taktik und verfügte über eine stabile Organisation sowie über große Erfahrungen im Klassenkampf. Das befähigte sie dazu, die deutsche Widerstandsbewegung wesentlich zu beeinflussen und in ihr die führende Rolle auszuüben. Alle anderen Richtungen der deutschen Arbeiterbewegung und die bürgerlich-demokratischen Kräfte besaßen keine derartig einheitliche und feste, zentral geleitete Organisation und keine einheitliche politische Orientierung.

Der Kampf der deutschen antifaschistischen Widerstandsbewegung war Bestandteil des Widerstands- und Befreiungskampfes der vom barbarischen deutschen Imperialismus und Militarismus unterjochten und bedrohten Völker. In diesem Sinne bewußt wirkten vor allem jene Antifaschisten aus der Arbeiterklasse und jene Hitlergegner anderer sozialer Herkunft, die gemeinsam mit der KPD kämpften. Sie verband eine feste Freundschaft mit der Sowjetunion. Sie handelten entsprechend einer Haupterfahrung aus der deutschen Geschichte, die besagt, daß die Zukunft des deutschen Volkes nur an der Seite der Sowjetunion gesichert ist. Sie traten unbeirrbar für die Verteidigung des ersten sozialistischen Staates und für die Unterstützung seiner auf kollektive Sicherheit in Europa gerichteten Politik ein. Diese Politik, deren Ziel war, den faschistischen Aggressor zu bändigen, stimmte mit den Interessen der deutschen Widerstandsbewegung und des ganzen deutschen Volkes überein und war eine wesentliche Hilfe für die Antifaschisten in Deutschland. Die KPD und die mit ihr verbundenen Kräfte wirkten darüber hinaus für die Vereinigung der Anstrengungen der deutschen Widerstandsbewegung mit dem Widerstands- und Befreiungskampf aller vom deutschen Faschismus unterjochten und bedrohten Völker.

Die deutsche antifaschistische Widerstandsbewegung war keine einheitliche, geschlossene Bewegung; an ihr beteiligten sich divergierende Kräfte. Es gelang nicht, die Handlungen der verschiedenen oppositionellen Richtungen, Gruppierungen und Einzelpersonen zu koordinieren oder die Mehrheit der Hitlergegner in einer umfassenden Kampffront zusammenzuschließen und dadurch die Wirksamkeit dieser Bewegung zu erhöhen. Widerspruchsvoll verlief in den Jahren von 1933 bis 1939 die Entwicklung der deutschen Widerstandsbewegung. Das wurde einerseits durch den faschistischen Terror bewirkt. Der umfangreiche Überwachungs- und Bespitzelungsapparat griff in alle Bereiche des gesellschaftlichen und privaten Lebens ein. Zunehmend höhere Strafen schon für geringste oppositionelle Regungen schreckten potentielle Gegner des Regimes ab zu handeln und veranlaßten manchen Hitlergegner, den Kampf aufzugeben. Auch die faschistische Ideologie und Politik blieben mit fortschreitendem Wachsen des Masseneinflusses der Nazidiktatur nicht ohne Auswirkung vor allem auf jene Hitlergegner, die aus den Mittelschichten und aus dem Bürgertum kamen.

Andererseits wurde die widerspruchsvolle Entwicklung der deutschen Widerstandsbewegung, wurde das Nichtzustandekommen einer umfassenden Kampffront dadurch verursacht, daß die unterschiedlichen politischen und weltanschaulichen Auffassungen der an ihr beteiligten verschiedenen sozialen Kräfte sich auch auf den Kampf, auf die Aktionen gegen das Hitlerregime auswirkten. Verhängnisvolle Folgen hatten Haltung und Rolle rechter sozialdemokratischer Führer. Sie setzten – orientiert auf ein Bündnis mit Teilen der Großbourgeoisie, auf die Wiederherstellung bürgerlich-parlamentarischer Verhältnisse und damit auf die Aufrechterhaltung der Herrschaft des Monopolkapitals – ihre antikommunistische, die Aktionseinheit der Arbeiterklasse verhindernde Politik nach der Errichtung der faschistischen Diktatur fort. Damit spalteten und schwächten sie die entscheidende Klasse im antifaschistischen Kampf, deren einheitliches Auftreten die verschiedenen Hitlergegner fester zusammengeschlossen und zahlreiche neue Mitstreiter gewonnen hätte. Die rechten sozialdemokratischen Führer bewirkten mit ihrer Politik, daß Hunderttausende Mitglieder und Anhänger der Sozialdemokratie und der freien Gewerkschaften aus der Arbeiterklasse und anderen werktätigen Schichten passiv blieben und ein Teil von ihnen der faschistischen Ideologie erlag.

Daneben veranlaßten die zunehmende Härte und die wachsenden Schwierigkeiten des Widerstandskampfes, die Rolle reaktionärer bürgerlicher Kräfte der Hitleropposition und die Sprengung der Volksfront in Frankreich und Spanien durch bürgerliche, rechtssozialistische und trotzkistische Kräfte eine Anzahl deutscher sozialdemokratischer und bürgerlicher Hitlergegner, gegen die Kommunisten aufzutreten, ein einheitliches Vorgehen mit ihnen abzulehnen beziehungsweise zu torpedieren oder auf eine weitere Teilnahme am Widerstandskampf zu verzichten und sich in Passivität zu flüchten. So schreckten andere oppositionelle Kräfte davor zurück, sich in den antifaschistischen Kampf einzureihen.

Die Aktionen der deutschen Hitlergegner waren insgesamt zersplittert, erfolgten oft nacheinander und blieben meist lokal begrenzt – ein Ergebnis des Wirkens des faschistischen Terrorapparates, aber auch der antikommunistischen Kräfte in den Reihen der Sozialdemokratie und der bürgerlichen Hitleropposition. Die zunehmenden Schwierigkeiten führten dazu, daß sich unter Hitlergegnern – genährt auch von rechten sozialdemokratischen Führern – die Auffassung auszubreiten begann, nur ein Krieg könne einen Ausweg aus der komplizierten Situation eröffnen, nur durch ihn könne das Regime beseitigt werden. Diese Auffassung hatte zur Folge, daß Sozialdemokraten und andere Hitlergegner, die sich am Kampf gegen das Naziregime beteiligt hatten oder dazu bereit waren, eine Abwarteposition einnahmen.

Ein weiterer Faktor, der sich nachteilig auf die Entwicklung von Aktionen gegen das Regime auswirkte, war die Tatsache, daß die KPD – wie keine andere Kraft der Widerstandsbewegung – ungeheure Opfer im antifaschistischen Kampf bringen mußte: Bis 1939 waren etwa 60 Prozent ihrer erfahrenen, bewährten Kader eingekerkert oder ermordet worden; jüngere, weniger geschulte und im Kampf erprobte Kommunisten traten an deren Stelle.

Bis zum Sommer 1939 hatten die Faschisten etwa eine Million Männer, Frauen und Jugendliche für kürzere oder längere Zeit in Haft gehalten. Zu diesem Zeitpunkt befanden sich rund 300 000 Hitlergegner in Gefängnissen, Zuchthäusern und Konzentrationslagern. Die Zahl der bis dahin erschlagenen und hingerichteten Antifaschisten ist nicht bekannt.

In den Jahren von 1933 bis 1939 hatten Hunderttausende in dieser oder jener Form gegen das Hitlerregime gekämpft. Aber das war nur ein kleiner Teil des deutschen Volkes. Die übergroße Mehrheit unterstützte die faschistische Diktatur aktiv oder folgte ihr mehr oder minder bereitwillig auf ihrem abenteuerlichen Kurs oder resignierte und blieb passiv. Sie wurde von der massiv und raffiniert verbreiteten faschistischen Ideologie beeinflußt, erlag der nationalen und sozialen Demagogie und der chauvinistischen und antikommunistischen Hetze des Regimes, das damit jahrzehntealte reaktionäre Traditionen fortsetzte. Die ohne militärische Auseinandersetzung erreichten außenpolitischen Erfolge der Hitlerregierung – möglich geworden durch die wohlwollende Haltung der imperialistischen Regierungen der Westmächte – hatten bestimmte Zweifel und Befürchtungen bei vielen deutschen Bürgern zurückgedrängt oder beseitigt. So mancher wurde durch den brutalen Terror abgeschreckt, seiner Ablehnung bestimmter Maßnahmen, seiner Furcht vor der ungewissen Zukunft Ausdruck zu verleihen. So konnte der deutsche Imperialismus und Militarismus den zweiten Weltkrieg entfesseln, ohne daß er auf größeren Widerstand in Deutschland stieß.

Ist die Geschichte der deutschen antifaschistischen Widerstandsbewegung von 1933 bis 1939 deshalb eine „Geschichte der Vergeblichkeit"[2], ist der antifaschistische Kampf deshalb sinnlos gewesen, wie bürgerliche und rechtssozialdemokratische Historiker behaupten? Die deutsche Widerstandsbewegung erwies sich als zu uneinheitlich, zu zersplittert und deshalb als zu schwach, um den Krieg zu verhindern. Vergeblich und sinnlos jedoch war ihr Kampf nicht. Sie bereitete dem faschistischen Regime Schwierigkeiten bei der Durchsetzung seiner innenpolitischen Ziele. Sie verhinderte die bedingungslose Unterwerfung der gesamten Arbeiterklasse unter die Hitlerdiktatur. Sie trotzte den Faschisten und dem Monopolkapital durch ihren Kampf bestimmte soziale Zugeständnisse ab. Sie verbreitete – auch wenn ihr wenig Glauben geschenkt wurde – unermüdlich im deutschen Volk die Wahrheit, die die Faschisten verschwiegen oder verfälschten. Sie veranlaßte das Regime zu gewissen Manövern auf außenpolitischem Gebiet. Sie bewies der Weltöffentlichkeit immer aufs neue, daß es ein „anderes Deutschland" gab. Sie zeugte davon, daß das Deutschland der Galgen und der profitsüchtigen Eroberungsgier nicht identisch war mit dem, das jene Kräfte – wenn auch verfolgt und geknebelt – repräsentierten, die der Menschlichkeit und dem sozialen Fortschritt zum Siege zu verhelfen suchten.

An diesen Ergebnissen hatten die KPD und die mit ihr verbündeten Kräfte besonderen Anteil. Vor allem sie schufen bis zum Sommer 1939 trotz des Terrors Voraussetzungen dafür, daß der antifaschistische Kampf auch unter Kriegsbedingungen fortgeführt und die deutsche Widerstandsbewegung verbreitert werden konnte. Vor allem sie, aber auch andere Hitlergegner ließen sich davon leiten, daß Widerstand eine moralische Pflicht und ein humanistischer Auftrag war – unabhängig davon, wie groß die Schwierigkeiten und wie aussichtsreich und nahe die Erfolge in diesem Kampf waren, ungeachtet dessen, ob der Sieg von vornherein gesichert war oder nicht.

Die deutsche antifaschistische Widerstandsbewegung, namentlich die bewußten, entschiedenen Antifaschisten, die KPD und die mit ihr verbündeten Kräfte, verkörperten die progressive Linie deutscher Politik. Sie handelten in Übereinstimmung mit den Gesetzmäßigkeiten der Epoche, verhalfen ihnen schließlich zum Durchbruch und siegten trotz alledem. Das deutsche Monopolkapital und der deutsche Militarismus hingegen operierten – scheinbar nicht vergeblich – auf der reaktionären Linie deutscher Politik und erlitten schließlich gesetzmäßig eine Niederlage.

Ausdruck des Sieges der entschiedenen Antifaschisten und der Niederlage des deutschen Imperialismus ist die Existenz der Deutschen Demokratischen Republik, in der das Vermächtnis der Besten des deutschen Volkes, die im antifaschistischen Kampf ihr Leben einsetzten, verwirklicht wurde. Der Arbeiter-und-Bauern-Staat ist der Erbe der deutschen antifaschistischen Widerstandsbewegung. Er vollendete das begonnene Werk des Zusammenschlusses verschiedener politischer und sozialer Kräfte zu gemeinsamem Handeln und machte die einst angestrebten realistischen Ziele zu einer unumstößlichen Tatsache. Was damals noch Ziel und Sehnsucht war, wurde zur täglichen Praxis. Die Deutsche Demokratische Republik bewahrt nicht nur die Erinnerung an die Opfer, an den Mut und an die Leistungen der antifaschistischen Widerstandsbewegung, sondern geht unter Führung der SED auch weiter auf dem Weg voran, den einst die Helden des Kampfes gegen faschistische Barbarei und imperialistische Knechtung, für Völkerverständigung, Frieden, Demokratie und Sozialismus beschritten.

Anmerkungen

(1. Kapitel)

1 Institut für Marxismus-Leninismus beim ZK der SED, Zentrales Parteiarchiv (im folgenden IML, ZPA), 10/158.

2 Ebenda.

3 Ebenda.

4 Ebenda, NL 3/42.

5 Ebenda.

6 Vgl. ebenda.

7 Zit. nach: Siegfried Vietzke: Deutschland und die deutsche Arbeiterbewegung 1933–1939. Mit einem Dokumentenanhang, Berlin 1962, S. 147.

8 David Schoenbaum: Die braune Revolution. Eine Sozialgeschichte des Dritten Reiches, Köln, Berlin (West) (1968), S. 14.

9 Vorwärts, Berlin, 31. Januar 1933, Morgenausgabe.

10 Bereit sein ist alles. Rede des Genossen Breitscheid im Parteiausschuß der Sozialdemokratischen Partei Deutschlands am 31. Januar 1933, Berlin o. J., S. 10.

11 Ebenda.

12 Ebenda, S. 11.

13 Ebenda, S. 13.

14 Vgl. Hans J. L. Adolph: Otto Wels und die Politik der deutschen Sozialdemokratie 1894–1939. Eine politische Biographie, Berlin (West) 1971, S. 251.

15 Zit. nach: Das Ende der Parteien 1933. Hrsg. von Erich Matthias und Rudolf Morsey, Düsseldorf (1960), S. 152.

16 Vorwärts, 31. Januar 1933, Abendausgabe.

17 Vgl. ebenda, 2. Februar 1933, Morgenausgabe.

18 Zit. nach: Horst Bednareck: Gewerkschafter im Kampf gegen die Todfeinde der Arbeiterklasse und des deutschen Volkes. Zur Geschichte der deutschen Gewerkschaftsbewegung von 1933 bis 1945, Berlin 1966, S. 12.

19 Ebenda.

20 Zit. nach: Ruth Greuner: Gegenspieler. Profile linksbürgerlicher Publizisten aus Kaiserreich und Weimarer Republik, Berlin (1969), S. 251.

21 Zit. nach: Carlheinz von Brück: Im Namen der Menschlichkeit. Bürger gegen Hitler, Berlin 1964, S. 42.

22 Zit. nach: Die richtige Seite. Bürgerliche Stimmen zur Arbeiterbewegung. Hrsg. von Wolfgang Tenzler und Manfred Bogisch, Berlin (1969), S. 154.

23 Ebenda.

24 Zit. nach: Willi Bohn: Stuttgart: Geheim! Ein dokumentarischer Bericht, Frankfurt/Main (1969), S. 29.

(2. Kapitel)

1 Zit. nach: Erich Paterna, Werner Fischer, Kurt Gossweiler, Gertrud Markus, Kurt Pätzold: Deutschland von 1933 bis 1939. Von der Machtübertragung an den Faschismus bis zur Entfesselung des zweiten Weltkrieges, Berlin 1969, S. 28.

2 Berliner Evangelisches Sonntagsblatt, 2. April 1933.

3 Alois Hudal: Die Grundlagen des Nationalsozialismus. Eine ideengeschichtliche Untersuchung von katholischer Warte, Leipzig und Wien (1937), S. 196.

4 Anatomie des Krieges. Neue Dokumente über die Rolle des deutschen Monopolkapitals bei der Vorbereitung und Durchführung des zweiten Weltkrieges. Hrsg. u. eingel. von Dietrich Eichholtz und Wolfgang Schumann, Berlin 1969, S. 120.

5 Vgl. Margot Pikarski: Zur Entwicklung des Parteiaufbaus und der Organisationsstruktur der KPD unter den Bedingungen des antifaschistischen Kampfes der KPD in den Jahren 1933 bis 1935, Phil. Diss., Berlin 1972, S. 49 ff.

6 Unbekannte Dokumente Ernst Thälmanns aus dem faschistischen Kerker. In: Beiträge zur Geschichte der deutschen Arbeiterbewegung (BzG), Berlin, 1964, Heft 3, S. 466.

7 Rundschau über Politik, Wirtschaft und Arbeiterbewegung, Basel, 1933, Nr. 6, S. 137.

8 Karl-Heinz Hädicke, Gerhard Nitzsche: Appell Thälmanns an alle Kommunisten. In: BzG, 1959, Heft 4, S. 791.

9 Ebenda.

10 Zit. nach: Siegfried Vietzke: Die KPD auf dem Wege zur Brüsseler Konferenz, Berlin 1966, S. 104.

11 Ebenda, S. 109.

12 Vgl. IML, ZPA, 3/1/391.

13 Vgl. Heinz Niemann, Otto Findeisen, Dieter Lange, Karl-Heinz Wild: SPD und Hitlerfaschismus. Der Weg der deutschen Sozialdemokratie vom 30. Januar 1933 bis zum 21. April 1946, Phil. Diss., Berlin 1965, S. 22.

14 Vorwärts, 11. März 1933, Morgenausgabe.

15 Zit. nach: Heinz Niemann, Otto Findeisen, Dieter Lange, Karl-Heinz Wild: SPD und Hitlerfaschismus, S. 40.

16 Ebenda.

17 Ebenda, S. 46.

18 Hans J. L. Adolph: Otto Wels und die Politik der deutschen Sozialdemokratie 1894–1939, S. 269.

19 Ebenda, S. 272.

20 Ebenda, S. 270.

21 Zit. nach: Heinz Niemann, Otto Findeisen, Dieter Lange, Karl-Heinz Wild: SPD und Hitlerfaschismus, S. 53.

22 Zit. nach: Horst Bednareck: Gewerkschafter im Kampf ..., S. 13.

23 Zit. nach: Kurt Klotzbach: Gegen den Nationalsozialismus. Widerstand und Verfolgung in Dortmund 1930–1945. Eine historisch-politische Studie, Hannover (1969), S. 120.

24 Zit. nach: Willi Bohn: Stuttgart: Geheim!, S. 70.

25 IML, ZPA, St 3/714.

26 Vgl. Hans J. L. Adolph: Otto Wels und die Politik der deutschen Sozialdemokratie 1894–1939, S. 282.

27 Zit. nach: Heinz Niemann, Otto Findeisen, Dieter Lange, Karl-Heinz Wild: SPD und Hitlerfaschismus, S. 102.

28 Vgl. IML, ZPA, 3/1/349.

29 Entschließung des Zentralkomitees der KPD zur Lage und den nächsten Aufgaben (Mai 1933). In: Fritz Heckert: Die KPD im illegalen Kampf, Moskau–Leningrad 1933, S. 48.

30 Ebenda, S. 70.

31 Vgl. IML, ZPA, NL 3/42.

32 Zit. nach: Siegfried Vietzke: Die KPD auf dem Wege zur Brüsseler Konferenz, S. 38.

33 Vgl. Die Kommunistische Internationale. Kurzer historischer Abriß, Berlin 1970, S. 423 ff.

34 Zit. nach: Alfred Kurella: Dimitroff contra Göring. Nach Berichten Georgi Dimitroffs über den Reichstagsbrandprozeß 1933, Berlin 1964, S. 318.

35 Vgl. IML, ZPA, EA 1291/1.

36 Zit. nach: Klaus Mammach: Georgi Dimitroff und die revolutionäre deutsche Arbeiterbewegung. In: Georgi Dimitroff – Kampf und Vermächtnis. Sammelband. Hrsg. von Heinz Heitzer und Klaus Mammach, Berlin 1972, S. 91.

37 Ebenda, S. 92.

38 Ebenda.

39 Vgl. Die Kommunistische Internationale, S. 409 ff. – Geschichte der deutschen Arbeiterbewegung, Bd. 5, Berlin 1966, S. 48.

40 Vgl. Ursel Hochmuth, Gertrud Meyer: Streiflichter aus dem Hamburger Widerstand 1933–1945. Berichte und Dokumente, Frankfurt/Main (1969), S. 157.

41 IML, ZPA, St 3/303.

42 Zit. nach: Karl Schabrod: Widerstand an Rhein und Ruhr 1933 –1945, Herne (1969), S. 58.

43 Vgl. Hans Jürgen Friederici, Gerhild Schwendler: Zur Entwicklung des antifaschistischen Widerstandskampfes unter Führung der KPD in Leipzig/Westsachsen (1933–1939). In: BzG, 1971, Heft 1, S. 126.

44 IML, ZPA, St 3/330.

45 Vgl. Manfred Weißbecker: Gegen Faschismus und Kriegsgefahr. Ein Beitrag zur Geschichte der KPD in Thüringen 1933–1935, Erfurt 1967, S. 78/79.

46 IML, ZPA, PSt 3/398.

47 Vgl. Klaus Mammach: Die Hilfe der KI für die KPD bei der Ent-

wicklung ihrer Strategie und Taktik und die Rolle der KPD bei der Vorbereitung des VII. Weltkongresses. In: BzG, 1970, Heft 3, S. 458/459.

48 Rundschau ..., 1934, Nr. 45, S. 1867.

49 Zit. nach: Karl Heinz Biernat, Klaus Mammach, Gerhard Nitzsche: Über den Beitrag der KPD zur Vorbereitung des VII. Weltkongresses der Kommunistischen Internationale. In: BzG, 1965, Heft 4, S. 620.

50 Vgl. Klaus Mammach: Die Hilfe der KI für die KPD ... In: BzG, 1970, Heft 3, S. 460.

51 Rundschau ..., 1935, Nr. 10, S. 553.

52 Ebenda.

53 Ebenda, S. 555.

54 IML, ZPA, NL 3/16.

55 Unbekannte Dokumente Ernst Thälmanns aus dem faschistischen Kerker. In: BzG, 1964, Heft 3, S. 468.

56 Rundschau ..., 1934, Nr. 39, S. 1558.

57 Vgl. ebenda, 1934, Nr. 50, S. 2134.

58 Vgl. ebenda, 1935, Nr. 10, S. 516.

59 IML, ZPA, St 3/224.

60 Ebenda.

61 Zit. nach: Klaus Mammach: Die KPD im Kampf gegen die faschistische Kriegsvorbereitung. In: BzG, 1964, Heft 4, S. 646.

62 Ebenda.

63 Ebenda, S. 647.

64 Zit. nach: Teodor Musiot: Dachau 1933–1945, Katowice 1968, S. 428.

65 Vgl. I. B. Berchin: Geschichte der UdSSR 1917–1970, Berlin 1971, S. 386 ff.

66 Rundschau ..., 1933, Nr. 3, S. 54.

67 Ebenda.

68 Ebenda, 1935, Nr. 17, S. 881.

69 Ebenda, S. 882.

70 Vgl. IML, ZPA, St 3/712.

71 Vgl. ebenda.

72 Zit. nach: Heinz Niemann, Otto Findeisen, Dieter Lange, Karl-Heinz Wild: SPD und Hitlerfaschismus, S. 126.

73 Zit. nach: Heinz Niemann: Zur Vorgeschichte und Wirkung des Prager Manifestes der SPD. In: Zeitschrift für Geschichtswissenschaft (ZfG), Berlin, 1965, Heft 8, S. 1358.

74 Mit dem Gesicht nach Deutschland. Eine Dokumentation über die sozialdemokratische Emigration. Aus dem Nachlaß von Friedrich Stampfer, ergänzt durch andere Überlieferungen. Hrsg. im Auftrage der Kommission für Geschichte des Parlamentarismus und der politischen Parteien von Erich Matthias. Bearbeitet von Werner Link, Düsseldorf (1968), S. 30.

75 Neuer Vorwärts, Prag, 28. Januar 1934.

76 Zit. nach: Hans J. L. Adolph: Otto Wels und die Politik der deutschen Sozialdemokratie 1894–1939, S. 309.

77 Vgl. Zeitschrift für Sozialismus, Karlsbad, 1934, Heft 12/13, S. 375 ff.

78 Zit. nach: Heinz Niemann, Otto Findeisen, Dieter Lange, Karl-Heinz Wild: SPD und Hitlerfaschismus, S. 230.

79 Ebenda, S. 231.

80 IML, ZPA, St 3/712.

81 Zit. nach: Hans Jürgen Friederici, Gerhild Schwendler: Zur Entwicklung des antifaschistischen Widerstandskampfes unter Führung der KPD in Leipzig/Westsachsen (1933–1939). In: BzG, 1971, Heft 1, S. 126.

82 Hans J. L. Adolph: Otto Wels und die Politik der deutschen Sozialdemokratie 1894–1939, S. 332.

83 Zit. nach: Hans J. Reichardt: Neu Beginnen. In: Jahrbuch für die Geschichte Mittel- und Ostdeutschlands, Bd. 12, Berlin (West) (1963), S. 168.

84 Vgl. IML, ZPA, NJ 1973.

85 Vgl. Wilhelm Pieck, Georgi Dimitroff, Palmiro Togliatti: Die Offensive des Faschismus und die Aufgaben der Kommunisten im Kampf für die Volksfront gegen Krieg und Faschismus. Referate auf dem VII. Kongreß der Kommunistischen Internationale (1935), Berlin 1960, S. 85 ff.

86 Vgl. IML, ZPA, 135/1715, 135/1716, 135/1718, 135/1719, 135/1720, 135/1721.

87 Ebenda, 1/13.

88 Vgl. Wilhelm Pieck: Der neue Weg zum gemeinsamen Kampf für den Sturz der Hitlerdiktatur. Referat und Schlußwort auf der Brüsseler Parteikonferenz der Kommunistischen Partei Deutschlands, Oktober 1935, Berlin 1960, S. 5 ff.

89 Vgl. Klaus Mammach, Gerhard Nitzsche: Zur Brüsseler Konferenz der KPD im Oktober 1935. In: BzG, 1965, Heft 5, S. 882 ff.

90 Revolutionäre deutsche Parteiprogramme. Vom Kommunistischen Manifest zum Programm des Sozialismus. Hrsg. u. eingel. von Lothar Berthold und Ernst Diehl, Berlin 1967, S. 136.

91 Ebenda, S. 150.

92 Ebenda, S. 148.

93 Ebenda, S. 159.

94 IML, ZPA, 3/4/1654.

(3. Kapitel)

1 Anatomie des Krieges, S. 130.

2 Ebenda, S. 150.

3 Zit. nach: Klaus Polkehn: Wie es wirklich war – Zionismus im

Komplott mit dem Faschismus. In: horizont. Sozialistische Wochenzeitung für internationale Politik und Wirtschaft, Berlin, 1970, Nr. 3, S. 29.

4 IML, ZPA, St 3/43 I.

5 Zit. nach: Deutsche Volks-Zeitung, Prag, 1936, Nr. 2.

6 IML, ZPA, P St 3/132.

7 Ebenda.

8 Ebenda, P. St 3/324.

9 Vgl. ebenda, 116/1/424.

10 Ebenda, 2/48.

11 Vgl. Carlheinz v. Brück: Im Namen der Menschlichkeit, S. 66/67.

12 Vgl. IML, ZPA, 135/2/1976.

13 Ebenda, NL 36/558.

14 Vgl. Geschichte der deutschen Arbeiterbewegung, Bd. 5, S. 475/476.

15 Vgl. IML, ZPA, 135/3/1832.

16 Rundschau ..., 1936, Nr. 8, S. 306.

17 Ebenda.

18 Vgl. IML, ZPA, 2/50.

19 Vgl. ebenda, 135/2/1796.

20 Zit. nach: Geschichte der deutschen Arbeiterbewegung, Bd. 5, S. 481.

21 Ebenda, S. 148/149.

22 Die Rote Fahne, 1936, Nr. 5.

23 IML, ZPA, 2/48.

24 Ebenda.

25 Die Rote Fahne, 1936, Nr. 5.

26 Zit. nach: Georgi Dimitroff über die Einheits- und Volksfrontpolitik (1935–1937). In: BzG, 1972, Heft 3, S. 459.

27 Ebenda.

28 Rundschau ..., 1936, Nr. 34, S. 1385.

29 Ebenda.

30 Heinrich Mann: Der Weg der deutschen Arbeiter. In: Verteidigung der Kultur. Antifaschistische Streitschriften und Essays, Berlin und Weimar (1971), S. 220/221.

31 Ebenda, S. 225, 226.

32 Heinrich Mann: Was will die deutsche Volksfront? In: Ebenda, S. 246.

33 Zit. nach: Geschichte der deutschen Arbeiterbewegung, Bd. 5, S. 489/490.

34 Deutsche Informationen, Paris, 11. Februar 1937.

35 Zit. nach: Horst Bednareck: Gewerkschafter im Kampf ..., S. 123.

36 Vgl. IML, ZPA, St 3/47.

37 Zit. nach: SS im Einsatz. Eine Dokumentation über die Verbrechen der SS, Berlin 1964, S. 100.

38 Ebenda, S. 104.

39 Zit. nach: Gerhard Nitzsche: Deutsche Arbeiter im Kampf gegen faschistische Unterdrückung und Ausbeutung. Gestapomeldungen aus den Jahren 1935 bis 1937. In: BzG, 1959, Heft 1, S. 145.

40 IML, ZPA, 135/2/1792.

41 Vgl. ebenda, St 3/28.

42 Vgl. Horst Kühne: Revolutionäre Militärpolitik 1936–1939. Militärpolitische Aspekte des national-revolutionären Krieges in Spanien, Berlin 1969, S. 140.

43 IML, ZPA, 3/1/391.

44 Zit. nach: Geschichte der deutschen Arbeiterbewegung, Bd. 5, S. 487.

45 Vgl. IML, ZPA, St 3/313.

46 Deutsche Informationen, 15. April 1937.

47 Zit. nach: Horst Kühne: Revolutionäre Militärpolitik 1936–1939, S. 141.

48 Zit. nach: Hans Teubner: In deutscher Nacht auf Welle 29,8. In: Beiträge zur Geschichte des Rundfunks, Berlin, 1971, Heft 4, S. 27.

49 Vgl. Das Freie Deutschland. Mitteilungen der deutschen Freiheitsbibliothek, Paris, Januar 1937, S. 49/50.

50 Heinrich Mann: Deutsche Soldaten! Euch schickt ein Schurke nach Spanien! In: Verteidigung der Kultur, S. 306.

51 Vgl. Die Internationale, 1937, Heft 1/2, S. 83/84.

52 Zit. nach: Horst Kühne: Revolutionäre Militärpolitik 1936–1939, S. 153.

53 IML, ZPA, St 3/43 II.

54 Staatsarchiv Wrocław, Regierung Oppeln, I-1986, Bl. 217.

55 IML, ZPA, 135/2/1980.

56 Ebenda.

57 Ebenda.

58 Deutsche Informationen, 20. November 1937.

59 Norddeutsche Tribüne, Kopenhagen, 1937, Nr. 3.

60 Ebenda.

61 Sozialistische Warte, Paris, 1937, S. 675.

62 Vgl. Wilhelm Pieck: Gesammelte Reden und Schriften, Bd. V, Februar 1933 bis August 1939, Berlin 1972, S. 517 ff.

63 Die Internationale, 1938, Nr. 3/4, II. Teil. In: Tarnbroschüre: Karl H. Dietzel: Die deutschen Kolonien, Leipzig (1935), S. 77.

64 Rundschau …, 1938, Nr. 43, S. 1444.

65 Ebenda, Nr. 48, S. 1607.

66 Ebenda, S. 1608.

67 Zit. nach: Gerhard Förster, Helmut Otto, Helmut Schnitter: Der preußisch-deutsche Generalstab 1870–1963. Zu seiner politischen Rolle in der Geschichte, Berlin 1964, S. 113.

68 Zit. nach: Klaus Mammach: Die KPD im Kampf gegen die faschistische Kriegsvorbereitung. In: BzG, 1964, Heft 4, S. 649.

69 Zit. nach: Alfred Anderle: Die Große Sozialistische Oktoberrevolution und die Stellung Deutschlands zum Sowjetstaat. Diplo-
matische und wirtschaftliche Beziehungen von 1917 bis zum
zweiten Weltkrieg. In: Die Große Sozialistische Oktoberrevolution und Deutschland, Bd. 1, Berlin 1967, S. 426/427.

70 IML, ZPA, 38/17 a.

71 Die Rote Fahne, 1938, Nr. 5.

72 IML, ZPA, 2/50.

73 Zit. nach: Alfred Anderle: Die Große Sozialistische Oktober-
revolution und die Stellung Deutschlands zum Sowjetstaat. In:
Die Große Sozialistische Oktoberrevolution und Deutschland,
Bd. 1, S. 429.

74 Unbekannte Dokumente Ernst Thälmanns aus dem faschistischen Kerker. In: BzG, 1964, Heft 3, S. 471.

75 Ebenda, S. 470.

76 Ebenda, S. 472/473.

77 Zit. nach: Klaus Mammach: Die KPD und das Münchener Abkommen 1938. In: ZfG, 1968, Heft 8, S. 1047.

78 Deutsche Informationen, 12. Januar 1937.

79 Zit. nach: Damals in Sachsenhausen. Solidarität und Widerstand
im Konzentrationslager Sachsenhausen, Berlin 1970, S. 97.

80 Zit. nach: Horst Kühne: Der Kampf deutscher Kommunisten und
anderer Antifaschisten im national-revolutionären Krieg des spanischen Volkes. In: Interbrigadisten. Der Kampf deutscher Kommunisten und anderer Antifaschisten im national-revolutionären
Krieg des spanischen Volkes 1936 bis 1939. Protokoll einer wis-
senschaftlichen Konferenz an der Militärakademie „Friedrich
Engels". 20./21. Januar 1966, Berlin (1966), S. 19.

81 Vgl. IML, ZPA, St 3/28.

82 Zit. nach: Heinz Niemann, Otto Findeisen, Dieter Lange, Karl-
Heinz Wild: SPD und Hitlerfaschismus, S. 125.

83 Ebenda, S. 128.

84 Die Internationale, 1937, Heft 3/4, S. 106.

85 Zit. nach: Dieter Lange: Das Prager Manifest von 1934. In:
ZfG, 1972, Heft 7, S. 856.

86 Zit. nach: Hans J. L. Adolph: Otto Wels und die Politik der
deutschen Sozialdemokratie 1894–1939, S. 337.

87 Neuer Vorwärts, Paris, 27. März 1938.

88 Zit. nach: Heinz Niemann, Otto Findeisen, Dieter Lange, Karl-
Heinz Wild: SPD und Hitlerfaschismus, S. 188.

89 Friedrich Stampfer: Die dritte Emigration. Ein Beitrag zu ihrer
Geschichte. In: Mit dem Gesicht nach Deutschland, S. 112.

90 Zit. nach: Heinz Niemann, Otto Findeisen, Dieter Lange, Karl-
Heinz Wild: SPD und Hitlerfaschismus, S. 215.

91 Vgl. ebenda, S. 216.

92 Vgl. Neuer Vorwärts, 6. November 1938, 13. November 1938.

93 Zit. nach: Helmut Dressler: Zu dem Artikel: Die deutschen

evangelischen Kirchen und die faschistische Diktatur. In: ZfG, 1967, Heft 2, S. 292.

94 Thomas Mann: Briefe 1937–1947. Hrsg. von Erika Mann, Berlin und Weimar 1965, S. 9.

95 Ebenda, S. 13.

96 Jugend contra Nationalsozialismus. „Rundbriefe" und „Sonderinformationen deutscher Jugend", zusammengestellt von Hans Ebeling und Dieter Hespers, Frechen (1968), S. 21.

97 IML, ZPA, P St 3/49.

98 Vgl. Wilhelm Pieck: Gesammelte Reden und Schriften, Bd. V, S. 575 ff.

99 Vgl. Die Berner Konferenz der KPD (30. Januar – 1. Februar 1939). Hrsg. u. eingel. von Klaus Mammach, Berlin 1974, S. 14 ff.

100 Ebenda, S. 148.

101 Ebenda, S. 119.

102 Ebenda, S. 121.

103 Ebenda, S. 122.

104 Ebenda, S. 129.

105 Ebenda, S. 136.

106 Neuer Vorwärts, 27. November 1938.

107 Vgl. Gerhard Nitzsche: Zur politisch-organisatorischen Führungs- und Verbindungstätigkeit des Zentralkomitees der KPD im antifaschistischen Widerstandskampf in der Anfangsperiode des zweiten Weltkrieges (1939 bis 1941), Phil. Diss., Berlin 1968, S. 108 ff.

108 Vgl. Karl Heinz Biernat, Luise Kraushaar: Die Schulze-Boysen/Harnack-Organisation im antifaschistischen Kampf, Berlin 1972, S. 12 ff.

109 Vgl. IML, ZPA, 3/20/415.

110 Ebenda, St 3/1068.

111 Ebenda, St 3/64.

112 Ebenda, 3/23/450.

113 Ebenda.

114 Zit. nach: Geschichte der deutschen Arbeiterjugendbewegung, 1904–1945, Berlin 1973, S. 529.

115 Zit. nach: Siegbert Kahn: Dokumente des Kampfes der revolutionären deutschen Arbeiterbewegung gegen Antisemitismus und Judenverfolgung. In: BzG, 1960, Heft 3, S. 557.

116 Vgl. Der antifaschistische Widerstandskampf unter Führung der KPD in Mecklenburg 1933 bis 1945. Hrsg. von den Bezirkskommissionen zur Erforschung der Geschichte der örtlichen Arbeiterbewegung bei den Bezirksleitungen Rostock, Schwerin und Neubrandenburg der SED, Rostock 1970, S. 185.

117 IML, ZPA, 3/1/451.

118 Zur Geschichte der Kommunistischen Partei Deutschlands. Eine Auswahl von Dokumenten und Materialien aus den Jahren 1914 bis 1946, Berlin 1955, S. 413.

119 Vgl. ebenda, S. 414.
120 Vgl. ebenda, S. 415.
121 IML, ZPA, 3/1/451.
122 Ebenda.
123 Ebenda, 3/1/304.
124 Die Internationale, 1939, Heft 5/6, S. 33.
125 Zit. nach: Geschichte der deutschen Arbeiterbewegung, Bd. 5, S. 520.
126 Ebenda.
127 Ebenda, S. 521.
128 IML, ZPA, 3/1/312.
129 Ebenda.
130 Ebenda, NJ 1622.
131 Zit. nach: Hans Teubner: Der Kampf der deutschen Kommunisten und die Bewegung „Freies Deutschland" in der Schweiz (Anfang 1943 bis Mai 1945), Phil. Diss., Berlin 1972, S. 15.
132 Zit. nach: Wenzel Jaksch: Hans Vogel — Gedenkblätter, Offenbach 1946, S. 42.
133 Zit. nach: Klaus Mammach: Die Berner Konferenz der KPD. In: BzG, 1965, Heft 6, S. 977.
134 Zit. nach: Heinz Niemann, Otto Findeisen, Dieter Lange, Karl-Heinz Wild: SPD und Hitlerfaschismus, S. 234.
135 IML, ZPA, 3/1/313.
136 Ebenda, St 3/713.
137 Ebenda.
138 Ebenda.
139 Neuer Vorwärts, 9. September 1939.

(4. Kapitel)

1 David Schoenbaum: Die braune Revolution, S. 15.
2 Kurt Klotzbach: Gegen den Nationalsozialismus, S. 235.

Register

Hamburg 12 14 15 42 47 54 64 65 83 84 87 88 94 98 102
103 109 111 112 123 129 169 178–181 209 210 213 218
224 234 237 239
Hamburg-Harburg siehe auch Harburg 235
Hameln 91
Hannover 15 41 54 81 103 110 188 210 212 213
Harburg siehe auch Hamburg-Harburg, siehe auch Harburg-Wil-
helmsburg 13 15
Harburg-Wilhelmsburg siehe auch Harburg 30
Harnack, Arvid 235
Häuslein, Otto 235
Heartfield, John (Herzfeld, Helmut) 207
Heckert, Fritz 117 122 128
Heilbronn 88
Heinitz 165
Helbra 183
Helsingborg 245
Hensel, Albert 183 235
Herrmann, Liselotte 188 239
Hertz, Paul 51 104 107 173 174 213
Herzfelde (Herzfeld), Wieland 163 204
Hespers, Theodor 221 223
Heßbach siehe auch Stuttgart 184
Hessen 70 186
Hessen-Frankfurt 41 42 81
Hessen-Kassel siehe auch Kassel 41
Hilferding, Rudolf 102 104 213 250
Hilger, Ewald 165
Himmler, Heinrich 134
Hindenburg (Zabrze) 72 185
Hindenburg, Paul von 22 27
Hitler, Adolf 12 13 18 27 36 37 49 51 53 54 76 100 135 145
155 157–160 162 163 165 168 171 173 175 185 189 191
193–195 198 199 209 212 214–218 222 224 227–230 232
235 236 238 240 247–250 255
Hofer, Carl 225
Hoffmann, Arthur 235
Hoffmann, Heinz 174
Hoffmann, Johannes 164
Hoffmann, Martin 128
Hohenwarthe bei Magdeburg 167
Hohnstein, Konzentrationslager 91
Höltermann, Karl 154
Honecker, Erich 81 87 201
Horn, Lambert 41
Huber, Rupert 221
Hubermann, Stanisław 44

Abkürzungen

ADGB	Allgemeiner Deutscher Gewerkschaftsbund
ADG	Auslandsvertretung der Deutschen Gewerkschaften
AfA	Arbeitsgemeinschaft freier Angestelltenverbände
BVG	Berliner Verkehrsgesellschaft
DAF	Deutsche Arbeitsfront
EKKI	Exekutivkomitee der Kommunistischen Internationale
FKP	Französische Kommunistische Partei
Gestapo	Geheime Staatspolizei
HJ	Hitlerjugend
IAH	Internationale Arbeiterhilfe
IKP	Italienische Kommunistische Partei
ISK	Internationaler Sozialistischer Kampfbund
KdF	Kraft durch Freude
KI,	
Komintern	Kommunistische Internationale
KJVD	Kommunistischer Jugendverband Deutschlands
KPD	Kommunistische Partei Deutschlands
KPdSU	Kommunistische Partei der Sowjetunion
KPÖ	Kommunistische Partei Österreichs
KPP	Kommunistische Partei Polens
KPTsch	Kommunistische Partei der Tschechoslowakei
NSBO	Nationalsozialistische Betriebszellenorganisation
NSDAP	Nationalsozialistische Deutsche Arbeiterpartei
RHD	Rote Hilfe Deutschlands
RGO	Revolutionäre Gewerkschaftsopposition
SA	Sturmabteilung
SAI	Sozialistische Arbeiter-Internationale
SAJ	Sozialistische Arbeiterjugend
SAP	Sozialistische Arbeiterpartei Deutschlands
SPD	Sozialdemokratische Partei Deutschlands
SJVD	Sozialistischer Jugendverband Deutschlands
SS	Schutzstaffel